Películas clave del 'Western'

Películas clave del 'Western'

Quim Casas

Prólogo de Xavier Pérez

MA NON TROPPO

Si usted desea que le mantengamos informado de nuestras publicaciones, sólo tiene que remitirnos su nombre y dirección, indicando qué temas le interesan, y gustosamente complaceremos su petición.

Ediciones Robinbook
información bibliográfica
Industria 11 (Pol. Ind. Buvisa)
08329 Teià (Barcelona)
e-mail: info@robinbook.com

Coordinador de la colección: Jordi Batlle Caminal
Diseño de cubierta: La Cifra
Diseño de interior: La Companyia & Güilmon

ISBN: 978-84-96222-88-5
Depósito legal: B-9.540-2007
Impreso por A & M Gràfic, Riera Can Pahissa 14-18, naves 7-8, Pol. El Pla, 08750 Molins de Rei

Impreso en España - *Printed in Spain*

Índice

Prólogo

Jinetes para la eternidad

Uno de los más bonitos álbumes de Tintín, *Stock de coque*, tiene la feliz osadía de iniciarse con el plano final de una película: Tintín y el capitán Haddock han ido al cine, y, ante sus ojos, un jinete se aleja, de espaldas al espectador, cabalgando hacia un horizonte majestuoso, mientras la palabra FIN, en medio de la pantalla, da paso al melancólico reencuentro del público con la luz mortecina de la sala. No hay que explicarle al lector de *Tintín* a qué género cinematográfico pertenece la película que los personajes han ido a ver, ni es necesario identificarla con un título concreto. Nuestra memoria colectiva sabe que ese plano sólo puede pertenecer a un *western*, a uno de los muchos que, en su día, alimentaron nuestra insaciable sed de ficción, en mágicos programas dobles de cine de barrio, y que todavía son capaces de ablandar el celo habitual de los programadores televisivos, en esas impagables *sesiones de tarde* que, como si los tiempos no hubieran cambiado, siguen alegrando las horas de sobremesa familiar en época de vacaciones. Ese jinete que se aleja, en soledad, hacia el incierto destino que le reserva el hermosísimo paisaje del fondo del plano, podría ser Randolph Scott en una de las escuetas historias de venganza de Budd Boetticher, o el angélico Shane que hizo inmortal a Alan Ladd en *Raíces profundas*, o el estoico Clint Eastwood que reelaboró dicho modelo en *El jinete pálido*, o el mismo que, bajo las notas de Ennio Morricone, cabalgó por los desiertos de Almería en las manieristas películas de Sergio Leone.

No es necesario ser especialista en cine clásico para reconocer a ese jinete en movimiento, porque él constituye uno de los más recurrentes motivos visuales que dan sustancia a un género que pertenece a la mejor ficción universal y que es patrimonio común de los espectadores. Este género, el *western*, regaló al siglo XX la posibilidad de un inesperado reencuentro visual con la épica y con la tragedia, y ensambló la historia nacional de un país (los Estados Unidos de América) con un espíritu legendario que encuentra sus raíces en las mitologías heroicas de todos los tiempos. Con un límite espacio-temporal muy preciso (el Oeste americano en la época de su conquista y pacificación), su capacidad de convocar ante el público los conflictos esenciales de la vida individual y colectiva es, hoy, tan visible como la que ostentaron, en sus respectivas épocas, el teatro griego o el drama isabelino. Como sucede con estos ilustres precedentes, el contado repertorio de temas y situaciones del *western* es impúdicamente reiterado por sus mejores recreadores: las historias de venganza, los conflictos entre granjeros y ganaderos, las guerras con los indios, las caravanas de colonos, las ciudades sin ley, la difícil regeneración de un pistolero, constituyen situaciones arquetípicas sobre las que cada autor particular imprime una mirada personal, hace evolucionar una poética, propone un matiz nuevo, reelabora una imagen o revisa con sentido crítico el triunfalismo sospechoso de tiempos anteriores.

El *western*, como género, es único e indivisible. Y, sin embargo, aunque reconocemos a la perfección sus rasgos generales, nos gusta recordar la particular belleza de cada película, su capacidad de singularizarse en el conjunto. Los lectores de este libro tienen ante sí la síntesis perfecta de un cosmos expresivo completo, pero pueden y deben detenerse en cada uno de los títulos que, con sus características específicas, han hecho posible su historia, y en las concretas personalidades (actores, guionistas, directores) que han cimentado los detalles.

Para adentrarse con seguridad en los inagotables recovecos de esa mitología hacía falta, desde luego, un buen guía. No se puede hoy dudar de que, entre todos los representantes de la crítica cinematográfica de este país, Quim Casas es, por derecho propio, nuestro más genuino *Hombre del Oeste*. Sus anteriores estudios dedicados al género y a tantos de sus autores emblemáticos (Walsh, Ford, Lang, Hawks o Eastwood, entre otros), han hecho de él un excelente rastreador de historias y de rasgos estilísticos, un cazador de planos emblemáticos y un relator fiable de los acontecimientos e incidencias que, en la trastienda de la producción, fueron jalonando el día a día de los rodajes. La selección de títulos que forma el núcleo del libro supone un recorrido subyugante por las mejores obras del género, pero también permite el puntual descubrimiento de obras más desconocidas, cuyo interés está tan razonado que el lector se sentirá impelido a localizarlas inmediatamente. En la explicación de cada filme se corroboran los datos conocidos y, al tiempo, se descubren los rasgos que mejor los distinguen. Además, su ordenación cronológica trasciende su condición de imprescindible diccionario de consulta, y permite que el conjunto pueda ser leído de un tirón, como la biografía completa de un género: desde su nacimiento pródigo en premoniciones de buen cine (los hallazgos de Porter o de Ince) hasta un longevo ocaso que, en manos de maestros como Eastwood o Jim Jarmusch, brilla con la sabiduría de la experiencia acumulada.

El peso visual y el valor emotivo de las películas no puede ser restituido plenamente si no es en su contemplación directa, en las pantallas. Pero las palabras, cuando tienen el calibre necesario, son capaces de inyectarnos la belleza de la rememoración. Ése es el perenne territorio que explora y conquista este libro. ■

Xavier Pérez

Introducción

A pesar de que en los años sesenta proliferaron los *westerns* realizados en coproducción europea, no hay ningún otro género tan norteamericano, junto al musical, como el cine del Oeste. De hecho, el *western* fue antes un documento que un género de ficción. Los primeros films sobre pistoleros, forajidos, atracadores de trenes o de bancos, cazadores de búfalos, *cowboys*, alguaciles, ganaderos, colonos, rancheros e indios rebeldes –que, no debe olvidarse, simplemente reclamaban aquello que siempre había sido suyo, un lugar en el que crecer, vivir y morir, y del que fueron expoliados– explicaban situaciones violentas que aún ocurrían en diversas zonas del país. Cuando Edwin S. Porter rueda *Asalto y robo de un tren* (*The Great Train Robbery*) en 1903, lo que muestran las imágenes de este primer *western* oficial de la historia, el asalto a un tren por parte de una banda de forajidos, se estaba produciendo, y del mismo modo, en muchos puntos de la geografía del denominado *Far West*. El cine del Oeste nace cuando algunos de sus personajes reales, convertidos después en mito gracias a las películas, aún viven y practican sus andanzas a uno u otro lado de la ley. Wyatt Earp, Búfalo Bill o el *gang* de Butch Cassidy y Sundance Kid podrían haber asistido a una proyección de barraca de feria de la película de Porter. De hecho, existe un film canadiense, *El zorro gris* (*The Grey Fox*, Phillip Borsos, 1982), que fantasea sobre esta situación: un viejo salteador de caminos –interpretado por Richard Farnsworth, el protagonista de *Una historia verdadera* (*The Straight Story*, David Lynch, 1999)– vuelve a sus actividades delictivas después de ver en un cine ni más ni menos que *Asalto y robo de un tren*.

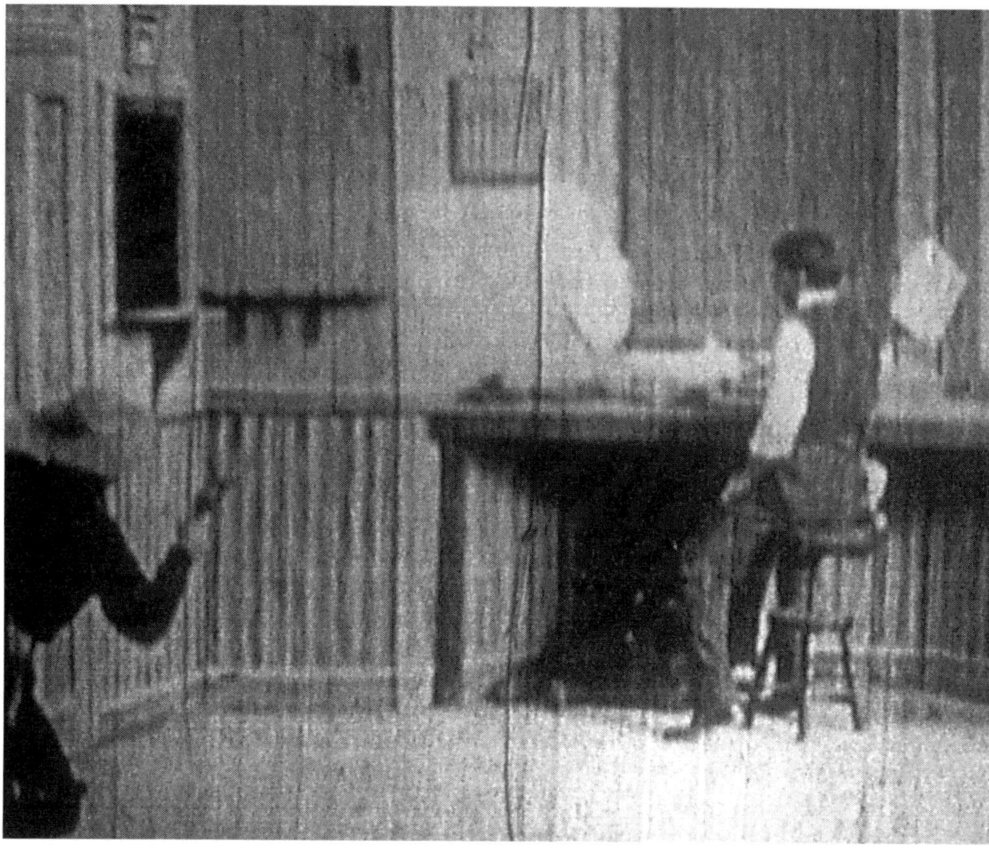

Asalto y robo de un tren, de Edwin S. Porter

Documento de una época

El *western* tuvo en sus inicios este sentimiento de documento de una época que aún no había desaparecido y que el cine debía capturar para siempre; así lo entendió el mismísimo Búfalo Bill, que en 1912 financió varias películas sobre los espectáculos en los que él mismo recreaba, con acento circense, algunas de las gestas características de la conquista del Oeste. Y esa sensación documental hace irrepetibles las primeras grandes obras del género, tan apegadas a la realidad inmeditada de un país forjado a golpes de revólver pese a que en Hollywood fantasearan con las historias, ennoblecieran personajes que eran más villanos que héroes o modificaran episodios enteros para que quedara impresa siempre la leyenda. Ese sentimiento se perdió con el paso del tiempo, aunque no deja de ser sintomático que algunas de las últimas películas importantes del género, *Wyatt Earp* (*Id.*, Lawrence Kasdan, 1994) y *Open Range* (*Id.*, Kevin Costner, 2003), hayan intentado recuperar la fisicidad primitiva, casi arcaica, de aquellas primeras películas que capturaban sin problemas una realidad inmediata.

En ese territorio ambiguo de la mistificación y el tráfico con la verdad se instaló siempre un género que vivió épocas de ostracismo para resurgir con fuerza y convertirse, por ejemplo en los años cincuenta, en una de las prácticas más saludables e inventivas del cine hollywoodiense. En esos años de último esplendor del cine clásico norteamericano encontramos obras maestras de la comedia como *Me siento rejuvenecer* (*Monkey Business,* Howard Hawks, 1952) y *Yo soy el padre y la madre* (*Rock-A-Bye-Baby*, Frank Tashlin, 1958); películas de aventuras del calibre de *El halcón y la flecha* (*The Flame and the Arrow*, Jacques Tourneur, 1950), *El mundo en sus manos* (*The World in His Arms*, Raoul Walsh, 1952) y *Scaramouche* (*Id.*, George Sidney, 1952); *thrillers* de una sordidez y descomposición moral inigualables como *Los sobornados* (*The Big Heat*, Fritz Lang, 1953), *El beso mortal* (*Kiss Me Deadly*, Robert Aldrich, 1955) y *Sed de mal* (*Touch of Evil*, Orson Welles, 1958); melodramas impecables como *Tú y yo* (*An Affair to Remember*, Leo McCarey, 1957) y casi todos los de Douglas Sirk; musicales antológicos como *Un americano en París* (*An American in Paris,* Vincente Minnelli, 1951) y revitalizantes muestras del cine fantástico y de ciencia-ficción, caso de *La humanidad en peligro* (*Them!*, Gordon Douglas, 1954) o *El increíble hombre menguante* (*The Incredible Shrinking Man*, Jack Arnold, 1957). No es menos cierto e irrefutable que algunos títulos *westernianos* de esa década no sólo enaltecen, diversifican o cuestionan el propio género, sino que se sitúan entre las cotas más álgidas del cine hollywoodiense. Sólo tres títulos para confirmarlo: *Johnny Guitar* (*Id.*, Nicholas Ray, 1954), *Centauros del desierto* (*The Searchers*, John Ford, 1956) y *El hombre del Oeste* (*Man of the West*, Anthony Mann, 1958).

Alegorías del 'western'

El *western* ha servido a lo largo de su singladura para documentar la realidad de la evolución de un país –del mito de la frontera a la plena instauración de los núcleos urbanos, de la individualidad de los colonos a la máxima expresión del capitalismo organizado–, o bien para fantasear sobre ella y crear personajes legendarios a partir de esa misma realidad –algo que no está al alcance de ningún otro género narrativo–, o para servir de metáfora de otros aspectos: los *westerns* pro indios de los cincuenta hablaban también de la segregación racial contra los negros, del mismo modo que algunas películas del Oeste de la década siguiente planteaban los exterminios indiscriminados como un reflejo crítico de la participación de Estados Unidos en guerras que no eran las suyas, caso de Corea y Vietnam. Si hoy el *western* gozara de buena salud, no resulta demasiado descabellado pensar que algún film sobre las guerras con los indios podría plantear una lectura crítica de los dos conflictos del Golfo.

Todos los géneros hollywoodienses han experimetando cambios periódicos y mutaciones, alimentándose de nuevas tendencias o retroalimentándose de épocas pretéritas con tintes de vana nostalgia. En los años setenta, por ejemplo, proliferaron los *thrillers* construidos, interpretados e iluminados como las películas de cine negro de los años cuarenta, con la iconografía forjada alrededor de Humphrey Bogart como motivo central de una evocación forzada e insuficiente, pues venía a decirnos que los tiempos pasados siempre son y serán mejores, lo que va en contra de la idea de la evolución del arte. Más recientemente, comedias como *Abajo el amor* (*Down With Love*, Peyton Reed, 2002) imitaban sin disimulo las almibaradas películas protagonizadas antaño por Rock Hudson y Doris Day, por no hablar de la oleada de *remakes* de los films de terror de los años setenta –los firmados por Tobe Hooper, Wes Craven, George A. Romero o John Carpenter– que se han realizado en los últimos años equiparando aquel momento social, con Vietnam o el caso Watergate de telón de fondo, con el actual: George Bush Jr., Bin Laden, Iraq, el terrorismo islámico. La posmodernidad se ha cebado en el pasado para intentar construir un nuevo presente –cineastas como Quentin Tarantino y David Lynch, siguiendo métodos opuestos, saben mucho de ello–, pero en algunas ocasiones la fotocopia y el manierismo hueco se ha impuesto a la reelaboración de una escritura plenamente codificada a la que se intenta dotar de nuevos valores.

El *western,* en los últimos tiempos, ha permanecido ajeno a todo ello. Entre el desinterés del gran público, motivado también por la falta de propuestas realmente estimables, la ausencia de recambios generacionales y el encarecimiento de cualquier rodaje que se disponga en escenarios naturales antes que en estudio –el cine del Oeste, digámoslo ya, admitiría muy mal la estética infográfica que domina el presente cinematográfico–, el género fue languideciendo pese al obstinado y muy loable esfuerzo de una serie de directores y actores convencidos de la vigencia de la pureza del género: ahí están los nombres de Lawrence Kasdan, Kevin Costner y Clint Eastwood, los únicos que han realizado *westerns* como *los de antes* –en el sentido físico y ético del término– logrando el beneplácito de la industria, con traducción en sendos premios Oscar, y de buena parte del público. Sin embargo, hacer *westerns* en 2000, 2005 o 2007 es demasiado caro. No hay otra explicación para la ausencia de películas del Oeste en los últimos años, y más cuando en la propia morfología del género se encierra una reivindicación nacionalista que Hollywood podría haber explotado una vez más después de los ataques terroristas del 11 de septiembre de 2001: en las figuras legendarias de los relatos del *Far West* se amontonan los personajes de una pieza que cualquier gobierno, sea demócrata o republicano, podría utilizar para reivindicar los valores intrínsecamente norteamericanos.

Pero ésa es sólo una lectura, ya que en el género abundan los planteamientos contrarios. En el *western* se han prodigado los títulos que ofrecen una visión menos indulgente, sentimental y patriótica del país, films de indios y vaqueros, como se decía antaño, que expresan una visión disconforme con la realidad política y social estadounidense. En este sentido, el *western* es un género tremendamente vivo. Sobre lo que Clint Eastwood reflexiona en *Banderas de nuestros padres* (*Flags of Our Fathers*, 2006), centrándose en uno de los episodios más conocidos de la Segunda Guerra Mundial (el de la bandera estadounidense izada en lo alto del monte Suribachi, en la isla japonesa de Iwo Jima), ya estaba presente, más encubierto, más sugerido —y por ello doblemente estimulante— en su *western Sin perdón* (*Unforgiven*, 1992), que es una inmensa meditación sobre el tema del héroe en la cultura norteamericana y el ocaso de unos valores que durante tantos años han alimentado la gloria espúrea de todo un país.

Tendencias opuestas

Estamos ante un género épico e íntimo, itinerante y sedentario, crítico y conformista, realista y poético. Una oda a los espacios sin contaminar y a los personajes libres de toda atadura, pero también el reflejo de la corrupción institucionalizada, del saqueo consentido y del germen de las actitudes fascistas. Un género en el que durante años se reflejó un país entero, vendiendo una imagen concreta y poniéndola al mismo tiempo en entredicho, y que posibilitó todo tipo de adhesiones sentimentales por parte de los espectadores de otras latitudes y de muchos cineastas que, como el alemán Wim Wenders, el italiano Sergio Leone o el británico Michael Winterbottom, intentaron después, en sucesivas épocas, reproducir a su modo ese paisaje edénico proporcionado por las películas del Oeste rodadas en los parajes desérticos de Monument Valley, las cumbres nevadas de la alta sierra, el desierto de Arizona, la antigua ruta de Chisholm, las zonas pantanosas de Florida, las arquitecturas reconstruidas de Dodge City, Tulsa o Tombstone, los pueblos de Nuevo México y los cauces fluviales del Mississippi.

Es un cine forjador de ídolos que no lo fueron tanto en la vida real (Jesse James, Billy el Niño, Búfalo Bill, Wyatt Earp, Butch Cassidy, Sundance Kid, Pat Garrett, Wild Bill Hickok, Doc Holliday, Bat Masterson, Belle Starr, Calamity Jane, John Wesley Harding, George Armstrong Custer) y de actores que acabaron siéndolo gracias a la caja de resonancia que en determinadas épocas constituyó el *western*: Tom Mix, Errol Flynn, Gary Cooper, John Wayne, Gregory Peck, Henry Fonda, James Stewart, Alan Ladd, Randolph Scott, Joel McCrea, Richard Widmark, Clint Eastwood... Algunos de ellos destacaron también en otros géneros, pero su imagen aparece fijada en los contornos flexibles del *western*, en una forma de vestir determinada (las cazadoras cortas de Peck y Widmark, por ejemplo, o los chalecos de cuero de Wayne, los ponchos sucios de Eastwood y los sombreros de ala ancha que lucían los protagonistas de los *westerns* pioneros), en una manera de mirar (la de Cooper y Scott, antagónicas), en un estilo concreto a la hora de cabalgar o de desenfundar, porque no es lo mismo asistir a un duelo protagonizado por Wayne que a otro con, pongamos por caso, Joel McCrea. ■

Johnny Guitar, de Nicholas Ray

Historia del género

Historia del género

El *western* nació prácticamente con el propio cine y no tardó mucho en convertirse en uno de los géneros más cultivados y populares. Edwin S. Porter, con *Asalto y robo de un tren* (*The Great Train Robbery,* 1903), puso la primera piedra, un film de tanteo que reproducía el atraco a un tren y la posterior captura de los forajidos. Apenas 15 minutos para relatar uno de los motivos argumentales más habituales en la historia del país y en la del género literario y cinematográfico que fijó en pantalla los albores de una nación. Pero hubo que esperar un poco a que adquiriera su dinámica propia, sus signos de identidad. David Wark Griffith realizó *westerns* y *pseudowesterns*, pero fue Thomas Harper Ince quien, a partir de 1912, sentó las bases inalterables en la configuración de los personajes, las principales líneas argumentales y la implicación del paisaje en los acontecimientos. Las películas del Oeste han filmado siempre la grandeza de una geografía cambiante, seca, húmeda, mineral, que se adhiere a la conducta de quienes la atraviesan, sean forajidos o *sheriffs*, buscadores de fortuna o indios apaches, aventureras de *saloon* o conductores de ganado. No podía ser de otra forma: el *western* es un género eminentemente físico, realizado sobre el terreno, allí donde acontecieron las cosas que se recrean ante la cámara, e Ince atrapó ese sentimiento en decenas de films de estructura simple y belleza incontaminada. Pero el cine del Oeste necesitaba, como el melodrama o la comedia, sus propias estrellas. William S. Hart, Tom Mix y Gilbert M. Anderson, primero, y Harry Carey, después, se convertirían en los primeros *cowboys* cinematográficos de éxito. A ellos se deben también los rasgos significantes del género.

Lejos de los estudios

La marcha por el paisaje fértil del cine mudo se realizó gracias a la dedicación que determinados cineastas, actores y escritores tuvieron con el género cuando se habían cimentado ya las bases de la industria de Hollywood. Lejos de las oficinas de los grandes estudios, que en muchos casos seguían estando en Nueva York, muchos realizadores vieron en el *western* la posibilidad de trabajar con cierta libertad y holgura de medios sin las presiones de los productores. John Ford recordaba muchos años después que, cuando rodaba una película en Monument Valley, pocas eran las veces que aparecía por ahí alguien del estudio para hablar de dinero o ajustes en el plan de rodaje. Por aquel entoces era más fácil y más barato trabajar en escenarios naturales que construir decorados en los platós cinematográficos. Ince, Ford, Cecil B. De Mille, Henry King, William Wyler o cineastas en principio tan poco identificados con el *western* como Frank Borzage, contribuyeron a ensanchar los márgenes del género. A mediados de los años veinte, además, las productoras empezaron a invertir mayores cantidades de dinero en un tipo de cine considerado poco *serio*, lo que dio origen a varias y reputadas superproducciones con las que el *western* se puso a la altura de otros géneros en cuanto a importancia logística. Hasta entonces se habían rodado films de dos o tres bobinas, películas seriadas y relatos sustentados simplemente en la acción y el movimiento, sin especial interés, salvo excepciones, por el perfil dramático de los personajes y la relevancia de determinados hechos históricos. El panorama cambió con las mucho más costosas *La caravana de Oregón* (*The Covered Wagon,* James Cruze, 1923), *El caballo de hierro* (*The Iron Horse*, John Ford, 1924), *El hijo de la pradera* (*Tumbleweeds*, William S. Hart y King Baggott, 1925), *Los jinetes del correo* (*The Pony Express*, J. Cruze, 1925), *Tres hombres malos* (*Three Bad Men*, J. Ford, 1926), *La senda del 98* (*The Trail of' 98*, Clarence Brown, 1929) y *The Virginian* (Victor Fleming, 1929), films espectaculares, en el sentido físico y narrativo de la palabra, que reconstruían aspectos fundamentales en la conquista del lejano Oeste.

La irrupción del sonido

El *western* pionero y silente fue, en esencia, épico: el género certificaba la visión que los norteamericanos tenían de sí mismos y querían exportar al mundo. La odisea de los colonos, las carreras organizadas por el gobierno para adquirir las tierras, los largos viajes de las caravanas, la quimera del oro o la construcción del tendido ferroviario y telegráfico se convirtieron en noble materia argumental. Fue, en cierto sentido, un cine propagandístico. Con la llegada del sonoro, se diluyeron algunos signos distintivos y el género, como otros modelos narrativos de Hollywood, perdió algo de fuelle. Hubo un intento de perpetuar la épica de las grandes producciones silentes aplicando el nuevo invento, caso de *En el viejo Arizona* (*In Old Arizona*, Raoul Walsh e Irving Cummings, 1929), *La gran jornada* (*The Big Trail*, R. Walsh, 1930), *Billy the Kid* (*Id.*, King Vidor, 1930) y *Cimarrón* (*Cimarron*, Wesley Ruggles, 1931), pero salvo algunas excepciones, fruto del talento de Vidor y De Mille, el *western* de los años treinta discurrió generalmente por el sendero alimenticio de la serie B y los seriales, allí donde acabó formándose un futuro icono del género, John Wayne, relevo natural de los Tom Mix y compañía. Hasta que en 1939 apareció *La dili-*

gencia (*Stagecoach*, John Ford), una producción modesta, sin grandes estrellas (Wayne lo sería a partir de entonces), que reanimó literalmente el cine del Oeste y le otorgó nuevas señas de identidad. Pero 1939 fue también el año del inicio de la Segunda Guerra Mundial, y aunque Estados Unidos no entró en el conflicto hasta tiempo después, el *western*, como buena parte del cine norteamericano, se resintió de los ecos del frente bélico europeo y se tiñó de sombras. No es de extrañar que uno de los films del Oeste más importantes de este período sea *The Ox-Bow Incident* (William A. Wellman, 1943), retrato en negro de una sociedad atávica marcada por el linchamiento.

Finalizada la contienda, y con cineastas como Ford, Walsh, Vidor, Henry King, William A. Wellman y Howard Hawks en calidad de abanderados, a los que deberían añadirse directores que tocaron el género de manera más esporádica pero no por ello menos significativa, caso de Fritz Lang, el cine del Oeste vivió una de sus más largas y fecundas etapas. El mito estaba bien presente, como demuestra *Pasión de los fuertes* (*My Darling Clementine*, John Ford, 1946), pero el género empezó a mutar hacia otras tendencias relacionadas de forma más directa con el melodrama y la tragedia, caso de *Duelo al sol* (*Duel in the Sun*, King Vidor, 1946) o *Pursued*

Duelo al sol, de King Vidor

Flecha rota, de Delmer Daves

(Raoul Walsh, 1947). Nuevos cuerpos, algunos de ellos críticos, aparecieron en la mecánica propia del género. Primero los *westerns* pro indios, con títulos que oscilaban entre lo sombrío, como *La puerta del diablo* (*Devil's Doorway*, Anthony Mann, 1950), y lo esperanzador, como *Flecha rota* (*Broken Arrow*, Delmer Daves, 1950). Después llegarían los denominados *super-westerns* o *westerns* psicológicos, un intento algo arbitrario de dotar de un perfil psicológico más relevante a los personajes –como si Ford, Vidor o Hawks no lo hubieran hecho ya–: *Solo ante el peligro* (*High Noon,* Fred Zinnemann, 1952) y *Raíces profundas* (*Shane*, George Stevens, 1953) se colocaron en la avanzadilla de esta tendencia que, como el mismo género en su totalidad, ha sufrido un permanente vaivén en cuanto a la consideración crítica, y hoy es más respetada que en los años sesenta.

La relevancia del mito

La magnífica década de los cincuenta, con la irrupción en el *western* de Budd Boetticher, John Sturges, Gordon Douglas, Delmer Daves, Anthony Mann y los cineastas encuadrados en la generación de la violencia (Samuel Fuller, Nicholas Ray, Don Siegel, Richard Brooks), y con el retorno al género de antiguos practicantes como Henry Hathaway, significó una consolidación de valores que conllevaba también un replanteamiento absoluto de los mismos. Había escrito el teórico francés André Bazin, padre de la *nouvelle vague*, que los atributos formales que reconocemos en un *western* no son más que los signos y símbolos de su realidad profunda, y ésa no es otra que el mito. Algunos de estos cineastas indagaron precisamente en la relevancia del mito, en una búsqueda, a veces infructuosa, del término medio entre la realidad y la leyenda. Fuller y Ray llegaron más lejos y convirtieron a sus personajes del Oeste en un reflejo nada opaco de los jóvenes desorientados y violentos de la alterada sociedad estadounidense de los cincuenta.

Fue éste un período rico en contrastes y en nuevas propuestas formales: la competencia de la televisión, un medio que también apostó fuerte por el *western*, propició el auge de los formatos panorámicos, lo que contribuyó a redefinir la puesta en escena clásica. Aparecieron obras capitales como *La verdadera historia de Jesse James* (*The True Story of Jesse James*, Nicholas Ray, 1957), *Duelo de titanes* (*Gunfight at the OK Corral*, John Sturges, 1957), *El tren de las 3,10* (*3:10 to Yuma*, Delmer Daves, 1957), *Forty Guns* (Sam Fuller, 1957), *El hombre del Oeste* (*Man of the West*, Anthony Mann, 1958) y el minimalista ciclo de Boetticher con el actor Randolph Scott. Pero fueron también los cineastas de las generaciones precedentes los que, evolucionando mejor que nadie con el aire de los tiempos, mostraron las nuevas y desencantadas rutas del género, concretamente John Ford con *Centauros del desierto* (*The Searchers*, 1956), el título más influyente de esta época; King Vidor con *La pradera sin ley* (*Man Without a Star*, 1955) y Raoul Walsh con *Los implacables* (*The Tall Men*, 1955). Después de ver estas películas sólo había una pregunta que formularse: ¿qué dirección podía tomar a partir de entonces el cine del Oeste?

El crepúsculo

La amplitud de miras de los viejos y nuevos practicantes del género, que siguió un camino paralelo en ese momento al del cine negro, profundamente desencantado e inclinado a mostrar una involución de orden moral antes que documentar las crónicas del gangsterismo, o la comedia, mucho más cítrica de lo que había sido la *screwball comedy* de los bulliciosos años treinta, dio paso en el inicio del siguiente decenio, casi por pura inercia, a lo que se bautizó como *western* crepuscular, una tonalidad sombría y otoñal que ofreció excelentes frutos (los films violentos y líricos de Sam Peckinpah, por ejemplo), pero que a la vez pergeñó el certificado de defunción del género tal como se había entendido hasta entonces. Abundaron las propuestas que convirtieron la tendencia crepuscular en un simple recurso comercial, en una moda a la que se apuntaron cineastas que poco o nada habían hecho en el género, caso de George Roy Hill –*Dos hombres y un destino* (*Butch Cassidy and the Sundance Kid,* 1969), muy popular por el concurso de la pareja Paul Newman y Robert Redford– y Blake Edwards –*Dos hombres contra el Oeste* (*Wild Rovers*, 1971). La influencia del *spaghetti-western*, las violentas y deliberadamente sucias películas del Oeste rodadas en tierras españolas o italianas en régimen de coproducción, y el progresivo silencio al que fueron sometidos los directores clásicos, sin una nueva generación de recambio en el horizonte, convirtieron poco a poco al *western* en un género de supervivientes. *Grupo salvaje* (*The Wild Bunch*, 1969), una de las propuestas más radicales de Peckinpah, infectada por igual del clasicismo irrecuperable y de la violencia del modelo europeo, puede verse como una metáfora del propio género, con sus protagonistas tan desclasados como lo estaban entonces muchos cineastas, el airado Peckinpah incluido.

Grupo salvaje, de Sam Peckinpah

También se había resentido ya el *star system*. Randolph Scott, por ejemplo, entendió que su tiempo cinematográfico había concluido y se retiró después de rodar uno de los *westerns* más significativos de la modalidad crepuscular, *Duelo en la alta sierra* (*Ride the High Country,* Sam Peckinpah, 1962). Otros actores fueron muriendo o apartándose de las cámaras, y sólo John Wayne, empecinado en seguir demostrando la valía de unos determinados atributos *westernianos*, continuó produciendo e interpretando películas casi a destiempo, donde el hálito de los clásicos pervivía, muy livianamente, en la construcción de unos personajes veteranos que se negaban a emprender la retirada y defendían unos valores que ya no existían. El mismo año que Wayne obtuvo el Oscar por su trabajo en *Valor de ley* (*True Grit*, Henry Hathaway, 1969), el independiente Dennis Hopper realizó *Easy Rider /Buscando mi destino* (*Easy Rider*, 1969), un *western* moderno con motos. El género, como tal, parecía haber muerto: así lo atestiguaban las motocicletas de Hopper y Peter Fonda, dos *hippies* de camino al Mardi Grass de Nueva Orleans, supliendo a los caballos de Wayne, Scott, Gary Cooper y compañía.

Los tiempos están cambiando

El crepúsculo dio paso después a una cierta conciencia desmitificadora ejemplificada por algunos de los representantes del nuevo cine americano, caso de Robert Altman, que en *Los vividores* (*McCabe and Mrs. Miller*, 1971) contó la implantación de la prostitución en el lejano Oeste, y en *Búfalo Bill y los indios* (*Buffalo Bill and the Indians or Sitting Bull's History Lesson*, 1976) ridiculizó la figura del antiguo explorador, correo del Pony Express, cazador de búfalos y director de circo. Eran unos tiempos tensos y complejos para la vida política estadounidense, con el asesinato de Bob Kennedy, el fracaso en Vietnam, Richard Nixon y el caso Watergate, lo que cristalizó en *westerns* alegóricos, como *Pequeño gran hombre* (*Little Big Man*, Arthur Penn, 1970), y, años después, en relatos de un Oeste contemporáneo dirigidos por representantes del ala izquierda de Hollywood, como *Llega un jinete libre y salvaje* (*Comes a Horseman*, Alan J. Pakula, 1978). En los setenta se despidieron definitivamente Howard Hawks con *Río Lobo* (*Rio Lobo*, 1970), Henry Hathaway con *Círculo de fuego* (*Shoot Out*, 1971) y John Wayne con una especie de film-compendio titulado *El último pistolero* (*The Shootist*, Don Siegel, 1976). Fue un tiempo propicio, también, para que Peckinpah llevara a su terreno crepuscular otros mitos históricos, en *Pat Garrett y Billy the Kid* (*Pat Garrett and Billy the Kid*, 1973), y para el debut como director de uno de los pocos duros *westernianos* que seguían en activo, Clint Eastwood, que presentó sus credenciales con *Infierno de cobardes* (*High Plains Drifter*, 1973) y *El fuera de la ley* (*The Outlaw Josey Wales*, 1976). El género parecía entonces una especie de banco de pruebas: un guionista de peso, Robert Benton, pasaba detrás de la cámara con *Bad Company* (1972), un *western* influenciado por Samuel Beckett; un actor oscarizado, Jack Nicholson, rodaba un film del Oeste tan extraño como *Camino del Sur* (*Goin' South*, 1978), centrado en una ley por la que un condenado a muerte podía salvarse de la horca si una mujer aceptaba casarse con él; y un cineasta lírico y barroco como Michael Cimino proponía un operístico *western* sobre la lucha de clases con *La puerta del cielo* (*Heaven's Gate*, 1980).

Desde los ochenta, francotiradores como Eastwood, Lawrence Kasdan, Kevin Costner, Walter Hill y, en otro orden de cosas, el Jim Jarmusch de la peculiar *Dead Man* (*Id.*, 1995), han intentado, con resultados generalmente muy buenos, recuperar el sentido físico del género, su propia poética, la relación del individuo con el paisaje, la simbiosis entre mito y realidad. Eastwood apostó por una relectura de los mitos de la ficción en *El jinete pálido* (*Pale Rider*, 1985) y *Sin perdón* (*Unforgiven*, 1992), mientras que Hill optó por una visión de corte naturalista de determinados personajes históricos: *Forajidos de leyenda* (*The Long Riders*, 1980), en torno al *gang* de Jesse James y Cole Younger, y *Gerónimo* (*Geronimo*, 1993) y *Wild Bill* (*Id.*, 1995), sobre el caudillo chiricahua y Wild Bill Hickok. Kasdan y Costner, situados en un término medio, han invocado la épica sesgada en *Silverado* (*Id.*, 1985) y la biografía menos triunfalista en *Wyatt Earp* (*Id.*, 1994), ambas dirigidas por Kasdan y protagonizadas por Costner. Otros cineastas se han acercado puntualmente al género, pero sin solución de continuidad: Michael Mann en *El último mohicano* (*The Last of the Mohicans*, 1992) y Richard Donner y Barry Sonnenfeld exhumando, con todas las licencias del mundo, dos productos televisivos del Oeste, *Maverick* (*Id*., 1994), según la serie del mismo título, y *Wild Wild West* (*Id*., 1999), según *Jim West*, respectivamente.

El 'western' cambia de sexo

Eastwood y Costner, ejemplos significativos del modelo imperante en el Hollywood actual, el del actor-director-productor, han debido convertirse en dueños de su propio destino, porque ya no existen estudios como los de antaño, y los que funcionan no creen en la recuperación del *western* como práctica continuada. *Bailando con lobos* (*Dances with Wolves*, 1990), de Costner, y *Sin perdón* lograron juntas casi tantos Oscar como los obtenidos por el resto de *westerns* desde que se instauraron los galardones más importantes del cine norteamericano, pero no sirvió de mucho. El cine del Oeste es hoy en día el resultado de una serie de caprichos fugaces y personales, como el que tuvieron Tom Cruise y Nicole Kidman cuando quisieron colonizar el Oeste en *Un horizonte muy lejano* (*Far and Away*, Ron Howard, 1992); como el que animó al actor Mario Van Peebles a realizar *Posse* (1993), un film reivindicativo, en plena expansión del cine afroamericano, que cuenta la historia de un *cowboy* de raza negra; como el *western* australiano *The Proposition* (John Hillcoat, 2006), escrito por el músico Nick Cave; como, en fin, los caprichos femeninos en unos tiempos en los que

Sin perdón, de Clint Eastwood

la ausencia de actores masculinos susceptibles de ser identificados con el género resulta total: Sharon Stone contrató a Sam Raimi para que la dirigiera como expeditiva pistolera en *Rápida y mortal* (*The Quick and the Dead*, 1995), Andie McDowell, Drew Barrymore, Madeleine Stowe y Mary Stuart Masterson decidieron unir fuerzas en *Cuatro mujeres y un destino* (*Bad Girls*, Jonathan Kaplan, 1994) y, más recientemente, Penélope Cruz y Salma Hayek creyeron que podían ser dinámicas aventureras en *Bandidas* (*Id.*, Espen Sandberg y Joachim Roenning, 2006), un film sin sentido alguno que quiere parecerse a un *western*. Sí lo parece, aunque su ubicación sea contemporánea, la oscarizada *Brokeback Mountain (En terreno vedado)* (*Brokeback Mountain*, 2005), singular mirada sobre algunos de los atributos del género planteada por su director, el taiwanés Ang Lee, desde la perspectiva homosexual. Lo que acontece en esta película, una desesperada historia de amor imposible entre dos jóvenes vaqueros fraguada en torno al engaño, al hecho de vivir lo que no se quiere y desear lo que no se puede tener, es la visualización ecuánime de lo que estaba implícito en algunos *westerns* apuntalados en la amistad viril, donde la estima y el amor se confunden y entremezclan. ■

Solo ante el peligro, de Fred Zinnemann

Las películas clave

1903 Asalto y robo de un tren

Edwin S. Porter

The Great Train Robbery. USA. **Dir.:** Edwin S. Porter. **Producción:** Edison Company. **Guión:** Edwin S. Porter. **Fot.:** Edwin S. Porter y Blair Smith (blanco y negro). **Duración:** 15 minutos. **Int.:** Max Aronson (bandido/pasajero del tren), George Barnes (bandido), John Manus Dougherty Sr. (bandido), Frank Hanaway (bandido).

Aunque escueto y rudimentario, este film pone en solfa toda la dramaturgia e iconografía de un género que acababa de nacer.

Cuatro forajidos asaltan un tren y vuelan la caja fuerte del furgón. Una muchacha libera al telegrafista que habían atado y amordazado. Éste da la alarma y una partida de hombres logra dar caza a los ladrones.

El principio de todo

No es sin duda el mejor de los *westerns* mudos, pero es el primero en capturar en la pantalla sus signos de identidad. El cine del Oeste narrativo nace con *Asalto y robo de un tren*, una peripecia escueta en tres actos: asalto al tren, huida de los ladrones una vez han hecho saltar la caja de seguridad del furgón y persecución final por parte de los representantes de la ley, que abaten a los forajidos tras frenética cabalgada. Nada más, pero nada menos. El modelo ya estaba claro. La película, de la que se tiraron unas copias coloreadas a mano para disfrute de sus patrocinadores e inversores, incluye en su reparto a Max Aronson, actor que después cambiaría su nombre por el de Gilbert M. Anderson y crearía en 1910 el popular personaje de Broncho Billy, y contiene un plano legendario porque fue capaz de causar el mismo efecto entre el público que el de la llegada del tren a la estación en el film de los Lumière: un forajido dispara directamente contra el objetivo de la cámara, hacia la mirada sobresaltada de los espectadores, que nunca habían visto nada parecido.

Asalto y robo de un tren pasa por ser la única película reconocible de Edwin S. Porter, un ingeniero, operador y director de origen escocés que tocó todos los palos con afán experimentador. Suyos son singulares cortos recuperados en los últimos tiempos como *Life of American Fireman* (1903), que incorpora dos acciones al mismo tiempo; *Dog Factory* (1904), una comedia burlesca sobre cómo convertir perros en salchichas y salchichas en perros; *Coney Island at Night* (1905), bello retrato del parque neoyorquino de noche realizado con el fin de probar las nuevas emulsiones para filmaciones nocturnas; *Dream of a Rarebit Fiend* (1906), materialización en imágenes del surreal cómic de Winsor McCay sobre pesadillas sufridas tras la excesiva ingestión de queso fundido, y *The Teddy Bears* (1913), perverso cuento de hadas que cuenta con una secuencia de animación con peluches. ■

1912 The Invaders
Thomas Harper Ince

The Invaders. USA. **Dir.:** Thomas Harper Ince (y/o Francis Ford). **Producción:** Kay-Bee, New York Motion Picture Co. **Prod.:** Thomas H. Ince. **Guión:** C. Gardner Sullivan. **Duración:** 41 minutos. **Int.:** Francis Ford (coronel Bryson), Ethel Grandin (su hija), Anna Little (Sky Star), Art Acord (telegrafista).

Muestra modélica de la poética pionera de Thomas H. Ince, el padre del género, realizada con verdaderos indios sioux.

La joven Sky Star, hija de un jefe indio, es vista con un hombre blanco y este hecho desencadena la ruptura del tratado y el asalto al fuerte por parte de los sioux.

La imagen virginal

The Invaders es el primer *western* de tres rollos que realizó el padre del género, Thomas Harper Ince, experto hasta entonces en concentrar relatos en uno o dos rollos de duración. De ahí su importancia histórica, además de tratarse de uno de los trabajos que mejor definen la agudeza narrativa del autor. *The Invaders*, por esa misma condición de *western* largo, tiene hechuras de gran producción aunque recurre a los actores habituales del productor-director –entre ellos Francis Ford, el hermano mayor de John Ford– y los enfrenta con actores de origen indio –con la excepción de Anna Little, que encarna a Sky Star convenientemente maquillada– que asumen el papel de sioux rebeldes en unos tiempos en los que toda rebeldía o sublevación resultaban ya impensables: Sitting Bull, caudillo de los sioux, había sido asesinado en 1890 por la policía india, y Gerónimo, líder de los apaches chiricahua, había muerto de anciano en 1909. Hay una pureza y transparencia casi virginal en las imágenes del film. Como mejor ejemplo el plano, de una belleza que sólo puede transmitirse hoy a través del cine de los pioneros, en el que el topógrafo del ejército observa a través de su telescopio a la hija del jefe indio, Sky Star, sentada en unas rocas. La escena de la quema del poste telegráfico por parte de los indios, la salida al galope de varios soldados que dejan el fuerte para pedir ayuda envueltos en el humo causado por los disparos de sus compañeros y el salvamento en el último momento –archiclásico, pero alguien había de utilizarlo por vez primera, y en eso rivalizan Ince y Griffith desde que el cine es cine–, así como el desdoblamiento de tramas en el fuerte y el poblado indio, definen esta película que hoy, felizmente, puede verse sin problemas. De las 82 que Ince dirigió o supervisó en 1912, *The Invaders* es una de las siete que se conservan. Tras su restauración, fue incluida en el triple DVD *More Treasures From American Film Archives,* editado por National Film Preservation Foundation en 2004.

1923 La caravana de Oregón

James Cruze

The Covered Wagon. USA. **Dir.:** James Cruze. **Producción:** Famous Players-Lasky, Paramount. **Prod.:** James Cruze. **Guión:** Jack Cunningham, según la novela de Emerson Hough. **Fot.:** Karl Brown (blanco y negro). **Mús.:** Hugo Riesenfeld. **Mont.:** Dorothy Arzner. **Duración:** 98 minutos. **Int.:** J. Warren Kerringan (Will Banion), Alan Hale (Sam Woodhull), Lois Wilson (Molly Wingate), Charles Ogle (señor Wingate), Ethel Wales (señora Wingate).

Película pionera en uno de los grandes temas del género, la odisea de un grupo divergente de personajes que cruzan el país formando parte de una caravana.

Durante la larga marcha de dos caravanas que salen de Kansas City hacia California y Oregón, se desarrolla una historia de amor triangular que enfrenta a dos conductores, Will y Sam, por el amor de una misma muchacha. Sam mata a un indio, lo que provoca un ataque de éstos a la caravana.

El acento documental

Antes de que se iniciara la filmación de *La caravana de Oregón*, que puede considerarse históricamente la primera superproducción en el campo del *western*, hubo un cambio estratégico del que salió beneficiado el resultado global. George Melford, el director inicialmente previsto, fue sustituido por James Cruze, hijo de mormones y descendiente de la primera oleada de emigrantes daneses que llegaron al país. Cruze no traicionó el espíritu épico impulsado por los dos magnates que produjeron el film, Adolph Zukor y Jesse L. Lasky, pero imprimió en todo momento un carácter documental que es lo que convierte hoy *La caravana de Oregón*, más de ochenta años después de su gestación, en una obra absolutamente pionera de la que bebieron de un modo u otro todos los *westerns* mudos y los primeros sonoros centrados en reconstruir episodios históricos de enorme calado: la influencia plástica del film de Cruze es notable en *La gran jornada* (*The Big Trail*, 1930), rodada siete años después por Raoul Walsh.

Como ocurre con películas que no tienen nada que ver con lo aquí referenciado –*Fitzcarraldo* (*Id.*, Werner Herzog, 1982)–, *La caravana de Oregón* puede apreciarse como un documental de su propio rodaje, ya que prácticamente todo lo que acontece ante la cámara destila esa sensación de titánica verdad que los cineastas pioneros supieron imprimir a sus imágenes. La carga de los bisontes o la magistral secuencia del peligroso paso de la caravana por el río serían repetidas, en acento y formulación, hasta la saciedad. El *remake* en Panavisión y lujoso color, *Camino de Oregón* (*The Way West*, Andrew V. McLaglen, 1967), carece de toda la fuerza expresiva del original.

1924 El caballo de hierro

John Ford

The Iron Horse. USA. **Dir.:** John Ford. **Producción:** Fox Film Corp. **Prod.:** William Fox y John Ford. **Guión:** Charles Kenyon, de un argumento de Kenyon y John Russell. **Fot.:** George Schneiderman y Burnett Guffey (blanco y negro). **Mús.:** Erno Rapee. **Duración:** 133 minutos. **Int.:** George O'Brien (Davy Brandon), Madge Bellamy (Miriam Marsh), Charles Edward Bull (Abraham Lincoln), Gladys Hulette (Ruby), Fred Kohler (Deroux).

La construcción del ferrocarril transcontinental servida por Ford con la misma épica espectacular que acento humorístico, distendido y etílico.

Davy Brandon trabaja en las obras del tendido del ferrocarril transcontinental, entre 1863 y 1869, y se enamora de la hija del ingeniero jefe, Miriam. Durante una refriega con los indios descubre al guerrero manco que asesinó tiempo atrás a su padre.

Un rodaje titánico

El caballo de hierro fue la respuesta rápida y contundente de la Fox al éxito de *La caravana de Oregón*, producida un año antes por Paramount. William Fox tiró la casa por la ventana y le dio a John Ford, que nunca antes había contado con tantos medios, carta blanca para que evocara de la manera más épica posible la construcción del primer tendido ferroviario transcontinental. Pero el director supo nadar eficazmente entre dos aguas, la del superespectáculo que le demandaba el productor y la de su propio concepto del *western*. Así, para reconstruir este episodio crucial en la expansión económica y social del lejano Oeste, Ford tuvo a su disposición 5.000 figurantes entre blancos, indios y chinos, 1.300 bisontes, 2.000 caballos, 10.000 cabezas de ganado, un centenar de cocineros, un regimiento entero del ejército y un par de locomotoras auténticas que habían sobrevivido a aquella titánica peripecia. Se construyeron dos ciudades para filmar las tomas generales y el equipo técnico y los actores desafiaron las inclementes temperaturas de la región de Nevada donde se rodaron las escenas de exteriores de enero a marzo de 1924: buena parte de la filmación transcurrió entre 25 y 30 grados bajo cero. Pero si las escenas del trazado de las vías del ferrocarril y los ataques indios buscan una cierta magnificencia merced a las rebuscadas posiciones de cámara que subrayan la espectacularidad del momento, la presencia de tres borrachines irlandeses en el campamento del ferrocarril proporciona las notas humorísticas características del realizador, la distensión ante tanto drama individual (la venganza del protagonista) y colectivo (la construcción paciente y laboriosa del tendido).

1925 El hijo de la pradera

King Baggott y William S. Hart

Tumbleweeds. USA. **Dir.:** King Baggott y W. S. Hart (sin acreditar). **Producción:** Astor Pictures. **Prod.:** W. S. Hart. **Guión:** C. Gardner Sullivan. **Fot.:** Joseph H. August (blanco y negro). **Mús.:** Arthur H. Gutman. **Duración:** 82 minutos. **Int.:** William S. Hart (Don Carver), Barbara Bedford (Molly Lassiter), Lucien Littlefield (Kentucky Rose), J. Gordon Russell (Noll Lassiter), Richard Niell (Bill Freel).

William S. Hart, uno de los mitos del 'western' mudo, se despidió del cine con esta película sobre, precisamente, el fin del Oeste.

Los colonos y granjeros llegan a una zona de Kansas dispuestos a asentarse. El *cowboy* Don Carver observa impotente cómo cambia su mundo, pero se enamora de una granjera y se enfrenta contra quienes quieren quedarse con los mejores terrenos.

El fin del viejo Oeste

William S. Hart se despidió del cine a lo grande. Su última película como actor y productor –y como realizador, aunque sin acreditar y compartiendo tareas con el también actor King Baggott– se desarrolla en otro de los períodos históricos esenciales para el mito del lejano Oeste; en este caso, como el protagonista y los rótulos se encargan de repetir una y otra vez con un carácter indisimuladamente elegíaco, sobre el fin del Oeste. La película evoca la creación de la denominada franja de Cherokee en 1889, una extensión de tierra de Kansas rica en pastos que el gobierno norteamericano había arrendado durante años a los rancheros. Sus 3.000 kilómetros cuadrados fueron abiertos para quienes quisieran establecer sus hogares en aquel lugar, y la respuesta fue la masiva llegada de granjeros y colonos dispuestos a disputar la carrera para encontrar asentamiento. Llenos de nostalgia, Don Carver y el resto de *cowboys* contemplan en ligero contrapicado, a lomos de sus monturas, cómo se marchan en geométricas hileras las reses de los otros ranchos. "Chicos, se acabó el Oeste", sentencia Carver entonces.

El hijo de la pradera era la película predilecta de su creador. No en vano compuso su personaje más matizado, ese *cowboy* con todos los atributos clásicos que le perdona la vida a una serpiente que se cruza en su camino porque, según sus propias palabras, el reptil tiene más derecho a estar en estas tierras que los hombres y mujeres que están a punto de llegar. Pero *El hijo de la pradera* no es un film conservador –aunque sí tradicionalista– en relación con la colisión inevitable entre ganaderos y granjeros. Muy dinámico en todas sus líneas, se convierte en una auténtica sinfonía del movimiento de cámara lateral cuando se trata de individualizar a Carver galopando en su caballo durante la carrera colectiva de Cherokee.

1926 El maquinista de la General

Buster Keaton y Clyde Bruckman

The General. USA. **Dir.:** Buster Keaton y Clyde Bruckman. **Producción:** Buster Keaton Productions, United Artists. **Guión:** Al Boasberg, Charles Smith, Joseph A. Mitchell, Keaton y Bruckman. **Fot.:** J. Devereux Jennings y Bert Haines (blanco y negro). **Mont.:** J. Sherman Kell y Harry Barnes. **Duración:** 75 minutos. **Int.:** Buster Keaton (Johnnie Gray), Marian Mack (Annabelle Lee), Glenn Cavender (capitán Anderson), Jim Farley (general Thatcher), Charles Smith (padre de Annabelle).

Entre la comedia lírica y el romanticismo sudista, Buster Keaton desarrolla su particular visión de la guerra de Secesión a ritmo de locomotora.

Johnnie Gray es un maquinista ferroviario que corre a enrolarse en el ejército confederado cuando estalla la guerra de Secesión. Pero no es admitido, ya que puede ser más útil con su locomotora. Esto disgusta profundamente a su novia, Annabelle, que rompe su promesa de boda hasta que Johnnie no vista el uniforme del Sur.

La locomotora de Keaton

La historia del cine está repleta de films periféricos con el *western*. En los tiempos del cine mudo abundaron, ya que muchas películas desarrollaban su acción en escenarios y tiempos recientes identificados con el lejano Oeste. ¿Acaso no puede considerarse un *western El nacimiento de una nación* (*The Birth of a Nation*, David W. Griffith, 1914), cuya acción acontece durante la guerra civil y el apogeo del Ku Klux Klan? ¿O las primeras versiones de *El último mohicano* (*The Last of the Mohicans*, Maurice Tourneur y Clarence Brown, 1920) y *La marca del Zorro* (*The Mark of Zorro*, Fred Niblo, 1920), ambientadas antes de la guerra de independencia y en la California española, respectivamente?

El maquinista de la General, una de las obras maestras de Buster Keaton, está en similar situación. Comedia lírica por registro genérico, desarrolla una historia de amor, espionaje y conflicto bélico que tiene como protagonista a un maquinista sudista, y contiene frenéticas carreras ferroviarias, cabalgadas, el derrumbe literal de un puente tras el paso de las locomotoras y enormes planos generales poblados de figurantes, algo inusual hasta entonces en Keaton, además de considerables apuntes sobre la inutilidad de la guerra. Puestos a incluir al gran comediante en un hipotético listado de anomalías *westernianas*, conviene recordar que también realizó *El rey de los cowboys* (*Go West*, 1925), en la que acometía el traslado de ganado desde Arizona hasta Los Ángeles.

1930 Billy the Kid

King Vidor

Billy the Kid. USA. **Dir.:** King Vidor. **Producción:** Metro Goldwyn Mayer. **Prod.:** King Vidor. **Guión:** Wanda Tuchock, según la novela de Walter Noble Burns. **Fot.:** Gordon Avil (blanco y negro). **Mont.:** Hugh Wynn. **Duración:** 95 minutos. **Int.:** John Mack Brown (Billy el Niño), Wallace Beery (Pat Garrett), Kay Johnson (Claire Randall), Wyndham Standing (Tunston), Karl Dane (Swenson).

Primera aproximación al pistolero Billy el Niño, a medio camino del embellecimiento hollywoodiense y el realismo primitivo.

El joven Billy trabaja para el ranchero Tunston, quien está enfrentado con el hombre que intenta controlar todo el condado de Lincoln, el coronel Donovan. Tunston es asesinado y Billy jura vengarlo, enfrentándose por ello con el *sheriff* Pat Garrett.

Realismo 'versus' teatralidad

King Vidor no debutó en el cine del Oeste hasta la llegada del sonoro. Tampoco se prodigó demasiado en el género, pero sus cinco *westerns* resultan altamente personales, sobre todo por cuestiones ligadas a las nuevas técnicas. Si en *Pasaje al noroeste* (*Northwest Passage*, 1940) y *Duelo al sol* (*Duel in the Sun*, 1946) llevó a cabo un estilizado trabajo con las posibilidades dramáticas del color, dignas de un Rouben Mamoulian, en su aproximación a la figura de Billy el Niño incidió en el realismo sonoro en exteriores ya explorado en el melodrama *¡Aleluya!* (*Hallelujah!*, 1929), e indagó en los experimentos con pantalla ancha al fotografiar la película en sistema panorámico de 70 mm. De todos modos, teniendo en cuenta que en Estados Unidos solamente había doce salas equipadas para proyectar en este formato, la Metro impuso que el film se rodara simultáneamente con negativo de 35 mm, y esa versión de la película es la que ha circulado desde hace décadas. Pese a la pericia técnica innata en Vidor y su obsesión por reconstruir lo más documentadamente posible determinados aspectos de la historia, esta aproximación a la figura del joven pistolero resulta bastante acartonada, con interpretaciones demasiado gesticulantes y teatrales de dos actores, John Mack Brown como un inexpresivo Billy y Wallace Beery como un sobreactuado Pat Garrett, que le fueron impuestos a Vidor. La película suaviza las formas en cuanto a la definición de un personaje que a Vidor le interesaba sobre todo por su mezcla de dulzura y cólera destructiva. Aún más maquillado fue el retrato del personaje en *Billy el Niño* (*Billy the Kid*, David Miller, 1941), con Robert Taylor; por aquel entonces, Fritz Lang barajaba la idea de rodar un film sobre el pistolero presentándolo como un imbécil.

1930 La gran jornada

Raoul Walsh

The Big Trail. USA. **Dir.:** Raoul Walsh. **Producción:** Fox Film Corp. **Prod.:** Winfield Sheehan. **Guión:** Jack Peabody, Marie Boyle y Florence Postal. **Fot.:** Lucien Androit y Arthur Edeson (blanco y negro). **Mús.:** Arthur Kay. **Mont.:** Jack Dennis. **Duración:** 121 minutos. **Int.:** John Wayne (Breck Coleman), Marguerite Churchill (Ruth Cameron), Ed Brendel (Gussie), Tully Marshall (Zeke), Ian Keith (Bill Thorpe).

John Wayne tuvo su primer papel protagonista en esta espectacular odisea filmada por Raoul Walsh con acento aventurero, impulso lírico e impronta documental.

Una caravana formada por familias de emigrantes se desplaza hacia Oregón desafiando todo tipo de peligros: zonas enlodadas, tormentas, nieve, ataques indios... Durante el trayecto, Breck Coleman, uno de los guías, intenta encontrar a los asesinos de su mejor amigo. Breck y Bill Thorpe rivalizan por el amor de la misma chica.

La otra caravana de Oregón

Filmada con negativo de 70 y 35 mm al mismo tiempo, como había hecho el mismo año King Vidor con su película sobre Billy the Kid, *La gran jornada* constituye una experiencia sensorial en toda regla, ya que el entramado de relaciones entre los personajes –incluido el enamoramiento de dos hombres por la misma mujer, tema común en estos espectaculares *westerns* pioneros–, subtramas como la de la venganza del guía encarnado por John Wayne y el propio avance del relato resultan menos satisfactorios. En plena guerra entre productoras para demostrar quién tenía más poder, Fox, que ya había realizado *El caballo de hierro* (*The Iron Horse*, John Ford, 1924) para rivalizar con la producción de Paramount *La caravana de Oregón* (*The Covered Wagon*, James Cruze, 1923), decidió superar la grandeza panorámica y la nitidez de imagen de la película de Vidor sacando las cámaras a los exteriores naturales y documentando una auténtica odisea, la de los emigrantes que realizaron el largo trayecto desde la ribera del Mississippi hasta Oregón, tema casi idéntico al del film de Cruze citado. Raoul Walsh, que contó con generosos medios a su disposición, se tomó el rodaje como una arriesgada aventura. Las tomas de la caravana surcando las amplias extensiones de Yuma, Sacramento o la sierra californiana, la bajada por los acantilados de carromatos, personas y animales mediante un sistema de cuerdas y poleas, el paso por las tierras nevadas o las imágenes profundamente líricas de los enamorados en un bosque de gigantescas secuoyas, confirman la exaltación física de un *western* desordenado pero magnético.

1931 Cimarrón

Wesley Ruggles

Cimarron. USA. **Dir.:** Wesley Ruggles. **Producción:** Radio Pictures. **Prod.:** William Le Baron y Wesley Ruggles. **Guión:** Howard Estabrook, según la novela de Edna Ferber. **Fot.:** Edward Cronjager (blanco y negro). **Mont.:** William Hamilton. **Duración:** 131 minutos. **Int.:** Richard Dix (Yancey Cravat), Irene Dunne (Sabra Cravat), Estelle Taylor (Dixie Lee), Nance O'Neil (Felice Venable), Roscoe Ates (Jesse Rickey), William Collier Jr. (El Chico).

Modelo de 'superwestern' épico y saga familiar de principios del sonoro, que reconstruye la ocupación de las tierras libres de Oklahoma.

Yancey Cravat llega con su esposa Sabra y su hijo pequeño a las tierras indias de Oklahoma, que acaban de abrirse para el asentamiento de los blancos. Se establecen en la bulliciosa ciudad de Osage, donde Cravat intenta poner en marcha su periódico.

Un país de indios, serpientes y pistoleros

Más que un *western* épico, que lo es en determinadas fases del relato, esta primera versión cinematográfica de la novela de Edna Ferber –Anthony Mann realizó una segunda en 1960, protagonizada por Glenn Ford y Maria Schell en los papeles que aquí acometen Richard Dix e Irene Dunne– resulta más bien una saga familiar que acontece entre 1889 y los años veinte del siglo siguiente. Se centra en las peripecias de Yancey Cravat, un personaje extraño que pertenece a muchas culturas *westernianas* a la vez. Cravat, que está interpretado de manera exageradamente teatral por Richard Dix (nominado al Oscar por este trabajo), es abogado y editor de periódicos; un hombre de letras, en definitiva, pero también sabe disparar, pelear, cabalgar y enfrentarse con los facinerosos de turno, además de oficiar la misa dominical para todas las congregaciones de Osage, de la metodista a la hebrea, con el revólver al cinto.

EL 'WESTERN' Y EL OSCAR

Pese a que en la cuarta edición de los premios Oscar, la correspondiente a 1930-1931, la estatuilla a la mejor película recayó en *Cimarrón* –film que cosechó también los premios al guión adaptado y decoración–, el *western* nunca ha gozado de las simpatías de los votantes de la Academia de Artes y Ciencias de Hollywood, como tampoco lo ha hecho el cine fantástico o el cine negro. El caso más flagrante es el de John Ford, que ganó cuatro Oscar al mejor director, pero ninguno de ellos por un *western*. Hasta 1969, año en que John Wayne obtuvo el galardón por su interpretación en *Valor de ley* (*True Grit,* Henry Hathaway) y los premios al guión original, fotografía, banda sonora y canción fueron a parar a *Dos hombres y un destino* (*Butch Cassidy and the Sundance Kid,* George Roy Hill), pueden contarse con los dedos de las dos manos los Oscar de empaque otorgados a películas del Oeste, caso de los premios a actores secundarios –Thomas Mitchell por *La diligencia* (*Stagecoach,* John Ford, 1939), Walter Brennan por *El forastero* (*The Westerner,* William Wyler, 1940) y Burl Ives por *Horizontes de grandeza* (*The Big Country,* Wyler, 1958)– y la fotografía en color –para *La legión invencible* (*She Wore a Yellow Ribbon,* John Ford, 1949) y *Raíces profundas* (*Shane,* George Stevens, 1953). *Solo ante el peligro* (*High Noon,* Fred Zinnemann, 1952) logró el Oscar al mejor actor para Gary Cooper y también al mejor montaje, banda sonora y canción, pero fue una excepción. Al film colectivo *La conquista del Oeste* (*How the West Was Won,* 1962) se le premió con tres estatuillas (guión original, sonido y montaje), más que nada para recompensar lo esforzado de su producción. Las cosas cambiaron a principios de los noventa. Cada *western* que se hacía, como eran pocos, recibía los mayores parabienes: *Bailando con lobos* (*Dances with Wolves,* Kevin Costner, 1990) obtuvo los Oscar a la mejor película, director, guión adaptado, fotografía, música, montaje y sonido, mientras que *Sin perdón* (*Unforgiven,* Clint Eastwood, 1992) ganó también en la categoría de película, director y montaje, además del actor secundario para Gene Hackman.

Cimarrón, una de las producciones más costosas de la época –su presupuesto fue de un millón y medio de dólares, centavo más centavo menos–, parte del mito idealizado del lejano Oeste: "Nos vamos a un país lleno de indios, serpientes y pistoleros", grita alborozado Cravat ante la desaprobación de los padres ricos de su esposa Sabra, perfectos exponentes de una burguesía del Este que no creía en el mito de la frontera. Y hacia allí se dirigen la pareja y su hijo acompañados del criado negro de la familia, hasta una ciudad llamada Osage que crece en diez mil habitantes en sólo seis semanas. *Cimarrón* documenta a la manera hollywoodiense la conquista de una de las muchas porciones de tierra libre que quedaban en Estados Unidos a finales del siglo XIX. Lo hace a partir del itinerario de un hombre sumamente extravertido y decidido, Cravat, que es el modelo del clásico y emprendedor nuevo americano, y una mujer que se amolda con tesón a las directrices del marido y las adversidades que encuentran a su paso por un mundo salvaje y primitivo.

Ciertamente morosa en su desarrollo, *Cimarrón* cuenta con una secuencia de apertura magnífica que define por sí sola lo que se esperaba de una película del Oeste en el nacimiento del cine sonoro, y que supera a la secuencia de características similares de *El hijo de la pradera* (*Tumbleweeds*, K. Baggott y W. S. Hart, 1925). Se trata de la Cherokee Strip Land Race, la carrera en distintos medios y en distintas velocidades (a caballo, en carromato, en caravana, a pie, en carreta, calesa o diversos velocípedos) que se organizó el 22 de abril de 1889 en las tierras indias de Oklahoma para el asentamiento de los blancos. Eran dos millones de acres libres. Un oficial del ejército daba el pistoletazo de salida y los colonos, venidos de todas las partes del país, se lanzaban a una frenética carrera para llegar antes que nadie al lugar mejor dotado de esa amplia extensión de terreno con el fin de construir su granja. Además de W. S. Hart en *El hijo de la pradera*, John Ford ya había recreado otra situación idéntica en uno de sus clásicos silentes, *Tres hombres malos* (*Three Bad Men*, 1926), en torno a la carrera para ocupar las tierras libres de Dakota en 1876. Y muchos años después, en *Un horizonte muy lejano* (*Far and Away*, 1992), Ron Howard explicaría con más medios, pero con mucha menor convicción, la segunda carrera celebrada en Oklahoma en 1893. Lo que hoy puede apasionarnos de esta secuencia de *Cimarrón*, filmada por el responsable de segunda unidad B. Reeves Eason –que ya había hecho lo mismo en *La caravana de Oregón*– es sin duda la belleza abrupta y polvorienta de los planos generales con decenas de figurantes a la carrera. Son planos que respiran verdad –documentan, en cierto modo, aquello que están recreando–, ya que entonces no había posibilidad alguna de simulación digital y todo lo que acontece en la pantalla, salvo los primeros planos de los protagonistas con las transparencias de fondo, es fruto de un esfuerzo real, físico y colectivo. ■

1936 Buffalo Bill
Cecil B. De Mille

The Plainsman. USA. **Dir.:** Cecil B. De Mille. **Producción:** Paramount Pictures. **Prod.:** Adolph Zukor. **Guión:** Waldemar Young, Harold Lamb y Lynn Riggs. **Fot.:** Victor Milner y George Robinson (blanco y negro). **Mús.:** George Antheil. **Mont.:** Anne Bauchens. **Duración:** 110 minutos. **Int.:** Gary Cooper (Wild Bill Hickok), Jean Arthur (Calamity Jane), James Ellison (Buffalo Bill Cody), Charles Bickford (John Latimer), Porter Hall (Jack McCall), Helen Burgess (Louisa Cody).

Varios mitos de la realidad y de la leyenda del lejano Oeste quedan unidos en una de las ficciones delirantes de Cecil B. De Mille.

Búfalo Bill, recién casado, se reencuentra con sus amigos Wild Bill Hickok y Calamity Jane. Un hombre contratado por los comerciantes de armas, John Latimer, se encarga de venderlas ilícitamente a los cheyenes, provocando con ello una revuelta india.

El hombre de la llanura

La secuencia de apertura de esta película que no trata sobre Buffalo Bill Cody, o Búfalo Bill, como podría deducirse del equivocado título español –puesto así en su momento porque Búfalo Bill era mucho más popular–, sino de su amigo Wild Bill Hickok, el hombre de la llanura como explica el título original del film, describe muy bien el clima social y político de Estados Unidos una vez finalizada la guerra civil. El presidente Abraham Lincoln (Frank McGlynn) piensa en el lejano Oeste –el famoso lema *"Go West!"*– para los soldados que regresan desocupados y desmotivados, mientras que los comerciantes de armas desean vender rifles de repetición a los indios a cambio de pieles para seguir con su próspero negocio, ya que quienes antes necesitaban pistolas, fusiles y cañones para la guerra ahora ya no desean adquirirlos.

También en esta secuencia un director tan poco sutil como De Mille juega espléndidamente con el fuera de campo histórico y la percepción del espectador. La esposa de Lincoln interrumpe la reunión entre su marido y sus consejeros aduciendo que van a llegar tarde al teatro: el asesinato de Lincoln, tan minuciosamente recreado por David Wark Griffith en *El nacimiento de una nación* (*The Birth of a Nation*, 1914), es elidido, y en su lugar vemos cómo los comerciantes apuestan por vender sus armas a los indios mientras resuenan los ecos del magnicidio que acaba de cometerse. En ningún momento se habla de una conspiración para matar a Lincoln, quien sin duda habría impedido el lucrativo negocio de los comerciantes, pero la duda está sintéticamente sembrada.

La visión política se transmuta rápidamente en una elegía, no desprovista de la crueldad innata en De Mille (la secuencia en la que los indios cheyenes torturan con fuego a Hickok), sobre los personajes que llevan el Oeste en la sangre. “No existe ni el domingo ni Dios en el Oeste”, asegura el protagonista, un aventurero misógino, independiente y fronterizo que siempre se limpia los labios tras un beso de Calamity Jane: “Este beso no te lo limpiarás”, dice la muchacha al besarle después de que Hickok muera tiroteado por la espalda, en uno de los actos amorosos más bellos jamás filmados por De Mille. Y el director refuerza su interés por los personajes antes que en la historia colectiva del país, pese a tratar hechos determinantes de la misma, en otra situación eliptizada. Se trata de la famosa batalla de Little Big Horn, cuando los guerreros de Crazy Horse aniquilaron a las tropas del general Custer. El indio encarnado por Anthony Quinn –quien, casualmente, interpretaría a Crazy Horse en el film de Raoul Walsh sobre Custer– lo relata a Hickok y Cody en el corazón de un bosque brumoso, y sólo después inserta De Mille un breve plano del final de la batalla.

1939 La diligencia

John Ford

Stagecoach. USA. **Dir.:** John Ford. **Producción:** Walter Wanger Productions, United Artists. **Guión:** Dudley Nichols, según un relato de Ernest Haycox. **Fot.:** Bert Glennon (blanco y negro). **Mús.:** Richard Hageman, W. Franke Harling, John Leipold, Leo Shuken y Louis Gruenberg. **Mont.:** Dorothy Spencer y Walter Reynolds. **Duración:** 97 minutos. **Int.:** John Wayne (Ringo Kid), Claire Trevor (Dallas), Thomas Mitchell (doctor Boone), John Carradine (Hatfield), Andy Devine (Buck), Donald Meek (Peacock), Louise Platt (Lucy Mallory), George Bancroft (*sheriff* Wilcox).

El 'western', en paro casi forzoso a finales de los treinta, adquirió renovadas energías con esta innovadora y emblemática película de John Ford.

Una serie de personajes viajan por muy distintos motivos en la diligencia que parte de Tonto hacia Lordsburg. Entre ellos se encuentran un hombre perseguido por la ley, una prostituta obligada a abandonar la ciudad, una mujer embarazada, un comerciante de licores, un banquero que ha robado a su propio banco, un médico alcoholizado y un jugador. Tras superar una escaramuza con los indios, la diligencia llega a su destino. Allí, el joven proscrito, Ringo Kid, se enfrenta con los asesinos de su hermano.

El 'western' se hace adulto

John Ford lo dijo en repetidas ocasiones: era muy consciente de que *La diligencia* estaba en el origen de una nueva tendencia por lo que al *western* se refiere. En 1939, cuando el género vivía un momento de regresión, Ford decidió embarcarse en la adaptación de un relato que él mismo había comprado por 2.500 dólares. Estuvo meses buscando financiación, hasta que la encontró en el productor independiente Walter Wanger, que había estado asociado a United Artists y que pocos años después formaría compañía propia con su esposa (la actriz Joan Bennett), el director Fritz Lang y el guionista Dudley Nichols, autor del libreto definitivo de *La diligencia*.

En aquel momento, David O. Selznick ultimaba la delirante producción de *Lo que el viento se llevó* (*Gone with the Wind*, Victor Fleming, 1939). Ésa era otra tendencia en Hollywood, y a la postre la triunfadora de aquel año: *La diligencia* fue nominada al Oscar como mejor película y director, entre otras categorías, pero ambos premios fueron a parar a la película de Selznick. Ford, por el contrario, quería una producción modesta y sin estrellas conocidas al frente del reparto. Le costó convencer a Wanger, que se había imaginado a Gary Cooper y Marlene Dietrich en los papeles protagonistas, pero Ford estaba bien lejos del *glamour* exótico de *Marruecos* (*Morocco*, 1930), la barroca película de Josef von Sternberg protagonizada por esta pareja. Se salió con la suya e impuso a un actor de *westerns*, John Wayne, y a una actriz excelente pero sin demasiada suerte desde su debut cinematográfico en 1933, Claire Trevor.

Wayne y Trevor, en los papeles del evadido Ringo Kid y la prostituta Dallas, se ponían al frente de un reparto esencialmente coral, ya que *La diligencia* es una película sobre una reducida colectividad encerrada en una diligencia durante varios días. Tanta o más importancia que estos dos personajes tienen la dama sudista que mira a todo el mundo por encima del hombro (Louise Platt), el jugador de cartas que intenta seducirla y acaba redimiéndose al salvarla (John Carradine) o el médico borracho que se hace amigo del vendedor de licores (Thomas Mitchell, cuya proteínica interpretación sería recompensada con un Oscar al mejor secundario, premio que, de hecho, merecía todo el reparto de la película: hubiera sido el más justo de los galardones colectivos).

Incrustada en una modalidad narrativa que entonces no causaba furor como lo haría en los años sesenta y setenta, la de la *road movie* o película de carretera, *La diligencia* funciona modélicamente con una estructura itinerante y a la vez subversiva. Siendo un film en permanente movimiento, reduce su acción al angosto espacio de la diligencia donde los personajes van madurando sus relaciones. Ford y Nichols hicieron algo realmente difícil, ya que sin dejar de lado la paisajística inherente al género –de hecho, *La diligencia* es la primera película fordiana rodada en los agrestes y fascinantes parajes de Monument Valley, habitado entonces por los indios navajos– y asumiendo, quizás, que una secuencia tan dinámica como la de la persecución de los indios crearía escuela, redujeron la mayoría de los conflictos a una sinfonía de gestos, miradas, silencios y palabras certeras que redimensionaron la rudimentaria psicología del género y abrieron nuevas y prolíficas vías expresivas. Con todo, Nichols tenía una buena base al escribir el guión. *La diligencia* se basa en *Stage to Lordsburg*, un relato que había aparecido originalmente en la revista *Collier's*. Su autor, Ernest Haycox, se había inspirado a su vez en uno de los espléndidos cuentos de guerra de Guy de Maupassant, *Bola de sebo*. Y ahí estaba la esencia de todo, en la descripción de las relaciones que se establecen entre un grupo de variopintos personajes que viajan en el interior de un carruaje durante las guerras prusianas.

Película moderna en su concepción narrativa y escénica, como atestigua el inesperado emplazamiento de la cámara encima de la diligencia cuando el vehículo atraviesa el río, o la elipsis visual que nos impide ver el resultado del tiroteo entre Ringo y los asesinos de su hermano en el momento en que se produce, ya que al director le parece mucho más dramático mostrar un primer plano de la preocupada Dallas cuando se oyen las detonaciones, *La diligencia* es también un *western* ligado aún a la concepción primitiva del género. Y no sólo por la estética de los decorados (el *saloon* inicial, las diferentes postas donde para la diligencia), sino por la forma de presentar a algunos personajes, caso del rápido movimiento de acercamiento que realiza la cámara hacia Ringo en su chulesca primera aparición en pantalla. La secuencia de la persecución de los indios, rodada durante dos días en Monument Valley bajo las directrices del experto Yakima Canutt, sería estudiada, utilizada y expoliada en no pocos *westerns* posteriores. Se sabe de dos de ellos, discretos, en los que se emplearon directamente planos del film: *I Killed Geronimo* (John Hoffman, 1950) y *Laramie Mountains* (Ray Nazarro, 1952). El casi siempre interesante Gordon Douglas realizó un monótono *remake*, *Hacia los grandes horizontes* (*Stagecoach*, 1966), lastrado por un reparto imposible formado por Bing Crosby, Ann-Margret y Red Buttons, aunque peor sería la versión para televisión, *Stagecoach* (1986), dirigida por Ted Post al servicio de los cantantes-actores Kris Kristofferson, Willie Nelson y Johnny Cash. Hubo también dos adaptaciones radiofónicas, una emitida en mayo de 1946 en el espacio *Academy Award Theatre* de la cadena CBS, con las voces de Randolph Scott y Claire Trevor, y una segunda presentada personalmente por Ford para un programa de la NBC en enero de 1949, nuevamente con Trevor y, ahora sí, Wayne en las voces protagonistas. Orson Welles, por su parte, comentó en una ocasión que para aprender las técnicas del montaje cinematográfico no había dudado en ver *La diligencia* una y otra vez.

1939 Dodge, ciudad sin ley

Michael Curtiz

Dodge City. USA. **Dir.:** Michael Curtiz. **Producción:** Warner Bros. **Prod.:** Hal B. Wallis y Robert Lord. **Guión:** Robert Buckner. **Fot.:** Sol Polito y Ray Rennahan (Technicolor). **Mús.:** Max Steiner. **Mont.:** George Amy. **Duración:** 105 minutos. **Int.:** Errol Flynn (Wade Hatton), Olivia De Havilland (Abbie), Ann Sheridan (Ruby), Bruce Cabot (Jeff Surrett), Alan Hale (Rusty), Frank McHugh (Joe), Guinn "Big Boy" Williams (Tex), Henry O'Neill (Dodge).

El primer 'western' interpretado por el aventurero y siempre sonriente Errol Flynn es también la crónica de la violenta expansión urbana en el Oeste.

Tras abastecer de carne a los trabajadores del ferrocarril que llega hasta Dodge City, Wade Hatton y sus inseparables Rusty y Tex parten hacia nuevas tierras. Seis años después, con Dodge convertida en un violento núcleo urbano dominado por Jeff Surrett, un tipo que elimina sin pestañear a quien se interpone en sus negocios, Hatton regresa para vender unas cabezas de ganado y acaba convirtiéndose en el *sheriff* de la ciudad.

La Babilonia de la frontera

La primera parte de *Dodge, ciudad sin ley*, aún itinerante, es un curso acelerado de historia norteamericana. Estamos en Kansas, en el año 1866. La guerra civil ha finalizado y un grupo de prominentes hombres de negocios, entre los que destaca el coronel Dodge, viajan en tren hacia la ciudad que éste ha construido a partir de dos pocilgas y un corral de búfalos. Es una ciudad en crecimiento, y aún lo será más con la llegada del ferrocarril. El caballo de hierro –o una cafetera sobre ruedas, en afortunada definición de uno de los amigos de Wade Hatton, el protagonista del film– entabla entonces una carrera con la diligencia que se cruza en su camino. Es una batalla desigual entre lo viejo y lo nuevo. La diligencia queda atrás y el tren enfila triunfante el camino hacia la ciudad, una imagen cinematográfica sencilla que encierra una revolución histórica.

Entre los hombres que han trabajado en el tendido ferroviario, abasteciendo de carne fresca de búfalo a los trabajadores, se encuentra Hatton, prototipo del *westerner* incapaz de echar raíces. Aventurero y viajero de origen irlandés, ha estado, se nos dice, en el ejército inglés en la India, se mezcló en una revolución en Cuba, condujo ganado en Texas, se alistó en el ejército durante la guerra y cazó búfalos para el ferrocarril. En Hatton coinciden rasgos de personajes reales como Búfalo Bill, que se hizo célebre como cazador de búfalos, y Wyatt Earp, que pacificó la ciudad de Dodge. El coronel confía en él para controlar la evolución del comercio en la ciudad. Pero después de ayudar en la detención de Surrett, un tipo sin escrúpulos que mata búfalos para quedarse con las pieles y dejar la carne pudrirse al sol, de asistir a la ceremonia de inauguración de la terminal ferroviaria más alejada del Oeste americano y de sugerir el nombre de Dodge City para bautizar la ciudad, Hatton y sus compañeros se van en busca de nuevas aventuras. La primera y más breve parte del film se cierra, y con lo que aquí acaba en la ficción se abría definitivamente el proceso de expansión del Oeste americano.

Una elipsis temporal nos sitúa en Dodge City en 1872. La ciudad ya es la Babilonia de la frontera americana y Michael Curtiz lo ilustra con un montaje rápido de fachadas de bares, tiroteos en plena calle, actuaciones de coristas, ruletas que giran, linchamientos, entierros y el inserto de unos hombres cerrando la oficina del *sheriff*. Una imagen vale más que mil palabras, y Curtiz, artesano curtido en el tiempo de los pioneros, lo sabía aunque tuviera que servir a los designios de Errol Flynn y Olivia De Havilland, la pareja que dirigió aquí y en varias películas más: *La carga de la brigada ligera* (*The Charge of the Light Brigade*, 1936), *Robín de los bosques* (*The Adventures of Robin Hood*, 1938) y *Camino de Santa Fe* (*Santa Fe Trail*, 1940). Hatton vuelve a Dodge, por supuesto, y el film se hace entonces sedentario al narrar su enfrentamiento con el vil Surrett y el cortejo a la esquiva Abbie, pero lo que queda de esta segunda parte del film, menor en intensidad a lo acontecido previamente en los últimos espacios abiertos del *Far West*, es una magistral paleta de colores urbanos en unos tiempos en los que el cine del Oeste seguía perteneciendo a la iconografía aparentemente más verista del blanco y negro.

La Warner concibió *Dodge, ciudad sin ley* como uno de sus mayores espectáculos. Una vez montada la película, organizó una expedición ferroviaria desde Los Ángeles hasta la ciudad real de Dodge, en la que embarcaron todo el equipo del film y una treintena de periodistas. Más de 70.000 invitados, entre ellos el hijo del presidente de la nación, Franklin Delano Roosevelt Jr., acudieron a la presentación de la película.

1939 Tierra de audaces
Henry King

Jesse James. USA. **Dir.:** Heny King. **Producción:** 20th Century Fox. **Prod.:** Nunnally Johnson y Darryl F. Zanuck. **Guión:** Nunnally Johnson. **Fot.:** George Barnes y W. Howard Greene (Technicolor). **Mús.:** Louis Silvers. **Mont.:** Barbara McLean. **Duración:** 105 minutos. **Int.:** Tyrone Power (Jesse James), Henry Fonda (Frank James), Nancy Kelly (Zerelda Cobb), Randolph Scott (Will Wright), Henry Hull (mayor Cobb), Brian Donlevy (Barshee), John Carradine (Bob Ford).

La película convierte a Jesse James en un forajido idealizado, romántico y de buen corazón, un pistolero por la fuerza de las circunstancias sociales.

Los hermanos Jesse y Frank James se rebelan contra la compañía del ferrocarril, que pretende quedarse con sus tierras por un precio irrisorio. Los agentes del ferrocarril dinamitan la casa familiar de los James y en la explosión muere la madre. Los hermanos se convierten entonces en unos fuera de la ley.

JESSE JAMES EN EL CINE

Jesse (1847-1882) y Frank James (1843-1915) han sido recurrentes en el cine. Un año después de *Tierra de audaces*, Fox produjo *La venganza de Frank James* (*The Return of Frank James*, Fritz Lang, 1940), que empieza justo donde termina el film de King, con el asesinato de Jesse a manos del traicionero Bob Ford y la persecución de éste por parte de Frank. Sam Fuller realizó también una película sobre el asesino de Jesse, *Balas vengadoras* (*I Shot Jesse James*, 1949). El clan James, en solitario o junto al clan de los Younger, ha sido tratado en diversas películas. Las más importantes son *La verdadera historia de Jesse James* (*The True Story of Jesse James*, Nicholas Ray, 1957) y *Forajidos de leyenda* (*The Long Riders*, Walter Hill, 1980). Frank James se entregó a la justicia, fue absuelto y terminó sus días trabajando junto a Cole Younger en un espectáculo trivial sobre el lejano Oeste.

Robin Hood of the West

Tierra de audaces pasa por el filtro de la Fox, con su apuesta por una paleta de colores muy viva y la servidumbre a una de las estrellas de la casa, el actor Tyrone Power, una de las historias más fascinantes de la mítica del lejano Oeste, la protagonizada por los hermanos Jesse y Frank James, convertidos en forajidos por la fuerza de las circunstancias e imbuidos de un papel no muy distinto al ejercido por Robin Hood en la edad media británica. Jesse y Frank son agredidos y humillados por la compañía del ferrocarril, y su única forma posible de rebelarse es empuñando las armas y acometiendo pequeños golpes que minan el poder de la compañía y les convierte a ellos en una suerte de forajidos románticos, de paradigmas de la lucha contra la opresión. El film de King es igualmente un documento de una época aciaga, la que siguió a la guerra civil, en la que las diferencias sociales y económicas entre el Sur derrotado y el Norte triunfador resultaron más acusadas que nunca. Pero más allá de sus fidelidades y traiciones a la historia real, de su manera de convertir a Jesse James en el hollywoodiense bandido bueno impregnado de un aura romántica –no podía ser de otro modo con Tyrone Power en el papel del pistolero–, destaca en *Tierra de audaces* la cuidada composición pictórica y la impronta de algunas de sus imágenes, como la evolución de los forajidos por el techo del tren durante un asalto nocturno, o el inusual y después repetido plano de dos jinetes a caballo atravesando el escaparate acristalado de una tienda.

1940 El forastero

William Wyler

The Westerner. USA. **Dir.:** William Wyler. **Producción:** Goldwyn Productions, United Artists. **Prod.:** Samuel Goldwyn. **Guión:** Jo Swerling y Niven Bush, según una historia de Stuart N. Lake. **Fot.:** Gregg Toland (blanco y negro). **Mús.:** Dimitri Tiomkin. **Mont.:** Daniel Mandell. **Duración:** 100 minutos. **Int.:** Gary Cooper (Cole Harden), Walter Brennan (juez Roy Bean), Fred Stone (Caliphet Mathews), Doris Davenport (Jane Ellen Mathews), Lillian Bond (Lily Langtry), Chill Wills (Southeast).

La fascinante historia de Roy Bean, un forajido que sobrevivió a la horca, se convirtió después en peculiar juez y rindió culto a una famosa actriz de teatro.

Cole Harden llega a la pequeña ciudad de Vinegaroon, donde es confundido por un ladrón de caballos. De su juicio se encarga el cacique de la localidad, Roy Bean, que le sentencia a muerte. Pero Harden asegura que conoce a la actriz Lily Langtry, de la que Bean está enamorado, y que puede proporcionarle un mechón de sus cabellos.

El juez ahorcado

Este *western* rodado por William Wyler en el mejor momento de su carrera bascula entre tendencias tan opuestas como divergentes son sus dos protagonistas masculinos. *El forastero* narra la confrontación/relación entre un característico *cowboy* libre y salvaje, el personaje de ficción Cole Harden (Gary Cooper), y un antiguo forajido reconvertido en juez, Roy Bean (un inspirado Walter Brennan, recompensado con el Oscar al mejor secundario), personaje real que sobrevivió a la horca y después se convirtió en inflexible detentor de su propia ley, además de propietario de un *saloon*, a la vez que rendía culto a una actriz llamada Lily Langtry (de nombre real Emilie Charlotte Le Breton, fallecida en 1929). John Huston recreó años después la vida de Bean y su adoración por Lily en *El juez de la horca* (*The Life and Times of Judge Roy Bean*, 1972), con Paul Newman y Ava Gardner en los papeles del juez y la actriz.

El film tiene tantos elementos de cine primitivo como de relato moderno. En cuanto a lo primero, destaca la obsesión de Wyler por dotar de una pátina naturalista a cada uno de sus encuadres, tanto en los elementos accesorios (vestimentas, grandes sombreros propios de los *westerns* mudos, pistolas de cañón muy largo, mesas que no son más que un tablón colocado entre dos barriles de licor) como en los aspectos anecdóticos que entran en escena (el juez le dice al forastero que el whisky derramado puede comerse la madera, una información nada gratuita sobre la alta graduación de la bebida que se consumía en aquellos tiempos y aquellos lugares). En relación con su modernidad, la propia definición del personaje de Bean, siempre mucho más interesante que el de Harden, y la relación platónica que establece con la actriz, siendo capaz de desplazarse hasta el teatro en el que actúa –y comprar todas las localidades para poder verla en solitario– aun sabiendo que allí será detenido, convierten a *El forastero* en una película avanzada para su época. Funciona por igual con arquetipos como con la reconversión de los mismos, con momentos reconocibles y situaciones sorprendentes: durante el tiroteo final entre Bean y Harden en el teatro vacío, las balas de ambos impactan en los instrumentos abandonados por la orquesta en su precipitada huida, de modo que el duelo se reduce a una sinfonía de sonidos secos y percutantes. La película está tan adherida a la paisajística propia del género como a la influencia nada indisimulada de los clásicos soviéticos: la secuencia de los colonos rezando en los maizales podría ser de Dovjenko, con esa plástica tan personal que conseguía el director de fotografía Gregg Toland gracias a sus ideas sobre la profundidad de campo y la capacidad para dar relieve a los espacios vacíos, como demostraría en otras dos películas que iluminó casi al mismo tiempo, *Las uvas de la ira* (*The Grapes of Wrath*, John Ford, 1940) y *Ciudadano Kane* (*Citizen Kane*, Orson Welles, 1941).

A todo el entramado de elementos previsibles e inesperados no debió de ser ajeno Niven Bush, uno de los guionistas acreditados en el film. Según el escritor, "toda la estructura de su trama es mía. La cuestión de fondo era que Goldwyn había comprado un tratamiento a grandes rasgos de diez páginas con una idea sobre Roy Bean, el *juez ahorcado*. Entonces contrató a Jo Swerling, que era un buen escritor de diálogos, un libretista musical y un tipo muy divertido. Pero Swerling no tenía ni idea sobre tramas. Y no tenía ni idea del Oeste. Así que Goldwyn estaba buscando a un escritor que pudiera arreglarle la papeleta (...) De forma que saqué adelante la trama. Swerling y yo tuvimos una colaboración muy productiva. Yo en realidad no le caía bien, pero hicimos un gran trabajo juntos. Walter Brennan se sumó con algunas buenas ideas; si me quedaba atascado, bajaba corriendo al camerino de Cooper y él me lo solucionaba. Cooper era todo un pozo de información sobre el Oeste".[1] Así de bien se escribían los guiones en aquellos años, aunque conviene recalcar que no todo lo relatado en la película se ajusta a la realidad: Roy Bean murió en 1903 tranquilamente en su cama, no tiroteado por un forastero en un teatro vacío.

1941 Espíritu de conquista

Fritz Lang

Western Union. USA. **Dir.:** Fritz Lang. **Producción:** 20th Century Fox. **Prod.:** Harry Joe Brown. **Guión:** Robert Carson, según una novela de Zane Grey. **Fot.:** Edward Cronjager y Allen M. Davey (Technicolor). **Mús.:** David Buttolph. **Mont.:** Robert Bischoff. **Duración:** 93 minutos. **Int.:** Randolph Scott (Vance Shaw), Robert Young (Richard Blake), Dean Jagger (Edward Creighton), Virginia Gilmore (Sue Creighton), John Carradine (doctor Murdoch).

Fritz Lang encara una auténtica odisea, la del tendido telegráfico, como un relato de tintes más introspectivos y trágicos.

La compañía Western Union tiende el primer cable telegráfico transcontinental en 1861. Vance Shaw, un ex forajido redimido, trabaja para la compañía. Los indios y una banda de confederados, en la que milita el hermano de Vance, amenazan el tendido.

Telegrafía sin épica

Pese al título que la película recibió en España, *Espíritu de conquista* carece de todo sentido de la épica tradicional, al menos como podía entenderse tal concepto en el momento de la realización del film, en pleno rearme del *western* espectacular con la vista puesta en títulos de éxito como *Unión Pacífico* (*Union Pacific*, 1939), la superproducción que Cecil B. De Mille había consagrado al tendido de las vías del ferrocarril transcontinental. A partir de una novela de Zane Grey, de la que al parecer quedó finalmente poco más que el título, Lang relató la odisea de otro tendido fundamental para establecer las comunicaciones e iniciar la apertura hacia el lejano Oeste, el del hilo telegráfico. Pero el director vienés no se ciñe tanto

a las proezas varias del colectivo cuanto a la peripecia individual de un ex pistolero que ha sabido y podido reintegrarse socialmente, personaje interpretado con su habitual distanciamiento por Randolph Scott, que trabaja para la empresa telegráfica cuidando que las reses de ganado que sirven para alimentar a los trabajadores no sean robadas por bandas de forajidos o grupos de indios hambrientos. Muy digno de Lang es el conflicto fratricida que acaba vampirizando todo el drama, ya que el antiguo pistolero debe enfrentarse a la sombra de su pasado y a la angustia de su presente, que toma la forma del hermano que aún no ha colgado las armas y capitanea un grupo de saboteadores sudistas. Pese a acontecer en espacios abiertos y centrarse en proezas colectivas, *Espíritu de conquista* es otro *western* de cámara de Lang, lacónico, interiorizado, tan espectral como la imagen del capataz situado en lo alto de un poste telegráfico con una flecha ensartada en pleno corazón. ■

1941 Murieron con las botas puestas

Raoul Walsh

They Died With Their Boots On. USA. **Dir.:** Raoul Walsh. **Producción:** Warner Bros. **Prod.:** Hal B. Wallis. **Guión:** Wally Kline y Aeneas MacKenzie. **Fot.:** Bert Glennon (blanco y negro). **Mús.:** Max Steiner. **Mont.:** William Holmes. **Duración:** 140 minutos. **Int.:** Errol Flynn (George Armstrong Custer), Olivia De Havilland (Elizabeth Bacon Custer), Arthur Kennedy (Ned Sharp Jr.), Charles Grapewin (California Joe), Anthony Quinn (Crazy Horse).

Un retrato ficcionado del general Custer planteado al mismo tiempo desde la mitificación y el escepticismo, desde la aventura vitalista y el desencanto.

George Armstrong Custer se forma en la Academia de West Point. De carácter fuerte e individualista, escala posiciones rápidamente en el ejército, aunque se enfrenta de forma repetida con sus superiores. Autodestructivo y anárquico, no puede impedir que los representantes del gobierno traicionen la palabra dada al jefe sioux Crazy Horse, que masacrará su unidad en Little Big Horn.

Un Custer contradictorio

Pocas películas de Raoul Walsh presentan tantas aparentes contradicciones como *Murieron con las botas puestas*. El film nació en un clima bélico latente: se rodó con la guerra europea llamando a las puertas de Estados Unidos y se estrenó tres semanas antes de que el país entrara en el conflicto tras el ataque japonés a la base de Pearl Harbor. Se ha visto, dado este contexto, como una obra cargada de simbología heroica: Walsh y Flynn presentan al general Custer como uno de los últimos héroes americanos. Pero siendo cierta esta apreciación, no lo es menos que el film no disimula el carácter airado y caprichoso del personaje o su afición autodestructiva a la bebida, situándose entonces en el contraplano heroico que *a priori* debería defender.

Murieron con las botas puestas es por igual un *western* vitalista y un drama fatalista. Narra la historia de un militar individualista que, desde sus primeros pasos en West Point, demuestra poco aprecio por la disciplina. En los pasajes concernientes a la guerra de Secesión, Walsh plasma la determinación del personaje en la contienda, pero sus actos (ponerse al frente de sus hombres en un ataque frontal cuando se le ha ordenado quedarse en la retaguardia) tienen mucho de impulsivo, cuando no de suicida. A Walsh le interesan más las contradicciones evidentes del personaje que los posicionamientos políticos por los que es conocido, y sobre sus ideas racistas y clasistas se pasa de puntillas. En el siguiente jalón de su andadura, ya con Elizabeth incrustada en el relato, esa dama con la que ha sido un honor pasear con ella por la vida, Custer logra reanimar moralmente a una tropa maltrecha, pero lo hace imponiendo una disciplina excesiva. Finalmente, la representación de la batalla de Little Big Horn tiene poco de heroico y mucho, nuevamente, de suicidio, con el agravante de que Custer no duda en sacrificar a sus tropas en su propia inmolación.

George Armstrong Custer, que murió el 25 de junio de 1876 en la citada batalla, ha tenido, como Búfalo Bill, muchas máscaras cinematográficas ya desde los tiempos del cine mudo: de 1909 es el primer film como exaltado protagonista, *Custer's Last Stand*, de Frank Boggs. Su imagen más despótica fue explotada por Robert Siodmak en la discreta *La última aventura* (*Custer of the West*, 1967), con Robert Shaw en el papel del general.

En *Pequeño gran hombre* (*Little Big Man*, Arthur Penn, 1970) apareció en su faceta de loco genocida bajo los rasgos de Richard Mulligan. Y hasta Marcello Mastroianni lo interpretó en la paródica *No tocar la mujer blanca* (*Touchez pas la femme blanche*, Marco Ferreri, 1974), con la batalla de Little Big Horn escenificada en el antiguo solar de Les Halles parisino. ■

1943 The Ox-Bow Incident

William A. Wellman

The Ox-Bow Incident. USA. **Dir.:** William A. Wellman. **Producción:** 20th Century Fox. **Prod.:** Lamar Trotti. **Guión:** Lamar Trotti, según la novela de Walter Van Tilburg Clark. **Fot.:** Arthur Miller (blanco y negro). **Mús.:** Cyril J. Mockridge. **Mont.:** Allen McNeil. **Duración:** 75 minutos. **Int.:** Henry Fonda (Gil Carter), Dana Andrews (Donald Martin), Mary Beth Hughes (Rose Mapen), Anthony Quinn (Juan Martines), Henry Morgan (Art Croft), Jane Darwell (Ma Grier).

Rodado en plena guerra mundial, este 'western' conciso y sobrio representa uno de los grandes alegatos emprendidos en Hollywood contra el linchamiento.

Tras la supuesta muerte de un ranchero se organiza una milicia para buscar a los asesinos. El grupo encuentra a tres individuos, les apresa y se toma la decisión de colgarlos, pese a la oposición de Gil Carter, quien leerá la emotiva carta escrita por uno de ellos cuando se descubra que eran inocentes.

Los inocentes

The Ox-Bow Incident pertenece al período socialmente más inquieto de la 20th Century Fox, cuando gracias a productores-guionistas como Lamar Trotti y Nunnally Johnson se realizaron varias películas de marcado tinte progresista. John Ford, por ejemplo, ofreció dos retratos de la depresión económica con *Las uvas de la ira* (*The Grapes of Wrath*, 1940) y *La ruta del tabaco* (*Tobacco Road*, 1941), y un espléndido film sobre la dura vida de los mineros galeses, *¡Qué verde era mi valle!* (*How Green Was My Valley*, 1941). Fritz Lang inauguró su ciclo de películas antinazis con *El hombre atrapado* (*Man Hunt*, 1941), y Jean Renoir estudió la forma de vida en los pantanos georgianos en *Aguas pantanosas* (*Swamp Water*, 1941). Por lo que respecta al *western*, apareció de la nada *The Ox-Bow Incident*, un duro alegato contra el linchamiento. Se trata de una apuesta personal de su director, William A. Wellman, que secundaron inmediatamente tanto el actor Henry Fonda como el propietario del estudio, Darryl F. Zanuck, aun sabiendo que la película no iba a dar dinero alguno al ser una historia densa y oscura estrenada en tiempos de contienda bélica y desmoralización nacional. Así fue. A duras penas se amortizó la inversión, que por esa misma condición de producto minoritario, de capricho artístico según muchos, tuvo que ser muy reducida: 560.000 dólares. Convendría apuntar que el *western* rodado inmediatamente después por Wellman para Zanuck, *Aventuras de Búfalo Bill* (*Buffalo Bill*, 1944), costó 2.040.000 dólares (que no recuperó, todo sea dicho), y que otras películas del Oeste financiadas por el estudio en esa época también superaron con creces esa partida de dinero, caso de *Tierra de audaces* (*Jesse James,* Henry King, 1939), que costó 1.165.00 dólares, o *Pasión de los fuertes* (*My Darling Clementine*, John Ford, 1946), cuyo presupuesto ascendió a los 2.235.000 dólares.

Para Wellman era la mejor historia que podía filmar y se entregó en cuerpo y alma. *The Ox-Bow Incident,* con su iluminación sombría bajo cielos espectrales, como corresponde a los hechos tratados, y esos paisajes secos de árboles retorcidos que acentúan el periplo dramático, es un film modélico en cuanto se despoja de todo moralismo y falsa demagogia para denunciar unos hechos concretos y poner en estado de shock la relatividad de la justicia humana. Tan demoledor es el ahorcamiento de los inocentes como la reacción de los linchadores cuando descubren, al final, que se han equivocado de hombres y han colgado a quienes no debían. Monte Hellman volvería a un tema similar en *A través del huracán* (*Ride in the Whirldwind*, 1966), aunque desde una posición mucho más abstracta. *The Ox-Bow Incident*, por el contrario, es una película concreta. No lo podía ser más.

1946 Duelo al sol

King Vidor

Duel in the Sun. USA. **Dir.:** King Vidor. **Producción:** Vanguard Films, United Artists. **Prod.:** David O. Selznick. **Guión:** David O. Selznick, según una novela de Niven Bush adaptada por Oliver H. P. Garrett. **Fot.:** Lee Garmes, Harold Rosson y Ray Rennahan (Technicolor). **Mús.:** Dimitri Tiomkin. **Mont.:** Hal C. Kern, Charles Freeman. **Duración:** 138 minutos. **Int.:** Jennifer Jones (Perla Chávez), Joseph Cotten (Jesse McCanles), Gregory Peck (Lewt McCanles), Lionel Barrymore (senador McCanles), Lillian Gish (Laura Belle McCanles), Walter Huston ("Sinkiller").

Un 'western' lujurioso y obsceno, cromáticamente apabullante, que se hace realidad pese a las tensiones entre el productor David O. Selznick y el director King Vidor.

Scott Chávez mata a su esposa india y su amante en una cantina fronteriza. Tras ser ejecutado, su hija, la mestiza Perla, se va a vivir al rancho del senador McCanles, esposo de la prima de Chávez. Los dos hijos del senador, el apacible Jesse y el mujeriego Lewt, se disputan el amor de la muchacha.

Como un torrente

¿Por qué razón podemos considerar *Duelo al sol* como una película de director y *Lo que el viento se llevó* (*Gone with the Wind*, Victor Fleming, 1939) como un film de productor, teniendo en cuenta que se trata de dos obras cinematográficas alumbradas, pensadas y gestadas de manera obsesiva por un productor independiente, David O. Selznick, que quería hacer las películas más grandes de Hollywood? En ambas sucedió lo mismo: Selznick fue despachando guionista y directores sucesivamente porque nunca estaba contento con los resultados. Sin embargo, hay una cualidad especial que diferencia una de otra película, y se debe en buena parte al trabajo de King Vidor, el realizador acreditado oficialmente como único responsable de la dirección de *Duelo al sol* porque así se había estipulado en una cláusula de su contrato y porque el sindicato de directores estadounidenses no admitía más que un único responsable legal de la realización. Por el rodaje de *Lo que el viento se llevó* pasaron Victor Fleming, George Cukor, Sam Wood y William Cameron Menzies. Todos siguieron, con reservas o sin ellas, las consignas de Selznick, que estuvo presente en todo el proceso de filmación y no paró de reescribir escenas: noches sin dormir alimentándose de pastillas para que la película fuera a su imagen y semejanza. Lo mismo ocurrió con *Duelo al sol*, que para el productor tenía un interés suplementario: lanzar a Jennifer Jones, con quien se casaría en 1949, al más alto de los estrellatos. Pero Vidor imprimió su estilo desde el primer momento y supo, y pudo, plantar cara a Selznick cuando fue necesario y la coyuntura se lo permitió. La historia original del novelista y guionista Niven Bush, que en 1944 intentó producir personalmene una adaptación de su libro, pasó por todos los filtros inimaginables. Pese a ello, Vidor otorgó a la relación entre Perla y Lewt una carnalidad que está en la base de muchos otros de sus trabajos –*El manantial* (*The Fountainhead*, 1949), por ejemplo–, y sombreó la peripecia familiar de los McCanles con su visión de la individualidad y la colectividad, motor de buena parte de su cine.

Duelo al sol es uno de los *westerns* más bellos en color. Pero no es una belleza natural; es febril y extremada. La iluminación, el tratamiento del Technicolor, la selección del vestuario y sus colores, el diseño de los decorados y la escenificación de muchas escenas en exteriores de estudio, crean una turbadora sensación que no se desprende del film desde su secuencia de apertura en la cantina mexicana, en la que la cámara captura los ojos salvajes y el maquillaje aceitunado de Perla de un modo irrepetible y el posterior texto del poeta y astrónomo persa Omar Khayyám, recitado por el padre de la muchacha en la cárcel, antes de ser colgado, impregna todo lo que ha de llegar de un sentido práctico devastador. “Sólo una cosa es cierta, la vida termina. Una cosa es cierta, y el resto ficción”, recita Scott Chavez mientras Vidor encuadra en la celda la sombra de la soga de la que será colgado.

Film gestual, primitivo, casi animal en consonancia con los movimientos felinos de Perla y las actidudes primarias de Lewt, en contraste con el sentido de la responsabilidad de su hermano Jesse, *Duelo al sol* se impregna de un aire sexual y voluptuoso, con escenas que en su momento fueron consideradas obscenas, para relatar también, y no con menor fuerza, el cambio de los tiempos. Jesse, a su modo callado e introvertido, representa la llegada de un nuevo orden, más práctico, más solidario, con el que se enfrentan tanto Lewt, altanero y mujeriego, como el patriarca de la familia, el senador McCanles, que sigue viviendo como si se tratara de un señor feudal. Ésa es también una idea muy propia de Vidor, que en otro de sus *westerns*, *La pradera sin ley* (*Man Without a Star*, 1955), habló también de las transformaciones sociales en el seno de la historia y la propia evolución del género del *Far West*.

No sería justo silenciar los nombres de los otros directores que participaron en la filmación de *Duelo al sol*. La secuencia citada de la cantina mexicana, cuando Scott Chávez mata a su esposa india tras presenciar la enésima de su infidelidades, fue rodada por William Dieterle, aunque su inmediata continuación en la celda, que conserva la unidad de tono y estilo, fue impresionada por Vidor, que es quien marcó realmente las pautas cromáticas y dramáticas de la película. Hal C. Kern, supervisor de montaje fiel a las directrices de Selznick y encargado de unificar el ingente material impresionado (un desorbitado millón y medio de pies de película, con lo que la fase de montaje debió de ser tan titánica como la filmación), estableció el metraje dirigido por cada realizador. A Vidor le correspondían 6.280 pies; a Dieterle un poco más de la mitad, 3.526 pies; Josef von Sternberg, que acabaría figurando como asesor fotográfico ya que se encargó de las pruebas de vestuario y maquillaje concernientes a Jennifer Jones, se responsabilizaría de 437 pies, por lo general primeros planos de la actriz; William Cameron Menzies, de 104, básicamente en la larga secuencia de la fiesta en el rancho de los McCanles, y el propio Kern y Selznick llegaron también a dirigir algunas tomas. A estos nombres se deben añadir los responsables de la segunda y tercera unidad: Otto Brower tendría también una buena cuota de paternidad del film, ya que se utilizaron casi 3.000 pies de lo que él rodo, y B. Reeves Eason se contentó con 496.

Vidor dimitió el 10 de agosto de 1945, cinco meses después de iniciarse el rodaje y tres antes de que se completara definitivamente. Ese día estaba filmando unas tomas del duelo entre Perla y Lewt en el escenario rocoso denominado Cabeza de India, allí donde concluye trágicamente la historia. La presencia de Selznick, pidiendo a gritos que los actores tuvieran más sangre en el rostro y las camisas, colmó su paciencia. Pero la torrencial *Duelo al sol* es una película esencialmente vidoriana.

1946 Pasión de los fuertes
John Ford

My Darling Clementine. USA. **Dir.:** John Ford. **Producción:** 20th Century Fox. **Prod.:** Samuel G. Engel. **Guión:** Samuel G. Engel y Winston Miller, según un libro de Stuart N. Lake. **Fot.:** Joe MacDonald (blanco y negro). **Mús.:** Cyril J. Mockridge. **Mont.:** Dorothy Spencer. **Duración:** 97 minutos. **Int.:** Henry Fonda (Wyatt Earp), Victor Mature (Doc

Holliday), Linda Darnell (Chihuahua), Walter Brennan (Clanton), Tim Holt (Virgil Earp), Ward Bond (Morgan Earp), Cathy Downs (Clementine).

La primera gran película sobre el duelo en el OK Corral juega con muchos elementos de ficción, pero está imbuida también de un acento verdadero.

Wyatt Earp llega con sus hermanos a la ciudad de Tombstone. La noche antes, alguien asalta su campamento y mata al hermano pequeño. Earp acepta el cargo de *sheriff* para encontrar al culpable. Conoce así al atormentado Doc Holliday y a su prometida, la dulce Clementine Carter, y se enfrenta con el clan de los Clanton.

Días violentos en Tombstone

Pasión de los fuertes, extraño y hasta cierto punto ambiguo título que recibió en España *My Darling Clementine*, que es el nombre de la canción central del film, es cronológicamente la primera película de envergadura sobre el personaje histórico de Wyatt Earp (1848-1929), jugador, cazador de búfalos y *sheriff* que escribió algunas de las páginas más mitificadas de la historia del *Far West*. Earp lució la placa de alguacil en Wichita, Dodge y Tombstone, y sobre sus actividades en cada una de ellas se han realizado películas, aunque con especial mención para la tercera, donde el 26 de octubre de 1881 aconteció el famoso duelo en el OK Corral. El cine ha blanqueado los rincones más oscuros de Earp, ya que en realidad se estableció en Wichita porque su hermano traficaba con armas y licores y su esposa dirigía el burdel local. La película de Ford se basa en el libro *Wyatt Earp, Frontier Marshall*, obra de Stuart N. Lake, escritor neoyorquino que suministró los argumentos de base de otros *westerns* tan importantes como *El forastero* (*The Westerner*, William Wyler, 1940) y *Winchester 73* (*Id.*, Anthony Mann, 1950). Este mismo libro ya sirvió de soporte argumental para *Frontier Marshall* (Allan Dwan, 1939), con Randolph Scott como Earp.

Pasión de los fuertes conjuga una ficción a partir de una realidad, la relación entre el impasible Earp y el tuberculoso Doc Holliday, que en el film de Ford adquiere todos los atributos del antihéroe romántico que tose sobre un pañuelo blanco y recita versos de Shakespeare, y su enfrentamiento con la familia Clanton. Pero respira, al mismo tiempo, mucha más autenticidad que otras películas que se han acercado al personaje –o a otras figuras del Oeste como Wild Bill Hickok, Pat Garrett o Jesse James– desde perspectivas *a priori* más realistas. Earp terminó sus días trabajando como asesor en películas del Oeste; sobre esta actividad realizó Blake Edwards la comedia de intriga *Asesinato en Beverly Hills* (*Sunset*, 1988), con James Garner como Earp y Bruce Willis en el papel del actor Tom Mix. Pues bien, Ford conoció personalmente a Earp y fue éste quien le contó cómo funcionaban las cosas en los duelos y tiroteos. Y así supo Ford que muchos pistoleros no eran grandes tiradores, pero su valor les permitía aproximarse a su enemigo hasta tener el mejor de los blancos. Esta sensación de verdad a ras de tierra se encuentra en la secuencia del duelo, rodada y montada como un episodio más en la carrera de unos hombres que vivieron por y para la violencia. Ford realizó un último guiño a los personajes en *El gran combate* (*Cheyenne Autumn,* 1964), incluyendo una distendida escena en la que Earp (James Stewart) y Holliday (Arthur Kennedy) juegan a cartas en Dodge City.

1947 Los inconquistables

Cecil B. De Mille

Unconquered. USA. **Dir.:** Cecil B. De Mille. **Producción:** Paramount Pictures. **Prod.:** Cecil B. De Mille. **Guión:** Charles Bennett, Frederic M. Frank y Jesse Lasky, según la novela de Neil H. Swanson. **Fot.:** Ray Rennahan (Technicolor). **Mús.:** Victor Young. **Mont.:** Anne Bauchens. **Duración:** 147 minutos. **Int.:** Gary Cooper (capitán Holden), Paulette Goddard (Abigail Martha Hale), Howard Da Silva (Martin Garth), Boris Karloff (Guyasuta), Cecil Kellaway (Jeremy Love), Ward Bond (John Fraser).

Cecil B. De Mille muestra a su manera febril el enfrentamiento entre colonos e indios antes de la independencia norteamericana.

Abigail Martha Hale es acusada del asesinato de un soldado inglés y deportada a las colonias de Norteamérica. En la travesía en barco se enfrenta con un esclavista e intima con el capitán del barco, que acaba comprando su libertad. Al llegar a las colonias, deben hacer frente a la sublevación de distintas tribus indias.

Barroquismo y fantasmagoría

Prewestern, por ubicación temporal –año 1763, antes de la independencia americana–, mejor que *western* en el sentido ortodoxo del concepto genérico, *Los inconquistables* es una de las muestras químicamente perfectas del sentido febril que siempre anidó en las imágenes perpetradas por Cecil B. De Mille, cineasta del exceso por antonomasia. Muy plástica, muy pictórica, repleta de recovecos narrativos procedentes por igual del melodrama desaforado como del cine de aventuras más sombrío, incluso del relato de terror, *Los inconquistables* es una película itinerante en la que se entremezclan oficiales de honor, aventureras, marineros, traficantes, contrabandistas, delincuentes condenados a esclavitud y belicosos indios senecas como el que encarna todo un icono del cine de terror, Boris Karloff, en una aparición fantasmagórica más propia de un relato de miedo en los páramos británicos.

A De Mille, director que moldeó la historia como le dio la gana, le trae bastante sin cuidado la fidelidad a la época tratada –no así los objetos, vestimenta, mobiliario o fortificaciones, fielmente documentados y recreados a partir de textos y dibujos realizados por geógrafos y misioneros jesuitas–, un período de vital importancia que en el film no es más que un leve decorado de fondo, un cónclave de tensiones sobre las que el director expone a bocajarro su visión primitiva y conservadora de los pioneros y colonos. Pese a la belleza intrínseca de sus imágenes, con el extremado uso del Technicolor de la época a cargo del director de fotografía Ray Rennahan, *Los inconquistables* es un *western* aventurero en el que se antepone la exageración a la estilización, el barroquismo consustancial al bíblico director de *Sansón y Dalila* (*Samson and Delilah*, 1949) y *Los diez mandamientos* (*The Ten Commandments*, 1956), antes que la lírica. Elegía de lo abigarrado, el film posee una fisicidad apabullante que emerge tanto del tratamiento del color como de la manera de filmar a Paulette Goddard o del gesto de Gary Cooper, ese héroe de una pieza capaz de inventarse una sesión de magia blanca ante los incrédulos indios. De Mille, que se basó en una novela de Neil H. Swanson traducida al castellano en 1951 con el título de *Inconquistable*, no suaviza en lo más mínimo la crueldad y el sadismo inherente a su forma de tratar el drama, o el acento espectral de muchas de sus secuencias, caso de la utilización de los cadáveres de decenas de soldados británicos en la parte final de la película. La aventura real, la del rodaje, le costó al director cien días, una inversión temporal digna de sus epopeyas sobre las Cruzadas, los diez mandamientos o el tendido ferroviario.

1947 Pursued
Raoul Walsh

Pursued. USA. **Dir.:** Raoul Walsh. **Producción:** United States Pictures, Warner Bros. **Prod.:** Milton Sperling. **Guión:** Niven Bush. **Fot.:** James Wong Howe (blanco y negro). **Mús.:** Max Steiner. **Mont.:** Christian Nyby. **Duración:** 101 minutos. **Int.:** Robert Mitchum (Jeb Rand), Teresa Wright (Thorley Callum), Judith Anderson (Medora Callum), Dean Jagger (Grant Callum), Alan Hale (Jake Dingle).

Una tragedia en toda regla que conjuga a Shakespeare y los clásicos griegos en los parajes agrestes y calcinados por el sol de Nuevo México.

Jeb Rand perdió a su familia cuando era niño y fue acogido por los Callum. Con el tiempo se enamoró de la hija de sus padres adoptivos, Thorley, pero una serie de acontecimientos acabaron con un enfrentamiento en el que mató al hermano de ésta y se ganó el odio de Thorley. Ahora espera en un viejo rancho la llegada de los hombres que quieren lincharle.

Las espuelas doradas

Pursued tiene una estructura similar a la del film policíaco *Forajidos* (*The Killers*, 1946), adaptación de la novela de Ernest Hemingway realizada por Robert Siodmak apenas un año antes: un hombre espera la llegada de los que van a matarle y recuerda los acontecimientos de su azarosa vida que han desembocado en esta situación. En la película de Siodmak se trata de un par de gángsters que quieren saldar cuentas, ya que el protagonista huyó con el botín de un atraco e intentó iniciar una nueva vida. En el hermoso y mineral *western* rodado por Raoul Walsh, Jeb espera junto a la que fue su hermana adoptiva, prometida y después enemiga, Thorley, la aparición del grupo que quiere ajusticiarle por un crimen cometido en defensa propia.

Las similitudes con *Forajidos* –y en general con la corriente del cine negro de la época– no terminarían aquí, ya que *Pursued* está fotografiada por James Wong Howe con un estilo muy de *film noir* en el que se refuerza el tratamiento de las luces y sombras en secuencias tan inquietantes como la que acontece en el rancho de la familia de Jeb, cuando éste es un niño y observa impotente, escondido en una trampilla del suelo, cómo su familia es asesinada: lo que mejor recuerda el protagonista de aquella tarde aciaga es el brillo y el sonido de las espuelas doradas de uno de los asesinos, un fulgor maligno en medio de la oscuridad. Pero lo más destacado de este *western* walshiano es su tratamiento de tragedia. Y aquí coincidieron dos consumados especialistas en la materia. El guión original es obra de Niven Bush, quien por fin pudo escribir un *western* para que lo interpretara su esposa, la excelente actriz

Teresa Wright, algo que había intentado sin éxito años antes cuando quiso producir personalmente una película sobre su novela *Duelo al sol* y pensó en ella para el papel que finalmente recayó en Jennifer Jones. Bush realizó una especie de condensado de motivos temáticos de Shakespeare, Dostoyevski, la tragedia griega y la obra de Emily Brontë *Cumbres borrascosas*. Walsh, gran conocedor también de la obra del autor de *Romeo y Julieta*, trasladó ese caudal de motivos trágicos a un paisaje retorcido y calcinado, fundiendo admirablemente melodrama y *western* en un film que le gustaba definir como relato de fantasmas. *Pursued* es así una película sobre la orfandad, la pérdida violenta de los padres, el amor entre hermanos, el odio entre los mismos y la matanza entre familias, ya que Jeb acabará por descubrir que fueron los Callum quienes asesinaron a su familia porque su padre se entendía con Medora, la mujer que se convertiría en su madre adoptiva y que en el film interpreta Judith Anderson, el ama de llaves de *Rebeca* (*Rebecca*, Alfred Hitchcock, 1940).

1948 Cielo amarillo
William A. Wellman

Yellow Sky. USA. **Dir.:** William A. Wellman. **Producción:** 20th Century Fox. **Prod.:** Lamar Trotti. **Guión:** Lamar Trotti, según una historia de W. R. Burnett. **Fot.:** Joe MacDonald (blanco y negro). **Mús.:** Alfred Newman. **Mont.:** Harmon Jones. **Duración:** 98 minutos. **Int.:** Gregory Peck (Stretch), Anne Baxter (Mike), Richard Widmark (Dude), Robert Arthur (Bull Run), John Russell (Lengthy).

William Wellman convierte el desierto en protagonista excepcional de un relato preciso sobre huidas, rivalidades y la fascinación ciega por el oro.

Siete forajidos asaltan el banco de Rameyville. En la huida perece uno de ellos. Los seis restantes, perseguidos por el ejército, se adentran en un desierto de sal y encuentran una ciudad. Allí sólo viven una muchacha y su abuelo, que han explotado un filón. Stretch, el jefe de la banda, les defiende cuando Dude y los demás intentan quedarse con el oro.

Un desierto se cruza

Al igual que *The Ox-Bow Incident* (1943), *Cielo amarillo* es un *western* dirigido por William A. Wellman y producido-escrito por Lamar Trotti, pero poca relación guardan entre sí los dos films más allá de una similar sensación de agobio producida por la forma de filmar el paisaje. Cuenta la odisea de unos forajidos que se internan en el desierto después de atracar un banco, lo mismo que *Three Godfathers* (1948), film rodado el mismo año por John Ford, pero lo que en este título es abierta redención y tragicomedia, en *Cielo amarillo* es un descenso a los infiernos. Buena parte de su acción acontece en la ciudad fantasma que da título a la película, al igual que el desenlace de *Desafío en la ciudad muerta* (*The Law and Jake Wade*, John Sturges, 1958) sucedía en una ciudad absolutamente despoblada, pero el tono es menos elegíaco porque no hay confrontación entre antiguos compañeros situados ahora en los lados opuestos de la ley. Los forajidos son víctimas del aguijón de la fiebre del oro, como les sucedía a los aventureros de *El tesoro de Sierra Madre* (*The Treasure of the Sierra Madre*, John Huston, 1947), pero la resolución a esa búsqueda febril es muy distinta. *Cielo amarillo* es copartícipe de muchos elementos presentes de una u otra forma en otros relatos del Oeste de cabecera, pero mantiene siempre unas señas de identidad propias que surgen de una concepción escénica del desierto como nunca antes había sido planteada.

Aunque hay una historia, un itinerario vivencial, varios dramas, una pelea final y un desenlace según los códigos de la época, que permiten al bandido bueno (Peck) vivir en detrimento del bandido malo (Widmark), el verdadero protagonista de *Cielo amarillo* es ese desierto de sal de proporciones infinitas en el que los forajidos deben adentrarse por la fuerza de las circunstancias y donde, como si de un espejismo se tratara, dirimirán sus dilemas y rivalidades en pos del oro que no es suyo. Hay pocas frases en la imaginería *westerniana* que tengan tanto significado como la que pronuncia el cabecilla de la banda, Stretch, antes de adentrarse en esa vasta extensión de tierra reseca habitada sólo por polvo, cactus y alimañas: "Un desierto es un espacio, y un espacio se cruza". Es mucho más que el resumen de una actitud; es una filosofía de vida para unos tiempos –el film se ubica en 1867– en los que todo era un escollo que debía ser superado. *Western* geométrico y fantasmagórico, *Cielo amarillo* concluye con un final lógico pero sin redención: Stretch, tras liquidar al personaje de Richard Widmark –quien se especializó en morir en ciudades abandonadas: la citada *Desafío en la ciudad muerta*–, parte con la muchacha y su abuelo, aunque nada nos dice en realidad que se haya convertido, pese a la aparente redención, en un hombre recto y cabal.

1948 Fort Apache
John Ford

Fort Apache. USA. **Dir.:** John Ford. **Producción:** Argosy Pictures, RKO. **Prod.:** John Ford y Merian C. Cooper. **Guión:** Frank S. Nugent, según un relato de James Warner Bellah. **Fot.:** Archie Stout (blanco y negro). **Mús.:** Richard Hageman. **Mont.:** Jack Murray. **Duración:** 127 minutos. **Int.:** Henry Fonda (teniente coronel Owen Thursday), John Wayne (capitán Kirby York), Shirley Temple (Philadelphia Thursday), John Agar (teniente O'Rourke), Victor McLaglen (sargento Mulcahy).

Contundente alegoría de la derrota de Little Big Horn y del genocida general Custer en la primera entrega de la trilogía fordiana de la caballería.

El orgulloso teniente coronel Thursday es destinado a una fortificación en Arizona, a la que llega con su hija, Philadelphia. Mientras que ésta coquetea con un teniente, Thursday rechaza integrarse en la comunidad. No tarda en enfrentarse con el capitán York, quien está convencido de que se puede dialogar con los apaches e impedir la guerra.

Retrato de una comunidad militar

El primer jalón de la trilogía de la caballería, una serie de estampas costumbristas en torno a los quehaceres familiares, sentimentales y profesionales de los soldados y oficiales del Séptimo de caballería destacados en zonas conflictivas, se basa en el episodio de Little Big Horn, cuando el general Custer fue derrotado por los sioux de Crazy Horse. El teniente coro-

nel que encarna Henry Fonda es un reflejo del Custer real, ese militar genocida que el cine redimió parcialmente. Pero su *alter ego* de *Fort Apache* es presentado como el militar altanero, egocéntrico, racista y paranoico capaz de enviar a sus hombres a una muerte segura por no asumir sus errores y tragarse su orgullo.

Como las otras dos películas de la trilogía, *La legión invencible* (*She Wore a Yellow Ribbon*, 1949) y *Río Grande* (*Rio Grande*, 1950), *Fort Apache* parte de un argumento escrito por el coronel James Warner Bellah, tiene a John Wayne como protagonista –aunque incorporando a tres militares muy distintos–, cuenta con la complicidad humorística de Victor McLaglen en el papel del cascarrabias sargento Mulcahy –en los otros dos films pasará a llamarse Quincannon–, da preponderancia al ritual del baile y la camaradería y es una producción independiente de Argosy Pictures, la compañía que Ford había creado junto a Merian C. Cooper, codirector de la mítica *King Kong* (*Id*., 1933). Las tres películas pueden verse como partes de un mismo fresco, ya que hay continuidad entre las etapas históricas que tratan, comprimidas entre 1876 y 1878.

A diferencia de *La legión invencible*, menos severa, y de *Río Grande*, focalizada en torno a un conflicto familiar, *Fort Apache* se plantea sobre la oposición de dos mentalidades castrenses, la representada por el coronel Thursday, quien desconfía de los indios y sólo sabe del manejo de las armas para pacificar la región, y la del capitán York, que intenta por todos los medios establecer el diálogo tanto con su superior como con sus enemigos. Ford diluye todo sentimiento épico e incluso escamotea visualmente, como ya había hecho en *La diligencia*, el teórico momento cumbre: la carga definitiva de los indios sobre las diezmadas tropas de Thursday está filmada con la imagen cubierta por la polvareda que levantan los caballos a su paso. York, al final, evoca la grandeza de los que han muerto y la hija del megalómano coronel, interpretada por Shirley Temple y sus tirabuzones, se queda con el joven teniente O'Rourke, pero ni así, cerrando el relato entre la mítica y la paz doméstica, pierde *Fort Apache* su tono crítico y su apuesta abierta por el diálogo antes que por la lujuria de las armas. *La legión invencible* aún irá más lejos en este sentido. ■

1948 Río Rojo
Howard Hawks

Red River. USA. **Dir.:** Howard Hawks. **Producción:** Monterey Productions, United Artists. **Prod.:** Howard Hawks. **Guión:** Borden Chase y Charles Schnee, según un relato de Borden Chase. **Fot.:** Russell Harlan (blanco y negro). **Mús.:** Dimitri Tiomkin. **Mont.:** Christian Nyby. **Duración:** 125 minutos. **Int.:** John Wayne (Tom Dunson), Montgomery Clift (Matthew Garth), Joanne Dru (Tess Millay), Walter Brennan (Groot Nadine), John Ireland (Cherry Valance), Noah Beery Jr. (Buster).

Ninguna otra película ha logrado transmitir como 'Río Rojo' la aventura, el dramatismo y el esfuerzo físico del traslado de ganado.

Tom Dunson y el viejo Groot recogen a un niño, Matthew, el único superviviente del ataque de los indios a una caravana en el que ha perecido la prometida de Dunson. Quince años después, Dunson y Matt inician el viaje, jalonado de incidentes con los indios y una estampida, para trasladar nueve mil cabezas de ganado. La dureza del ganadero hace que Matt se ponga del lado de los *cowboys* y se rebelen contra él.

La ruta de Chisholm

Río Rojo, el *western* de Howard Hawks donde el paisaje alcanza el mismo protagonismo que los personajes, es una ficción que parte de un episodio real, la creación de la denominada Chisholm Trail, la ruta abierta por un ranchero y sus hombres desde Texas hasta Kansas, hacia 1865, para poder trasladar más rápidamente millares de cabezas de ganado con las que abastecer de carne a buena parte del país. Sobre esta premisa había escrito Borden Chase el relato *The Chisholm Trail*, serializado en 1947 en el *Saturday Evening*

Post. Hawks y su socio Charles K. Feldman –quien en los años sesenta produciría varias comedias *lounge* musicalizadas por Burt Bacharach, como *¿Qué tal, Pussycat?* (*What's New Pussycat?*, Clive Donner, 1965) y la primera y paródica versión de *Casino Royale* (*Id.*, 1967), realizada por John Huston y Val Guest, entre otros– compraron los derechos del relato y encargaron al mismo Chase que escribiera la adaptación. El reparto previsto no tenía nada que ver con el que finalmente tuvo Hawks a sus órdenes: Tom Dunson, Matt Garth y el pistolero Cherry Valance (apellido siempre idóneo para los forajidos: recuérdese el de Liberty Valance en el film de John Ford) debían ser interpretados por Gary Cooper, Jack Beutel –a quien Hawks había dirigido en los pocos días de rodaje que asumió de *The Outlaw* (1940), finalmente completada por su productor, el magnate Howard Hughes– y Cary Grant, respectivamente. El *casting* final resulta más adecuado, con John Wayne en el papel del ganadero, Montgomery Clift en el de su ahijado y John Ireland como el pistolero. Hawks no se entendió con Chase y contrató a otro guionista, Charles Schnee, para que remodelara el tramo final. A Chase no le gustaron ni el desenlace –Dunson moría en brazos de Matt en su tratamiento original– ni la poca entidad que acababa teniendo Valance, algo a lo que al parecer contribuyó la escasa entente entre Hawks e Ireland: muchas de sus tomas desaparecieron en la sala de montaje y Hawks llegó a aducir que Ireland andaba siempre bajo los efectos del alcohol y la marihuana.

Discrepancias y fricciones al margen, *Río Rojo* es un film donde puede palparse en cada plano la textura de la tierra, la humedad del césped, la presencia siempre esbelta de las nubes y nubarrones fotografiados en blanco y negro por un Russell Harlan en estado de gracia. La épica está en el traslado de nueve mil cabezas de ganado en un itinerario que bascula entre la dureza física, con momentos teñidos de auténtica tragedia como la estampida del ganado en la que perece el *cowboy* tartamudo encarnado por Harry Carey Jr., y el estudio austero de dos comportamientos que se van distanciando a medida que avanza el viaje, los de Dunson y su ahijado, unidos y separados para abrazar finalmente esa distendida y muy hawksiana reconciliación que tanto le disgustó a Borden Chase.

1949 Juntos hasta la muerte

Raoul Walsh

Colorado Territory. USA. **Dir.:** Raoul Walsh. **Producción:** Warner Bros. **Prod.:** Anthony Veiller. **Guión:** John Twist y Edmund H. North. **Fot.:** Sid Hickox (blanco y negro). **Mús.:** David Buttolph. **Mont.:** Owen Marks. **Duración:** 94 minutos. **Int.:** Joel McCrea (Wess McQueen), Virginia Mayo (Colorado Carson), Dorothy Malone (Julie Ann Winslow), Henry Hull (Winslow), John Archer (Reno Blake).

Raoul Walsh adapta a la iconografía del 'western' una excelente novela policíaca de W. R. Burnett que él mismo ya había llevado a la pantalla en 'El último refugio'.

Un forajido, Wess McQueen, logra escapar de la prisión gracias a la ayuda de Dave Rickard, quien le propone un último golpe. McQueen accede, aunque su intención es la de comenzar una nueva vida. Cometido el atraco, el protagonista debe enfrentarse con sus codiciosos compinches. La mujer que ama, Julie Ann, le traiciona, aunque la joven Colorado, que ha intervenido en el golpe, decide permanecer junto a él.

Del gángster al pistolero

Walsh se reinventó a sí mismo con esta variación de una de sus películas de gángsters, *El último refugio* (*High Sierra*, 1941), que supuso la constatación de la variante genérica del *film noir* rural. *Juntos hasta la muerte*, título español demasiado gráfico para un film que en su original, *Colorado Territory*, establece un juego de palabras entre el escenario donde acontece la acción, las llanuras y montañas rocosas del estado de Colorado, y el nombre de pila de la protagonista femenina, Colorado Carson, es la adaptación al *western* de idéntica historia a la de *El último refugio*, o lo que es lo mismo, una nueva adaptación de la novela negra de W. R.

Burnett emprendida por el director que ya la había llevado a la pantalla. ¿Quién mejor que Walsh, pues, para otorgarle otra dimensión sin traicionar para nada su espíritu?

'WESTERNS' Y CINE NEGRO

El caso de *Juntos hasta la muerte* no es el único film del Oeste que se apropia de un relato llevado antes a la pantalla en clave de cine policíaco o de melodrama criminal. Delmer Daves realizó en 1958 el *western Arizona, prisión federal* (*The Badlanders*), en el que se narra una historia idéntica a la de un clásico del *film noir*, *La jungla de asfalto* (*The Asphalt Jungle*, John Huston, 1950). Gordon Douglas adaptó la historia de *El beso de la muerte* (*Kiss of Death*, Henry Hathaway, 1947) en *The Fiend Who Walked the West* (1958), publicitado como el primer *western* de horror. Por su parte, en *Nevada Smith* (*Id.*, 1966), Hathaway llevó a los confines del Oeste más crudo y violento la historia de Harold Robbins adaptada sólo dos años antes en *Los insaciables* (*The Carpetbaggers*, Edward Dmytryk, 1964), un drama negro sobre personajes pervertidos de clase alta. La permuta entre géneros es de lo más válido.

La película, merced a una captación de un paisaje distinto, en lo físico, al de *El último refugio*, pero coincidente, en lo moral, al de aquel film negro, sabe resituar una historia que era propia de una corriente concreta (el replanteamiento de los relatos urbanos de gángsters a través de la redención en un espacio sin contaminar, el del campo y las altas montañas) a las directrices del *western* según Walsh. Es decir, en *Juntos hasta la muerte* importan tanto los actos físicos y la iconografía del género (el asalto a la diligencia, el atraco de un tren, las cabalgadas, las acampadas nocturnas…) como ese itinerario maldito que lleva al protagonista, que sólo desea dejar la vida delictiva para empezar desde cero, a enamorarse de la mujer que no debe, Julie Ann, que piensa en delatarle para cobrar el dinero de la recompensa. Quien toma las riendas emotivas de la historia en su parte final es Colorado, una de esas presencias femeninas tan propias del cine de Walsh, decidida y consecuente, e interpretada además por Virginia Mayo, actriz con la que Walsh se entendió muy bien en un film policíaco, *Al rojo vivo* (*White Heat*, 1949), y en uno de aventuras, *El hidalgo de los mares* (*Captain Horatio Hornblower*, 1951). Colorado decide morir al lado de Wess, algo que no se le permitía a Ida Lupino en *El último refugio*: Humphrey Bogart, el gángster acosado en la cima de la montaña, moría en soledad abatido por el disparo de un fusil. Aquí, Wess y Colorado sucumben juntos, tiroteados en otro de esos escenarios culminantes de los itinerarios *westernianos*, Ciudad de la Luna, un poblado indio abandonado que está situado en un lugar agreste, cerca de una misión española. El forajido y la mujer que le ama se dan la mano en el plano final, en el último estertor, y esa imagen tiene idéntica fuerza, o más, que la de la muerte de los dos amantes en *Duelo al sol*.

1949 La legión invencible
John Ford

She Wore a Yellow Ribbon. USA. **Dir.:** John Ford. **Producción:** Argosy Pictures, RKO. **Prod.:** John Ford y Merian C. Cooper. **Guión:** Laurence Stallings y Frank S. Nugent, según un relato de James Warner Bellah. **Fot.:** Winston C. Hoch y Charles P. Boyle (Technicolor). **Mús.:** Richard Hageman. **Mont.:** Jack Murray. **Duración:** 103 minutos. **Int.:** John Wayne (capitán Nathan Brittles), Joanne Dru (Olivia), John Agar (teniente Cohill), Ben Johnson (sargento Tyree), Harry Carey Jr. (teniente Pennell), Victor McLaglen (sargento Quincannon).

Ford captura en este 'western' sereno una de las mejores interpretaciones de John Wayne, en la piel de un oficial ecuánime a punto de jubilarse.

El capitán Nathan Brittles está a punto de jubilarse. Su última misión es custodiar a la esposa e hija del comandante del fuerte, pero una coalición de diversas tribus indias pone en pie de guerra la zona. Brittles intenta resolver el problema sin derramar una gota de sangre.

El militar tranquilo

Si el título del relato de James Warner Bellah en el que se basaba *Fort Apache* (*Id.*, 1948) resultaba altamente ilustrativo (*Massacre*), el de la historia que inspiró *La legión invencible* no le va a la zaga: *War Party*, una fiesta guerrera, o una guerra de fiesta. Y eso es lo que intenta en todo momento que sea el protagonista de la película, el capitán Nathan Brittles, un militar comprensivo y honesto que está a punto de jubilarse y no quiere despedirse con otro derramamiento de sangre. Por eso *La legión invencible* es la historia de alguien que, en los últimos momentos de su vida profesional, intenta solucionar un conflicto sin que medien muertos ni heridos. La acción arranca más o menos allí donde concluía la de *Fort Apache*, con la sombra omnipresente de la derrota de Custer. Las tribus apache, comanche, sioux, arapahoe y kiowa se han unido y la intención de Brittles es evitar el conflicto estratégicamente, sin un disparo. En este sentido, *La legión invencible* es el más pausado de los tres films fordianos sobre la caballería, el menos airado –consecuentemente con el carácter casi apacible de su protagonista– y el que ofrece también uno de los registros más notables de John Wayne en su larga asociación con Ford. Unas leves canas pintadas le bastan y sobran para aparentar más edad de la que tiene el actor, y en secuencias como la del monólogo ante la tumba de su esposa muerta, una de las situaciones más recurrentes en el cine del autor, Wayne sabe comunicar esa sensación que sólo otorga el saber admitir el paso inflexible del tiempo.

Las pesquisas sentimentales que vuelven a tener como protagonista a un teniente encarnado por John Agar, provocan menos fracturas en el relato porque, entre otras cosas, la actriz elegida, Joanne Dru, muy apreciada por Ford, es muy distinta a la acaramelada Shirley Temple de *Fort Apache*. Y la fotografía en Technicolor, de fuertes tonos ocres y rojizos –recompensada con el Oscar–, otorga una viveza en su explosivo cromatismo de la que carecen las más austeras dos películas restantes de la trilogía, aunque algunos planos del intenso crepúsculo sobre Monument Valley, que nunca antes había sido filmado en colores, tienen una cualidad irreal, y la secuencia de la extracción de la flecha con el convoy en movimiento, de noche, en penumbra, resulta fantasmagórica. La influencia de Frederic Remington (1861-1909), el mejor cronista pictórico del lejano Oeste, es notable. Hay cuadros suyos, como el óleo titulado *Desayuno de los soldados de caballería en la llanura*, fechado en 1890, que parecen uno de los muchos planos de asueto y distensión de *La legión invencible*. ■

1950 Colt 45

Edwin L. Marin

Colt 45. USA. **Dir.:** Edwin L. Marin. **Producción:** Warner. **Prod.:** Saul Elkins. **Guión:** Thomas W. Blackburn. **Fot.:** Wilfred M. Cline (Technicolor). **Mús.:** William Lava. **Mont.:** Frank Magee. **Duración:** 74 minutos. **Int.:** Randolph Scott (Steve Farrell), Zachary Scott (Jason Brett), Ruth Roman (Beth Donovan), Lloyd Bridges (Paul Donovan), Alan Hale (*sheriff* Harris).

Esta modesta producción interpretada por Randolph Scott no pasará a la historia, pero fue el film que más dinero recaudó para las arcas de la Warner en 1950.

Steve Farrell es un vendedor de armas que se encuentra en la ciudad de Red Rock. El *sheriff* del lugar está interesado en comprarle un Colt 45, pero el forajido Jason Brett escapa de la cárcel, roba dos de las pistolas y mata al *sheriff* antes de huir. La gente cree que Farrell ha participado en el asesinato.

El éxito de Samuel Colt

Puede que *Colt 45* sea uno de esos *westerns* que se denominan despectivamente del montón, uno de los muchos que interpretó Randolph Scott, actor que dio lo mejor de sí mismo con André De Toth o Budd Boetticher antes que con el simplemente cumplidor Edwin L. Marin, director de decenas más de películas del Oeste rápidas, baratas pero no siempre bonitas. Pero resulta que pocos títulos de aquel año producidos por Warner Bros obtuvieron mayores beneficios que *Colt 45*, film sobre caracteres antagónicos que se disputan la hegemonía y propiedad del último artilugio de Samuel Colt, el Colt 45, un revólver diseñado en 1873 que fue el primero en permitir la carga en su tambor de cartuchos metálicos. 1950 es también el año de otro *western* cuya trama gira en torno a un arma que causa furor entre forajidos, pistoleros, alguaciles, militares o simples amantes del tiro al blanco, *Winchester 73* (*Id.*, Anthony Mann), y en la comparación saldrá perdiendo siempre el film de Marin. Warner no tuvo una buena cosecha en 1950 y tampoco lanzó al mercado ninguna película de gran producción, lo que justifica el triunfo de este relato arquetípico con Randolph Scott como mayor reclamo. Entre *Colt 45*, *El halcón y la flecha* (*The Flame and the Arrow*, Jacques Tourneur), el musical con Doris Day *Tea for Two* (David Butler) y el film bélico *Puente de mando* (*Task Force*, Delmer Daves), rodado el año antes pero estrenado en 1950, reportaron a las arcas de Warner más de diez millones de dólares, suficiente para seguir creyendo en el relieve de las producciones modestas. ■

1950 Flecha rota
Delmer Daves

Broken Arrow. USA. **Dir.:** Delmer Daves. **Producción:** 20th Century Fox. **Prod.:** Julian Blaustein. **Guión:** Michael Blankfort, según una novela de Elliott Arnold. **Fot.:** Ernest Palmer (Technicolor). **Mús.:** Hugo Friedhofer. **Mont.:** J. Watson Webb. **Duración:** 93 minutos. **Int.:** James Stewart (Tom Jeffords), Jeff Chandler (Cochise), Debra Paget (Sonseeahray), Basil Ruysdael (general Howard), Will Geer (Ben Slade).

Delmer Daves firma la película más honesta de las muchas que en los años cincuenta trataron el tema del racismo en el marco de los conflictos indios.

Tras salvar a una muchacha india en peligro, el explorador Tom Jeffords se gana la confianza y la amistad del jefe de los apaches, Cochise. Gracias a la mediación de Jeffords puede firmarse un tratado de paz, pero un guerrero se rebela y sigue la lucha por su cuenta, mientras que un fanático racista, Ben Slade, aviva los conflictos.

Un 'western' en la ONU

Delmer Daves, cineasta muy visual (sus famosos movimientos de cámara con grúa), era también un excelente escritor (se había formado como guionista) y en su cine la palabra tiene siempre un peso importante. La palabra posee aún más fuerza en *Flecha rota* debido a que se trata de un *western* de tesis, un film político, en definitiva: el mejor en su modalidad genérica, la del alegato pro indio en unos tiempos en los que Estados Unidos empezaba a sentirse algo más que inquieto con el tema de la segregación racial. Por ello no es de extrañar que una de las cosas que más sorprenden al jefe Cochise cuando el explorador y antiguo buscador de oro Tom Jeffords intenta un primer acercamiento entre ambos, sea precisamente el hecho de que este hombre blanco sepa hablar su lengua. Eso le distingue de los demás: Jeffords quiere entender a los indios y acercarse a ellos, y nada mejor entonces que aprender el idioma apache, conocer sus costumbres y, si es necesario, casarse con una joven india. Puede que *Flecha rota*, realizada hace más de medio siglo, tenga algo de idealismo didáctico, pero su discurso preclaro resultó contundente entonces y continúa siéndolo ahora. Jeffords está harto de que le pillen en medio, entre los indios y los soldados, y decide actuar por su cuenta y guiarse por su instinto, convirtiéndose así en el perfecto mediador entre dos caudillos, el de Washington y el del pueblo apache. En las palabras vuelve a estar la clave: en el lenguaje de los apaches, una flecha rota por la mitad equivale a seguir el sendero de la paz.

LOS 'WESTERNS' PRO INDIOS

Fue una de las tendencias generalizadas a principios de los años cincuenta. Dio como fruto films idealistas o más sombríos que abogaban por un trato honesto de la figura del indio y de un acercamiento que se producía a duras penas en la realidad, con la mayoría de tribus confinadas en reservas. De esa época son *Flecha rota*, *La puerta del diablo* (*Devil's Doorway*, Anthony Mann, 1950), *Apache* (*Apache*, Robert Aldrich, 1954) y *Lanza rota* (*Broken Lance*, Edward Dmytryk, 1954). John Ford aportaría su grano de arena en *El gran combate* (*Cheyenne Autumn*, 1964). Al finalizar los sesenta, los *westerns* pro indios volvieron a ponerse de moda como metáforas sobre genocidios y conflictos contemporáneos, caso de la guerra de Vietnam. Así surgieron los demagógicos *Pequeño gran hombre* (*Little Big Man*, Arthur Penn, 1970) y *Soldado azul* (*Soldier Blue*, Ralph Nelson, 1970).

Pese a su innegable valor como film de tesis antirracista, *Flecha rota* no es un *western* solamente oral o literal. Las cualidades pictóricas de la obra davesiana explotan aquí en la modélica comunión entre hombres y paisaje, o estallan en su vertiente más amarga cuando muestra en toda su crudeza, con una antológica luz crespuscular, los cuerpos torturados por los apaches, esas cabezas humanas medio enterradas en la arena y embadurnadas de savia de mezcal para atraer a las hormigas. Daves siempre se mostró muy satisfecho con los resultados: "Me gusta mucho *Flecha rota*, porque pude mostrar al indio como un hombre de honor y principios, como un ser humano y no como un bruto sanguinario. Fue la primera vez que se le hizo hablar como un hombre civilizado hablaría a su pueblo, de sus problemas y de su futuro. La ONU alabó considerablemente esta película porque presentaba un mundo en el que las personas en conflicto se respetaban".[2]

1950 El pistolero

Henry King

The Gunfighter. USA. **Dir.:** Heny King. **Producción:** 20th Century Fox. **Prod.:** Nunnally Johnson. **Guión:** William Bowers y William Sellers. **Fot.:** Arthur Miller (blanco y negro). **Mús.:** Alfred Newman. **Mont.:** Barbara McLean. **Duración:** 84 minutos. **Int.:** Gregory Peck (Jimmy Ringo), Helen Westcott (Peggy Walsh), Millard Mitchell (*sheriff* Mark Strett), Jean Parker (Molly), Karl Malden (Mac), Skip Homeier (Hunt Bromley), B. G. Norman (Jimmie).

Pocas reflexiones tan realistas sobre el mito y la verdad en el lejano Oeste superan a este film hermoso y doloroso, que se sitúa en el origen del 'western' moderno.

Jimmy Ringo llega a una tranquila ciudad y entra en el bar. Un jovenzuelo le desafía y debe disparar en defensa propia. Se dirige entonces hacia Cayenne, sabiendo que le persiguen los tres hermanos del muchacho muerto. Allí, espera en el bar a que su antiguo amigo, el *sheriff* Mark Strett, interceda por él ante su esposa, Peggy, convertida en la maestra de escuela. La pareja tuvo un hijo, Jimmie, que el pistolero ansía conocer.

La historia de Jimmy Ringo

Aunque carece de la resonancia, e incluso de la estima crítica, de *Raíces profundas* (*Shane*, 1953), *El pistolero* mejora considerablemente casi todo lo expuesto de un modo u otro en el posterior film de George Stevens. En ambos se muestra el itinerario escéptico de un pistolero a quien la fama le precede y que no podrá colgar nunca sus pistolas. Pero mientras que al protagonista de *Raíces profundas* se le presenta un amago de redención, ya que desenfunda de nuevo para ayudar a unos granjeros indefensos en su lucha contra el autoritario ganadero, el personaje encarnado por Gregory Peck en *El pistolero* carece de toda clemencia para su inminente futuro. Las horas pasan lentas en el Palace Bar de Cayenne mientras espera, cada vez más nervioso, a que la mujer que sigue amando acepte verle y conocer, también, a su hijo, fruto de unas relaciones que se truncaron por las actividades sangrientas del protagonista.

Durante esta espera, que es lo que dura prácticamente toda la película, Jimmy Ringo tiene tiempo de meditar, pero también de ahuyentar a los chiquillos que han abandonado la escuela para verle de cerca y de ganarse el odio de un mequetrefe fanfarrón que, como le ocurrió a Wild Bill Hickok, terminará matándole por la espalda para hacerse un nombre. La película tiene dos finales consecutivos, dos modos de concluir la misma historia. Los dos son sombríos, aunque el último, el que cierra el film antes de que King vuelva a colocar un plano elegíaco del pistolero cabalgando hacia el ocaso, resulta también emotivo.

Ringo expira en brazos del *sheriff* de la ciudad, Mark Strett, quien fuera miembro de su misma banda y logró regenerarse. Pero antes de morir tiene tiempo para decirle a su amigo que no detenga a Bromley, el petimetre que le ha disparado, y que tampoco diga que le mató por la espalda. En un último acto de rabia y al mismo tiempo lucidez, viendo sin duda desfilar sus aciagos días como pistolero al que todos temían y al que todos querían matar –imposible mayor expresión de la soledad que ha corroído al personaje–, Ringo le desea a su asesino que se convierta en lo que él ha sido, y que sepa lo que es vivir intentando siempre seguir vivo y esperando que cualquier jovenzuelo con ganas de ser famoso le rete a duelo. Concluida la vida de Ringo, King filma su multitudinario entierro. En el exterior de la iglesia, entre el gentío que no ha encontrado acomodo y observa desde la distancia la ceremonia, aparecen Peggy y Jimmie, la compañera de Ringo y el hijo de ocho años al que conoció instantes antes de morir. La mujer desea pasar al interior, pero un hombre le asegura que está lleno. Peggy pregunta entonces por el *sheriff* y, con una dignidad que King filma frontalmente, sin aditivo alguno, asegura que son la esposa y el hijo de Jimmie

Ringo. Peggy dice bien alto quién es. Con ello no devuelve la vida a su amado, pero desvelando su secreto –ya que sólo Strett y la corista Molly sabían su verdadera identidad– se hace más digna ella haciendo más digno también al pistolero asesinado.

A las puertas del *western* psicológico, el trabajo de King, consolidado por una de las mejores composiciones de Gregory Peck, resulta inmejorable. Las posiciones de cámara, la ausencia casi total de música, la cruda iluminación en blanco y negro y el empleo del decorado a la vez espacioso y claustrofóbico del bar despoblado de clientes con la excepción de Ringo, conforman un mundo aislado que refuerza la sensación de ingrávida soledad en la que el personaje está instalado. Ringo rumia su destino, y aunque antes de morir Peggy le dé alguna esperanza, asegurándole que esperará durante un año a que pueda limpiar su nombre, sabe que está condenado. Las mujeres de la ciudad se reúnen para pedirle al *sheriff* que le arreste, le expulse o le ahorque, por este orden, ya que no pueden permitir que su civilizada ciudad se parezca a Tombstone o Deadwood, donde los pistoleros se mueven a sus anchas. Los niños le miran con una mezcla de devoción y desdén. El adolescente Bromley le reta sin motivo y un hombre mayor, convencido de que Ringo asesinó a su hijo, quiere dispararle desde un balcón con su rifle. Poco importa que Ringo le asegure que nunca ha estado en Tulsa, localidad en la que murió el joven: su oscuro prestigio con las armas le ha devorado y seguirán imputándole decenas de crímenes que no ha cometido.

La acción de *El pistolero* acontece en el sudoeste americano, entre 1880 y 1885 aproximadamente, y en ella se habla de un tejano alto que fue tan rápido como Wyatt Earp, Wild Bill Hickok y Billy el Niño, capaz de apretar el gatillo en esa fracción de segundo que separa la vida de la muerte. El personaje interpretado por Peck existió en realidad, aunque no exactamente con el mismo nombre. Es posible que se trate de Johnny Ringo, un pistolero muerto en 1882 –aunque no se sabe a ciencia cierta si se suicidó o fue tiroteado– y que estuvo envuelto en los sucesos de Tombstone protagonizados por Wyatt Earp, Doc Holliday y el clan de los Clanton. John Ireland, que hizo el papel de Bill Clanton en la aproximación de John Ford al tema, *Pasión de los fuertes* (*My Darling Clementine*, 1946), encarnó a Ringo en el film de John Sturges sobre el mismo tiroteo, *Duelo de titanes* (*Gunfight at the OK Corral*, 1957).

La idea de la película fue de André De Toth, expeditivo realizador de origen húngaro que al *western* aportó notables películas como *El honor del capitán Lex* (*Springfield Rifle*, 1952) y un ciclo de seis lacónicos films interpretados por Randolph Scott, entre ellos *Carson City* (1952) y *The Bounty Hunter* (1954). De Toth, acreditado como coautor del argumento de *El pistolero*, explicaba cómo partió de una situación cotidiana para escribir la historia de Ringo: "La idea me vino en un bar. Descubrí que en este tipo de locales la gente intentaba siempre provocar a tipos como Errol Flynn o Clark Gable. Cada vez que alguno de ellos entraba en un bar o un restaurante, siempre había algún joven que quería presumir y no se le ocurría otra cosa que tratar de pincharlos y provocarlos. Pensé que en el Oeste debía de pasar lo mismo".[3]

1950 Río Grande
John Ford

Rio Grande. USA. **Dir.:** John Ford. **Producción:** Argosy Pictures, Republic Pictures. **Prod.:** John Ford y Merian C. Cooper. **Guión:** James Kevin McGuinness, según un relato de James Warner Bellah. **Fot.:** Bert Glennon y Archie Stout (blanco y negro). **Mús.:** Victor Young. **Mont.:** Jack Murray. **Duración:** 105 minutos. **Int.:** John Wayne (teniente coronel Kirby Yorke), Maureen O'Hara (Kathleen Yorke), Claude Jarman Jr. (Jeff Yorke), Ben Johnson (Tyree), Harry Carey Jr. (Daniel "Sandy" Boone), Victor McLaglen (sargento Quincannon).

Ford concluye su trilogía de la caballería con un drama más centrado en la recomposición del núcleo familiar que en la lucha contra los indios rebeldes.

El cadete Jeff Yorke llega al destacamento comandado en Río Grande por su padre, el teniente coronel Kirby Yorke. Días después aparece también la esposa del oficial, de la que se separó quince años atrás por haber quemado, durante la guerra civil, la plantación de los suyos. El tenso reencuentro familiar se produce a las puertas de una operación militar contra los indios.

Crónica de familia

La última entrega de la trilogía de la caballería realizada por John Ford es quizás la más amarga de las tres películas. Los nombres de algunos personajes se repiten con las facciones de idénticos actores, aunque pueda que no sean exactamente los mismos. El que encarna John Wayne se llama Kirby Yorke y es teniente coronel de un destacamento situado en territorio apache. El que interpretaba el mismo actor en *Fort Apache* (*Id.*, 1948) se llamaba Kirby York y era capitán. Podría tratarse del mismo personaje pese a la *e* final que ostenta ahora su apellido, aunque cuesta imaginar que el oficial dialogante de *Fort Apache* se haya convertido en el teniente coronel arisco, huraño y solitario de *Río Grande*. Pero hay explicaciones para todo. El casi humanista York del primer film pudo casarse con una dama del Sur y tener un hijo con ella, pero York militaba en las filas nordistas durante la guerra y tuvo que acatar una orden terrible, quemar la plantación de la familia de su esposa, lo que provocó una separación que aún dura pese a haber finalizado la guerra. Eso es lo que le ha ocurrido al Yorke de *Río Grande*, y sobre esa escisión matrimonial –que es también la separación irreconciliable entre el Norte y el Sur– se asientan las bases de una película más centrada en la recomposición dolorosa de un universo familiar que en el retrato de la vida doméstica en un acuartelamiento. La peripecia estrictamente profesional –la desintegración de un núcleo de rebeldes mescaleros que operan en México– corre en paralelo, aunque con menor fuerza dramática, al reencuentro de Yorke y su esposa, Kathleen, reencuentro forzado por otra situación de crispación familiar: Jeff, el hijo de la pareja, se incorpora como voluntario al destacamento comandado por Yorke tras suspender en la Academia de West Point, y Kathleen entra en escena para proteger a su retoño no se sabe muy bien si de los mescaleros o de su propio padre.

Aunque el protagonista de *Río Grande* se asemeja al militar paranoico interpretado por Henry Fonda en *Fort Apache*, la realidad y la lógica del relato resultan muy distintas: Yorke no debe superar megalomanía alguna, sino sanar las heridas familiares. Y Ford recupera el blanco y negro, tras la paleta de colores a lo Frederic Remington de *La legión invencible* (*She Wore a Yellow Ribbon*, 1949), para que la luz y las sombras sean más severas con un personaje que debe reconstruir su maltrecho mundo acercándose a su hijo y aprendiendo a amar de nuevo a su esposa. El ciclo doméstico-castrense abierto con *Fort Apache* quedaba cerrado. ■

1950 Wagon Master

John Ford

Wagon Master. USA. **Dir.:** John Ford. **Producción:** Argosy Pictures, RKO. **Prod.:** John Ford y Merian C. Cooper. **Guión:** Frank S. Nugent y Patrick Ford. **Fot.:** Bert Glennon y Archie Stout (blanco y negro). **Mús.:** Richard Hageman. **Mont.:** Jack Murray. **Duración:** 86 minutos. **Int.:** Ben Johnson (Travis Blue), Harry Carey Jr. (Sandy Owens), Joanne Dru (Denver), Ward Bond (Elder Wiggs), Charles Kemper (Shiloh Clegg).

Esta sencilla crónica de las peripecias de una caravana de colonos mormones es el tipo de películas pequeñas, casi domésticas, que a John Ford le gustaba realizar.

Una caravana de mormones se dirige hacia el valle de San Juan. Por el camino topan primero con una extraña *troupe* de embaucadores, en la que se encuentra la joven Denver, de la que se enamora el guía de la caravana, Travis. Después deben enfrentarse a una familia de criminales perseguidos por la ley.

Caravana de paz

A John Ford le gustaba realizar de vez en cuando películas de formato pequeño, sin grandes temáticas que tratar ni grandes estrellas al frente del reparto, interpretadas por sus actores secundarios más queridos, de acento doméstico, estuviera la acción emplazada en una pequeña ciudad de provincias, caso de *The Sun Shines Bright* (1953), o se dedicara a relatar el viaje de una caravana, como ocurre en *Wagon Master*.

La escueta idea argumental fue sugerencia de Ford, que desarrollaron uno de sus guionistas habituales, Frank S. Nugent, y su propio hijo, Patrick Roper Ford. El conflicto llegaba con el enfrentamiento entre los colonos mormones de la caravana y una banda de forajidos que se había perdido en el desierto como lo hacían los atracadores de bancos de *Three Godfathers* (1948), otro *western menor*, aunque realmente mayor, rodado por Ford en la misma época, entre los diversos jalones de la trilogía de la caballería. El fluir lento de las caravanas por la tierra de Monument Valley, el retrato de unos forajidos singularmente arcaicos no muy distintos a los Clanton de *Pasión de los fuertes* (*My Darling Clementine*, 1946) y la presencia de un comediante alcoholizado como el del film sobre Wyatt Earp, forman modélica parte del organismo *westerniano* de Ford, director que sentía una predilección especial por este modesto film. *Wagon Master* dio origen siete años después a la serie televisiva *Wagon Train* (*Caravana* en nuestro país), protagonizada por Ward Bond, que en la película es el conductor de la caravana, y con un episodio, *The Colter Craven Story* (1960), dirigido por el propio Ford.

1950 Winchester 73
Anthony Mann

Winchester 73. USA. **Dir.:** Anthony Mann. **Producción:** Universal. **Prod.:** Aaron Rosenberg. **Guión:** Robert L. Richards y Borden Chase, según un relato de Stuart N. Lake. **Fot.:** William H. Daniels (blanco y negro). **Director musical:** Joseph Gershenson. **Mont.:** Edward Curtis. **Duración:** 92 minutos. **Int.:** James Stewart (Lin McAdam), Shelley Winters (Lola Manners), Dan Duryea (Waco Johnny Dean), Stephen McNally (Dutch Brown), Millard Mitchell (High Spade), John McIntire (Lamont), Will Geer (Wyatt Earp).

Inicio de la colaboración entre Anthony Mann y James Stewart; el filme, de original planteamiento, narra la historia de un rifle y sus sucesivos propietarios.

Lin McAdam gana en un concurso de tiro el preciado rifle Winchester 73, pero su hermano, Dutch Henry Brown, a quien persigue por la muerte del padre de ambos, logra robárselo. El arma pasa entonces a manos de distintos personajes hasta que vuelve a su propietario.

Historia de un rifle de repetición

James Stewart, Anthony Mann y Borden Chase iniciaron su fecunda colaboración en los *westerns* de la productora Universal con este relato de estructura circular en torno a un rifle que va cambiando de propietario, como el billete de lotería de la novela de Jules Verne. No es un rifle cualquiera. Se trata del Winchester de repetición creado en 1873 en la fábrica de Oliver Winchester por el ingeniero Benjamin Tyler Henry, un arma real muy preciada que el personaje encarnado por Stewart gana en un concurso de tiro. El cineasta alemán Wim Wenders, tan fascinado por la cultura, la música y el cine norteamericanos, tenía en Mann a un director de cabecera, y en una ocasión escribió, con muy buen criterio, que en *Winchester 73* había tantas historias acerca de un fusil que con ellas se podrían hacer no menos de ocho buenos *westerns* italianos.

No le faltaba razón al director de *Paris, Texas* (*Id.*, 1984). *Winchester 73*, que se rodó, a diferencia de los siguientes títulos del ciclo, como una modesta serie B, tiene en Lin McAdam a un personaje conductor, porque en realidad se trata de un relato coral dividido en tantos episodios como propietarios tiene el arma en cuestión. Lin lo gana en el concurso que se celebra en Dodge City, y ahí están para constatar su pericia dos personajes reales, Wyatt Earp y Bat Masterson (interpretados por Will Geer y Steve Darrell), dos de los cazadores de búfalos y pistoleros que en épocas sucesivas ejercieron de *sheriff* en la localidad. El hermano de Lin, Dutch Henry Brown (de nombre real Matt McAdam), roba el arma y huye con ella, y ése es el elemento motor del conflicto: no se trata solamente de recuperar el fusil, sino de dar caza de una vez por todas a Dutch, ya que fue el responsable de la muerte del padre de ambos.

A partir de este momento, y siguiendo los jalones de un relato perfectamente circular que concluye cuando Lin recupera su Winchester –y, también, mata a su hermano, fundamento de una tragedia negra que Mann no lleva hasta los límites que hubiera desarrollado unos años después–, *Winchester 73* se descompone en pequeñas historias alumbradas por nuevos personajes que, en su relación más intensa o más esporádica con Lin, arrojan luz sobre el sombrío protagonista: Mann y Stewart ya delimitaban en su primera colaboración las características esenciales de una tipología severa.

Así, el rifle pasa de las manos de Lin a las de su hermano, y de éste al traficante de armas encarnado por John McIntire, que lo gana en una partida de cartas. Un joven indio sioux (Young Bull: Rock Hudson) asesina al traficante y se queda con el preciado fusil. Muerto Young Bull en una refriega con un destacamento del ejército en el que también participa Lin,

el rifle queda perdido en el campo de batalla y un soldado se lo da a un presuntuoso cobarde (Miller: Charles Drake) que poco después es abatido por un pistolero (Waco Johnny: Dan Duryea). El asesino parte con la novia del muerto (Lola: Shelley Winters) para reencontrarse con Dutch, que de este modo recupera el Winchester. Lin ha adquirido en este momento de la historia el papel de testigo impotente de los acontecimientos y Mann filma el itinerario como si fuera un espacio cerrado: Lola aparece intermitentemente, ahora en Dodge, ahora en el ataque indio, como si fuera un recurso de una película contemporánea especializada en vidas cruzadas. La persecución se hace cada vez más obsesiva y cuenta, también, con los frutos del azar: Dutch y Waco atracan un banco y ahí se encuentra Lin, que puede deshacerse del segundo para salir corriendo tras el primero y darle caza en un escenario casi lunar. El fusil vuelve a las manos de su propietario, pero es el círculo familiar lo que también se cierra: la secuencia de apertura mostraba el enfrentamiento nada simbólico entre los dos hermanos en el concurso de tiradores, y la secuencia final contempla el duelo, esta vez de sangre, entre Lin y Dutch.

1951 Tambores lejanos

Raoul Walsh

Distant Drums. USA. **Dir.:** Raoul Walsh. **Producción:** United States Pictures, Warner Bros. **Prod.:** Milton Sperling. **Guión:** Niven Bush y Martin Rackin. **Fot.:** Sid Hickox (Technicolor). **Mús.:** Max Steiner. **Mont.:** Folmer Blangsted. **Duración:** 101 minutos. **Int.:** Gary Cooper (capitán Quincy Wyatt), Mari Aldon (Judy Beckett), Arthur Hunnicutt (Monk), Richard Webb (teniente Tufts), Larry Carper (Ocala).

'Western' de enorme belleza vegetal que cambia los decorados clásicos de desiertos, praderas, llanuras y montañas por los salvajes pantanos de Florida.

Al capitán Quincy Wyatt se le encomienda la misión de destruir una fortificación que sirve de avituallamiento de armas y comida para los rebeldes semínola. La operación es un éxito y los hombres de Wyatt hacen saltar por los aires el fuerte y toman algunos prisioneros. Pero la repentina llegada de los semínola les obliga a adentrarse en los pantanos. El diezmado grupo se refugia en la isla donde vive Wyatt con su hijo. El conflicto se resuelve con una lucha entre el capitán y Ocala, el líder de los indios.

Una aventura en los pantanos

En *Tambores lejanos* sucede algo similar a lo acontecido con *Juntos hasta la muerte* (*Colorado Territory*, 1949) en relación con *El último refugio* (*High Sierra*, 1941): Raoul Walsh reelabora en otro marco genérico uno de sus anteriores films, en este caso *Objetivo Birmania* (*Objective Burma*, 1945), y convierte *Tambores lejanos*, un *western* ambientado en los pantanos de Florida, en un algo más disimulado *remake* de aquel relato bélico ubicado en la Segunda Guerra Mundial. Las trincheras donde los soldados norteamericanos se hacen fuertes contra el acoso japonés son sustituidas aquí por la húmeda vegetación de los Everglades, mientras que los soldados nipones se reconvierten en veloces indios semínolas.

El espíritu es similar, aunque hay un cambio importante: el espacio angosto de las trincheras, filmadas de noche en los momentos cumbre de *Objetivo Birmania*, da paso en *Tambores lejanos* a la especial luminosidad de los pantanos filmados ahora en resplandeciente Technicolor. Walsh, amante de los rodajes en escenarios reales y en permanente contacto con la naturaleza, aunque ésta fuera tan hostil como los peligrosos pantanos y humedales de Florida, se mostraba satisfecho de que los paisajes filmados por su cámara ya justificaran el pago de una entrada de cine, como destacó la crítica norteamericana en su momento.

Pero hay mucho más en este relato tan dinámico como inquietante ambientado en 1840 y fundamentado en un personaje hosco, el capitán explorador que encarna Gary Cooper, desencantado con el mundo y recluido del mismo en un islote, donde vive con su hijo en una suerte de edén más propio de Jack London y Robert Louis Stevenson. La película es la crónica de un itinerario violento y fatigoso que se corona con una de las más plásticas secuencias de todo el cine de Walsh, la de la pelea a cuchillo entre Wyatt y Ocala, el jefe de los semínolas, filmada bajo el agua. Valieron la pena las penurias pasadas durante el rodaje en los pantanos. Walsh recordaba cómo tuvo que contratar a nativos del lugar para que limpiaran la zona de serpientes, caimanes y otros reptiles amenazadores, y de cómo un águila atacó al operador Sid Hickox. Pero sobre todo destacaba en sus memorias[4] los problemas vividos por Gary Cooper, un actor y amigo con el que había pescado truchas y cazado patos y gansos antes de trabajar juntos: Cooper "se quejó de que había donado un galón de su mejor sangre a los mosquitos y sanguijuelas y se llevó del lugar la piel de una serpiente de cascabel, que dijo haber arrebatado a su propietario original en un ataque de rabia".

1952 Encubridora

Fritz Lang

Rancho Notorius. USA. **Dir.:** Fritz Lang. **Producción:** Fidelity Pictures, RKO. **Prod.:** Howard Welsch. **Guión:** Daniel Taradash, según un relato de Silvia Richards. **Fot.:** Hal Mohr (Technicolor). **Mús.:** Emil Newman. **Mont.:** Otto Ludwig. **Duración:** 89 minutos. **Int.:** Marlene Dietrich (Altar Keane), Arthur Kennedy (Vern Haskell), Mel Ferrer (Frenchy Fairmont), Gloria Henry (Beth Forbes), Lloyd Gough (Kinch), William Frawley (Balby Gunder).

Marlene Dietrich y Fritz Lang, dos exiliados alemanes en Hollywood, coincidieron en este original film sobre pasiones, odios y venganzas.

Vern Haskell cabalga en busca del forajido que violó y asesinó a su prometida. En la cárcel conoce a un pistolero que le habla de una misteriosa mujer, Altar Keane, y el rancho en el que da cobijo a diversos fugitivos de la ley. Vern intenta seducir a Keane para quedarse en el rancho y descubrir al asesino.

La ruleta del destino

El tercer y último film del Oeste realizado por Fritz Lang es una propuesta agónica, crepuscular mucho antes de que esta moda se impusiera con fuerza en el cine norteamericano. Fue planteado con estrellas de serie A venidas a menos (Marlene Dietrich) pero rodado con medios más propios de la serie B, en decorados que se notan, en un Technicolor tan febril como el de Nicholas Ray y Jacques Tourneur y una mirada escéptica, cuando no cínica, sobre las relaciones entre hombres y mujeres y las razones arbitrarias del corazón. *Encubridora* es un *western* amargo, quizás de los más desencantados de toda la historia del género, en el que abundan las escenas en interiores porque, antes que cualquier cosa, el film

explora el alma humana en situaciones límite en las que deben tomarse las decisiones más importantes. Es, como casi todo el cine de Lang, una historia de venganza; un retrato en negro, aunque rodado en extraños, fulgurantes colores, de lo más oscuro de la conciencia humana, sin duda el reverso de lo que el director habría querido mostrar una década antes en un ambicioso proyecto que iba a titularse *Americana* y que abarcaría todo un siglo de mitología *prewesterniana*.

El film parte de un relato de Silvia Richards, escritora con la que Lang había diseñado hacia 1948 un primer borrador de *Winchester 73*, proyecto que finalmente materializó Anthony Mann en la película del mismo título de 1950. A partir de una ortodoxa estructura de relato de odio, asesinato y venganza, como se nos dice en la letra de la canción principal del film, Lang confecciona un melodrama con fondo de *western*, tan apasionante como apasionado en el sentido más arrebatado del término, algo a lo que ayuda, y mucho, el empleo dramático del color, la utilización del barroco decorado que constituye el rancho Chuck-A-Luck y la mirada siempre desafiante y turbadora de Marlene Dietrich en el papel de Altar Keane, algo así como la reina y protectora de los villanos. Siendo una película de interiores, de decorados, hasta los exteriores parecen de cartón-piedra. Al margen de las posibles limitaciones económicas, se trata de un proceso de estilización, valiente y sorprendente, asumido por Lang desde el primer momento. Tan atípica propuesta no fue entendida por casi nadie más del equipo. Dietrich se enemistó con el director a los pocos días de iniciado el rodaje y el magnate y aviador Howard Hughes, propietario entonces de RKO, cortó varias secuencias y decidió que el título original, *Chuck-A-Luck* (que es como se llama el rancho, el título de la canción citada y el nombre de un juego de ruleta que se realiza en el film) se cambiara por el de *Rancho Notorius*, título fantasmal donde los haya y que ni el mismo Lang entendió nunca. ■

1952 Horizontes lejanos

Anthony Mann

Bend of the River. USA. **Dir.:** Anthony Mann. **Producción:** Universal. **Prod.:** Aaron Rosenberg. **Guión:** Borden Chase, según un relato de Bill Gulick. **Fot.:** Irving Glassberg (Technicolor). **Mús.:** Hans J. Salter. **Mont.:** Russell Schoengarth. **Duración:** 91 minutos. **Int.:** James Stewart (Glyn McLyntock), Arthur Kennedy (Emerson Cole), Julia Adams (Laura Baile), Rock Hudson (Trey Wilson), Jay C. Flippen (Jeremy Baile).

En tiempos de 'westerns' psicológicos, Anthony Mann compone una película directa sobre las relaciones entre dos personajes que son el reverso de una misma moneda.

Glyn McLyntock salva de morir ahorcado a Emerson Cole, que se une a él en la conducción de una caravana con destino a Oregón. Tras superar un ataque indio, llegan a Portland, ciudad en la que Laura, la hija del jefe del convoy, debe permanecer a causa de una herida de flecha. Emerson también decide quedarse para dirigir la casa de juegos.

Una cicatriz en el alma

Un simple acto reflejo nos dice más sobre el pasado de Glyn McLyntock, el protagonista de *Horizontes lejanos*, que todas las imágenes contenidas en los mal llamados *westerns* psicológicos. Cabalga en solitario y llega al claro de un bosque, en el que unos individuos se disponen a colgar a otro, Emerson Cole. Glyn se lleva la mano al pañuelo que tiene anudado al cuello antes de impedir el ajusticiamiento. No se nos muestra nada más, pero Mann nos lo ha explicado todo. Pura y simple relación causa-efecto. Glyn salva a Emerson, que a lo largo del relato se convertirá en la otra cara de una misma moneda, y en la escena final descubriremos lo que ya sabíamos, la profunda cicatriz que Glyn esconde en su cuello. En el pasado también fue víctima de la injusticia de los hombres y estuvo a punto de ser colgado. Pero a diferencia de otros personajes que han transitado aunque sea unos segundos entre la vida y la muerte, colgados de una áspera soga en un árbol abandonado –por ejemplo, el interpretado por Clint Eastwood en *Cometieron dos errores* (*Hang' em High*, Ted Post, 1968)–, Glyn no clama venganza, sino que se limita a encerrarse en sí mismo. Es al contacto con Emerson, un individuo parecido a él, aunque al final no duda en traicionarlo y dejarlo abandonado sin armas ni provisiones, cuando Glyn da rienda suelta a todo su odio contenido, ése que a veces acerca los personajes de Anthony Mann interpretados por James

Stewart a los encarnados por Randolph Scott en los *westerns* de Budd Boetticher. Es difícil olvidar la expresión de Stewart cuando le dice a quien fuera su amigo y socio que a partir de ese momento no podrá dormir tranquilo, ya que él puede estarle acechando en cualquier lugar. Síntesis del laconismo, Glyn le confiesa a Laura, la hija del jefe de la caravana, que sólo tiene tres camisas, la que lleva puesta, la de repuesto y la que aún no ha tenido tiempo de lavar. Modelo de personaje en permanente itinerario, sin tierra a la que arraigarse, es uno de los mejor trabajados del ciclo Mann-Stewart, situado en el centro de todos los conflictos dramáticos. Pero eso no quiere decir que Emerson Cole sea un mero contrapunto. Los villanos, o teóricos villanos, alcanzan en Mann unas dimensiones que van mucho más allá de su simple cometido en la historia. Glyn dispara contra el jugador tramposo que encarna Rock Hudson, pero sólo le hiere en la mano para que no pueda manejar su revólver. Emerson, acto seguido, lo remata y le dice a su amigo que cuando se desenfunda un arma siempre es para matar al adversario. Las leyes escritas del lejano Oeste, ése que en *Horizontes lejanos* se transita en carromato, a caballo o en un barco fluvial, en un bosque, en los rápidos, en las tierras agrietadas o en los muelles de Portland. Cine en movimiento bajo el que late el drama interior.

1952 Solo ante el peligro

Fred Zinnemann

High Noon. USA. **Dir.:** Fred Zinnemann. **Producción:** Stanley Kramer Productions, United Artists. **Prod.:** Stanley Kramer. **Guión:** Carl Foreman, según un relato de John Cunningham. **Fot.:** Floyd Crosby (blanco y negro). **Mús.:** Dimitri Tiomkin. **Mont.:** Elmo Williams. **Duración:** 85 minutos. **Int.:** Gary Cooper (Will Kane), Grace Kelly (Amy), Thomas Mitchell (Jonas Henderson), Katy Jurado (Helen Ramírez), Lloyd Bridges (Harvey Pell), Ian MacDonald (Frank Miller).

El trabajo de Gary Cooper, la canción de Dimitri Tiomkin y la alegoría sobre la caza de brujas han convertido este film en uno de los 'westerns' más famosos de la historia.

Will Kane, actual *sheriff* de Hadleyville, se casa con Amy Fowler. Ese mismo día piensa dejar su cargo para establecerse en otra ciudad, ya que Amy es cuáquera y, por ello, enemiga de toda violencia. Pero entonces entran en la localidad tres sospechosos individuos. Esperan la llegada en tren de Frank Miller, un forajido al que Kane envió a la cárcel. El protagonista decide quedarse en la ciudad y enfrentarse a Miller para que no le tachen de cobarde, pero ninguno de sus conciudadanos se atreve a ayudarle.

Una estrella en el polvo

Es posible que ningún *western*, en la época clásica del género, concitara tanta relevancia, prestigio y premios como *Solo ante el peligro*, que se percibe más como un análisis del maccarthismo antes que una película del Oeste en el sentido estricto. Quizá por esta razón ganó unos cuantos Oscar –sobre todo el de interpretación para Gary Cooper, aunque perdió en otras categorías importantes por las que había sido nominado, como mejor película, dirección y guión– y fue considerado el mejor film de 1952 según los críticos cinematográficos neoyorquinos. Quizá por ello, y por la popularidad que alcanzó la canción compuesta por Dimitri Tiomkin (música) y Ned Washington (letra), *Solo ante el peligro* se convirtió en un pequeño fenómeno cuya resonancia borró del mapa, tan injustamente, muchos otros *westerns* rodados en la misma época.

Porque este relato sobre un *sheriff* que decide no abandonar a sus conciudadanos el mismo día en que había dejado el cargo, y que comprueba impotente cómo todos le dejan solo ante el peligro, como reza el tan gráfico título español de la película, puede verse desde muy diversos enfoques, y el más preclaro parece ser el de la caza de brujas. El guión de Carl Foreman, uno de los muchos represaliados en aquella indiscriminada persecución de miembros o simpatizantes del partido comunista americano emprendida por el senador Joseph McCarthy y otros políticos reaccionarios a finales de los cuarenta, partía de un relato serializado de John Cunningham, *The Tin Star*, que es curiosamente el título de un *western* también urbano y en blanco y negro de Anthony Mann, *Cazador de forajidos* (*The Tin Star,* 1957). En realidad, la historia había sido escrita años antes por Foreman, pero las similitudes con el relato de Cunningham obligaron a comprar los derechos de adaptación para evitar posteriores denuncias y litigios.

Foreman fue llamado a declarar ante el comité de actividades antiamericanas mientras se estaba rodando la película, circunstancia que motivó una escasamente loable reacción del productor Stanley Kramer, quien pasaba por ser del ala progresista hollywoodiense pero no dudó en intentar desvincular al guionista del proyecto. De Foreman y su repulsa contra la situación política del país queda sin duda el emotivo y simbólico plano final, cuando Kane arroja al suelo polvoriento la estrella de *sheriff* después de su duelo con Miller y antes de abandonar la ciudad habitada por cobardes y mentirosos. Y quizá si no se diera esta triste circunstancia, la de que Foreman se encontró realmente solo ante el peligro cuando fue llamado a declarar, las comparaciones entre la historia del film y la caza de brujas no habrían resultado tan excesivas.

Más allá de su lectura política, conviene retener de *Solo ante el peligro* dos aspectos. Uno es la innovadora idea de construcción espacio-temporal, ya que toda la película se desarrolla en cuatro o cinco decorados y en tiempo real, el que va desde las 10.30 de la mañana, cuando Kane y Amy se casan, y la resolución final al mediodía, lo que justifica la constante inclusión de planos de relojes. El otro es su emoción estética, surgida de un elaborado trabajo de iluminación que intenta parecerse al estilo fotográfico del momento en que acontece la acción, hacia 1870. No en vano la fotografía lleva la firma de Floyd Crosby, uno de los mejores operadores del cine norteamericano de todos los tiempos. Colaborador de F. W. Murnau y Robert J. Flaherty en el rodaje en las islas de los mares del Sur de *Tabú* (*Tabu*, 1931), se dedicó en los años treinta y cuarenta a fotografiar documentales realizados por Pare Lorentz, Joris Ivens y el mismo Flaherty, antes de convertirse en el operador predilecto de Roger Corman en sus películas de los sesenta sobre relatos de Edgar Allan Poe. ■

1953 Colorado Jim

Anthony Mann

The Naked Spur. USA. **Dir.:** Anthony Mann. **Producción:** Metro Goldwyn Mayer. **Prod.:** William H. Wright. **Guión:** Sam Rolfe y Harold Jack Bloom. **Fot.:** William C. Mellor (Technicolor). **Mús.:** Bronislau Kaper. **Mont.:** George White. **Duración:** 91 minutos. **Int.:** James Stewart (Howard Kemp), Janet Leigh (Lina Patch), Robert Ryan (Vandergroat), Ralph Meeker (Anderson), Millard Mitchell (Tate).

'Western' desazonante como pocos, se centra en la larga marcha por territorio hostil de un grupo de personajes ambiciosos que dudan unos de otros.

Howard Kemp intenta dar caza a Ben Vandergroat, un forajido por el que se ofrecen cinco mil dólares de recompensa. Un buscador de oro y un militar repudiado se convierten en sus forzados aliados. Cuando encuentran al forajido, está acompañado por una muchacha sin familia. El grupo regresa a la ciudad, pero Vandergroat intenta durante el trayecto enemistar a Kemp con sus dos aliados.

Por un puñado de dólares

La película más grupal de Anthony Mann está construida sobre una estrategia de intereses, ambiciones e insolidaridades varias. Es difícil encontrar en la historia del *western* un film que, como *Colorado Jim*, relate la relación siempre interesada entre diversos personajes que sólo aspiran a dar caza a un individuo buscado por la ley sin importarles lo que dejan, pese al forzado desenlace final en el que el protagonista decide sacrificar la recompensa por la estabilidad sentimental. Quizás *El jardín del diablo* (*Garden of Evil*), realizada un año después por Henry Hathaway, posea el mismo escepticismo al mostrar las peripecias de otro grupo humano movido por las circunstancias y escasamente respetuoso entre sus miembros.

James Stewart compone el más turbador de los personajes que creó a las órdenes de Mann. Después de una ruptura amorosa y un desastre económico, Howard Kemp espera rehacer su vida con la recompensa que se ofrece por Vandergroat. Lo complicado de la misión y el territorio peligroso que transitan le obligan a establecer interesadas alianzas con un buscador de oro y un militar de dudosa reputación. Estos tres personajes, más el propio forajido y su amiga Lina, realizan la menos armoniosa de las marchas que en un *western* se hayan filmado. Incluso la situación más ortodoxa, el ataque de los indios, lo resuelven ayudándose mutuamente no por amistad o respeto, sino por estricto y urgente instinto de supervivencia. A diferencia del resto de películas del Oeste de Mann, en *Colorado Jim* ni se remontan ríos, ni se traslada ganado, ni se conducen caravanas, ni se busca oro en una mina, ni se atracan bancos o se clama venganza por los seres queridos asesinados. El film está desposeído de todo atributo dramático y esperado motivo argumental. Se reduce, con una capacidad de absorción del paisaje y los elementos de la naturaleza verdaderamente fascinante (las espuelas de Howard, que son lo primero que hemos visto del personaje al empezar la película, horadando el rocoso montículo en su inútil escalada; el peculiar sonido del agua de lluvia al entrar en contacto con los platos de hojalata), a un itinerario de ida y vuelta, siempre muy vertical (los personajes escalan peñascos más que cabalgar por llanuras), viciado por las sospechas de unos sobre otros, las dudas que siembra Vandergroat para enemistar a Kemp y sus dos compañeros, la atracción esquiva que surge entre Lina y Kemp o la desconfianza que genera en todo momento el personaje del militar, al que Ralph Meeker encarna con la misma mezquina convicción con la que interpretaría a otro oficial de muy escaso honor, el teniente racista de *Yuma* (*Run of the Arrow*, Samuel Fuller, 1956).

1953 El desertor de El Álamo

Budd Boetticher

The Man from The Alamo. USA. **Dir.:** Budd Boetticher. **Producción:** Universal. **Prod.:** Aaron Rosenberg. **Guión:** Steve Fisher y D. D. Beauchamp, según un argumento de Niven Bush y Oliver Crawford. **Fot.:** Russell Metty (Technicolor). **Mús.:** Frank Skinner. **Mont.:** Virgil Vogel. **Duración:** 79 minutos. **Int.:** Glenn Ford (John Stroud), Julia Adams (Beth Anders), Chill Wills (John Gage), Hugh O'Brian (teniente Lamar).

Modesto pero significativo 'western' en el que se narra la historia de un tejano que decidió abandonar El Álamo antes del ataque final de las tropas mexicanas.

Un oficial llega a la fortificación de El Álamo, sitiada por las tropas mexicanas, con un mensaje en el que se les pide a los soldados y civiles que resistan el máximo de tiempo posible. El comandante del fuerte explica la situación y permite que quien quiera dejar el fuerte lo haga. John Stroud decide abandonar y, a partir de entonces, será considerado un traidor.

Tema del héroe y el cobarde

Instalado en Universal antes de emprender su ciclo de *westerns* austeros con la productora del actor Randolph Scott, Budd Boetticher tuvo la posibilidad de rodar una historia originalmente escrita por Niven Bush sobre la débil línea que separa el heroísmo de la cobardía. El referente histórico es uno de esos episodios que el cine ha manipulado a conciencia, el asalto de las tropas mexicanas del general Santa Anna a la fortificación tejana de El Álamo, hecho histórico que John Wayne convirtió en un exaltado canto nacionalista en su película homónima rodada en 1960, y del que más recientemente se realizó otro film tan poco atento a la realidad como aquél, *El Álamo. La leyenda* (*The Alamo*, John Lee Hancock, 2004). Pero a Boetticher, como a Bush, la gesta heroica del reducido grupo de tejanos que se batieron el cobre contra las hordas mexicanas, le trae bastante sin cuidado. Él coloca la cámara precisamente fuera y sigue al personaje que se marchó antes de tiempo, razón por la que quedó estigmatizado como un traidor y cobarde. Contaba Boetticher que el personaje existió en realidad y era judío. Y al director le hubiera interesado más explicar la historia desde esta perspectiva, ahondando en la cultura judía. Pero eso, en 1953, era bastante complicado, por lo que el film se redujo a un personaje más artificial con desenlace ortodoxamente feliz. Con todo, gravitan sobre las imágenes de este modesto *western* las sombras ominosas de los prejuicios y la falsa moral, la misma que condena al protagonista sin que se sepa aún por qué no estuvo en el interior de El Álamo en el momento del degüello.

1953 Raíces profundas

George Stevens

Shane. USA. **Dir.:** George Stevens. **Producción:** Paramount. **Prod.:** George Stevens. **Guión:** A. B. Guthrie Jr., según la novela de Jack Schaefer. **Fot.:** Loyal Griggs (Technicolor). **Mús.:** Victor Young. **Mont.:** William Hornbeck. **Duración:** 118 minutos. **Int.:** Alan Ladd (Shane), Jean Arthur (Marian Starrett), Van Heflin (Joe Starrett), Brandon De Wilde (Joey Starrett), Jack Palance (Wilson), Ben Johnson (Chris Calloway), Emile Meyer (Rufus Ryker), Elisha Cook Jr. (Frank Torrey).

Alan Ladd y la música de Victor Young dan empaque y cualidad emotiva a este 'western' psicológico sobre un pistolero y el niño que le admira.

Los Starrett, así como otros granjeros instalados en un valle de Wyoming, sufren las amenazas del poderoso ganadero Rufus Ryker. Shane, un pistolero solitario que intenta huir de su pasado, llega al lugar y se queda a trabajar en la granja de los Starrett. Ryker, por su parte,

contrata a un pistolero, Jack Wilson, para que expulse a los colonos del valle. Shane se pone del lado de estos últimos y, a su pesar, empuña de nuevo las armas.

El retiro del pistolero

Raíces profundas definió, con *Solo ante el peligro* (*High Noon*, Fred Zinnemann, 1952), las características esenciales del denominado *superwestern* o *western* psicológico, una alternativa no demasiado clara que apareció, paradójicamente, cuando el género vivía su momento de máximo esplendor. Los intentos de dotar de mayor envergadura psicológica a los personajes no han resistido demasiado bien el paso del tiempo, y menos si se los compara con los rasgos que definieron a los protagonistas de los *westerns* realizados en aquellos mismos años por Anthony Mann, John Ford, Delmer Daves o Budd Boetticher sin cualidades artístico-psicológicas añadidas. Pero *Raíces profundas* conserva sus rasgos eminentemente físicos: el fango que enloda las calles y se adhiere a las botas de los hombres, el carácter primitivo de sus edificios de madera sin pulir, la iluminación con débiles lámparas de petróleo que sumergen a los personajes en un permanente claroscuro cuando se encuentran en interiores. El acento visual es marcadamente realista, ya que George Stevens tuvo en cuenta en todo momento la obra de Charles M. Russell, cuyas pinturas de vaqueros, indios, paisajes e interiores siguen constituyendo un fiel reflejo de aquellos tiempos y sirvieron de fuente de inspiración, declarada o no, para decenas de películas del Oeste.

Y *Raíces profundas* tiene también una excelente canción que identifica al personaje central, Shane, el pistolero que quiere pero no puede colgar las armas. El tema de Victor Young, presentado en distintas variaciones y modulaciones a lo largo del metraje, tiene la misma impronta y cumple el mismo papel (es el hilo conductor, define los diferentes estados emocionales que atraviesa el personaje, puntea el propio trazado temático y avanza situaciones) que el de las canciones principales de *Encubridora* (*Rancho Notorius*, Fritz Lang, 1952), *Solo ante el peligro*, *Río sin retorno* (*River of no Return*, Otto Preminger, 1954), *Johnny Guitar* (*Johnny Guitar*, Nicholas Ray, 1954), *La pradera sin ley* (*Man Without a Star*, King Vidor, 1955) y *Duelo de titanes* (*Gunfight at OK Corral*, John Sturges, 1957), aunque, a diferencia de éstas, carece de letra. La melodía serena pervive por encima de los sentimientos y las acciones.

Ambientada en un contexto ideal para el estudio de la violencia, los conflictos entre ganaderos y granjeros, *Raíces profundas* pierde fuerza en la relación, demasiado esquemática, entre el desencantado pistolero y el pequeño Joey, el niño que le admira por su condición legendaria y grita su nombre decenas de veces cuando Shane, cumplido su cometido en la historia, abandona el lugar; abandona, de hecho, el papel que representan los suyos en el nuevo Oeste: no hay sitio para los que fueron pistoleros, aunque en esta ocasión hayan recuperado sus armas para ponerse al servicio de los más débiles. Por el contrario, la cordialidad sincera que se establece con el granjero Starrett (papel que recayó en un excelente Van Heflin tras ser tentado William Holden para el mismo) y, sobre todo, la callada estima que surge entre Shane y la esposa de Starrett, expuesta por Stevens con más intuiciones que certezas, recubren este *western* desencantado de pocos pero significativos momentos de verdadera calidez y armonía.

Raíces profundas, indisimulada fuente de inspiración de *El jinete pálido* (*Pale Rider*, Clint Eastwood, 1985), gozó de un montón de nominaciones al Oscar, entre ellas a la mejor película, director y guión adaptado, pero tuvo que contentarse con el premio a la fotografía en color. Ni el *superwestern* por antonomasia convenció entonces a los votantes, en un año en el que los principales premios fueron a parar al melodrama con fondo bélico *De aquí a la eternidad* (*From Here to Eternity*, Fred Zinnemann, 1953).

1954 Apache
Robert Aldrich

Apache. USA. **Dir.:** Robert Aldrich. **Producción:** Hecht-Lancaster, United Artists. **Prod.:** Harold Hecht. **Guión:** James R. Webb, según la novela de Paul I. Wellman. **Fot.:** Ernest Laszlo (Technicolor). **Mús.:** David Raksin. **Mont.:** Alan Crossland Jr. **Duración:** 92 minutos. **Int.:** Burt Lancaster (Massai), Jean Peters (Nalinle), John McIntire (Sieber), Charles Bronson (Hondo), Monte Blue (Gerónimo).

Un proyecto personal de Burt Lancaster sobre la odisea de un indio apache que se niega a acatar la rendición de los suyos y la pérdida de libertad.

Los apaches deponen las armas, pero Massai, un joven guerrero, no acepta las condiciones de rendición que imponen los blancos y decide continuar la lucha en solitario. Entra y sale de la prisión hasta que logra establecerse con su mujer, Nalinle, en un lugar en el que cultivar la tierra, aunque los soldados continúan persiguiéndole.

El indio altivo

Robert Aldrich explicaba así cómo Burt Lancaster le encomendó la dirección de *Apache*, su primera película importante y uno de los más meritorios *westerns* pro indios: "Conocí a Lancaster durante el rodaje de una película en la que yo era director de producción, *Diez valientes* (*Ten Tall Men*, Willis Goldbeck, 1951), cuyo productor era Harold Hecht. Hecht y

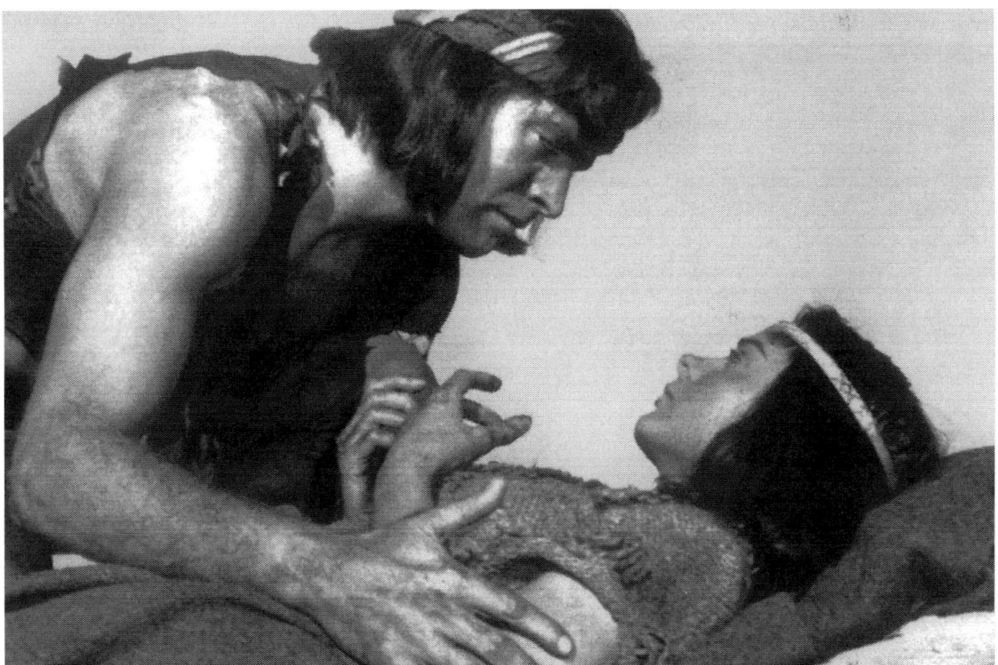

Lancaster querían rodar *Apache* con muy poco dinero. Sabían que yo, en dieciséis días, había dirigido una película para la Metro, *The Big Leaguer* (1953), y que en mi siguiente film, *World for Ransom* (1954), ¡sólo había empleado once días! Así que me propusieron que hiciera *Apache* en treinta y cinco días. No es que tuvieran la impresión de que yo fuera un gran director, pero era un joven inteligente y buen conocedor de los problemas técnicos y de producción (...) Me ofrecieron el mínimo sindical, pero acepté porque era una buena ocasión que no había que desperdiciar. Así que hice *Apache* tal como ellos deseaban, rápida y barata. Se quedaron agradablemente sorprendidos, tan agradablemente que me propusieron hacer *Veracruz* (*Id.*, 1954). Si no hubiera hecho *Apache* igual hubiera tenido que esperar cien años para hacer una película de la importancia de *Veracruz*".[5]

A medio camino de la serie A, por cotización de su actor y coproductor, y de la serie B, por inversión temporal y económica (Aldrich, expeditivo como pocos, llegó a recortar en un día los plazos estipulados del rodaje), *Apache* aparece como una aproximación al tema indio de resultados menos indulgentes e idealistas que los de otras películas de la década de los cincuenta. Aldrich impuso un tono muy terroso en la fotografía y muy lacónico en el devenir de los acontecimientos, y ni siquiera las prestaciones excesivamente atléticas de Lancaster, el toque *glamouroso* de la bella Jean Peters en el papel de la compañera del indio altivo o el desenlace impuesto (United Artists no permitió que Massai muriera al final, ya que eso sería impopular para la carrera de Lancaster), impiden que la película respire un considerable aire de verdad en todo lo que muestra: el calvario de un pueblo vencido, humillado y expoliado cuyo periplo hacia ninguna parte filma Aldrich en determinados pasajes con innegable y sombría crudeza.

Quizá la insatisfacción por el final adulterado provocó que dos décadas después Aldrich recuperara, con la extremadamente violenta y seca *La venganza de Ulzana* (*Ulzana's Raid*, 1972), algunos de los temas tratados en *Apache*. La historia se centra en la búsqueda de Ulzana, un caudillo apache escapado de una reserva. El punto de vista vuelve a pertenecer a Burt Lancaster, aunque aquí no es el perseguido sino el perseguidor, un veterano guía del ejército estadounidense familiarizado con los indios. ■

1954 El jardín del diablo
Henry Hathaway

Garden of Evil. USA. **Dir.:** Henry Hathaway. **Producción:** 20th Century Fox. **Prod.:** Charles Brackett. **Guión:** Frank Fenton. **Fot.:** Milton Krasner y Jorge Stahl Jr. (Technicolor). **Mús.:** Bernard Herrmann. **Mont.:** James B. Clark. **Duración:** 100 minutos. **Int.:** Gary Cooper (Hooker), Susan Hayward (Leah Fuller), Richard Widmark (Fiske), Hugh Marlowe (John Fuller), Cameron Mitchell (Luke Daly).

Hathaway realiza una película desencantada sobre un grupo de personajes ambiciosos que se mueven por un paisaje bello y cambiante.

Una mujer contrata a tres aventureros y buscadores de fortuna para que la ayuden a rescatar a su marido, que ha quedado atrapado en una mina de oro.

Ambiciones itinerantes

Realizado por Hathaway el mismo año en que rodó *El príncipe Valiente* (*Prince Valiant*, 1954), según el cómic de Hal Foster, *El jardín del diablo* posee una de las señas de identidad esenciales en el cine de este director, su empleo de los formatos panorámicos, tan exultante en la recreación de las viñetas de Foster. *El jardín del diablo* es una película mineral cuya acción comienza en una localidad pesquera mexicana y culmina en lo más alto de las altas montañas. Es también un relato itinerante que describe el viaje de un grupo heterogéneo cuyos miembros se mueven por distintos intereses. Hay un jugador de fortuna (Richard Widmark), un aventurero (Cameron Mitchell), un pistolero impermeable a toda emoción (Gary Cooper) y una mujer (Susan Hayward) que ansía salvar a su marido (Hugh Marlowe) atrapado en una mina. Durante su viaje, los protagonistas transitan por un espacio en permanente cambio: de la arcilla desconchada de una cantina mexicana a la cima sin coronar de esos montes telúricos que el formato Cinemascope comprime en horizontal, pasando por bosques frondosos (cuya humedad tan bien sabía captar Hathaway), precipicios angostos o iglesias abandonadas donde habitan buscadores de oro que enloquecieron hace tiempo. *El jardín del diablo* es un *western* que va de lo exultante a lo ambiguo. Los personajes masculinos se mueven por puro egoísmo personal (no importa salvar la vida de un hombre, sino salvarlo porque está en una mina de oro) y nunca acaba de quedar claro si la esposa lo hace por una u otra razón. Pesimista y triste, es un film carente de todo idealismo. Como curiosidad, la producción corrió a cargo de Charles Brackett (antiguo conspirador de Billy Wilder en el noble arte de la comedia corrosiva) y la música lleva la firma de Bernard Herrmann, compositor poco habituado al *western*.

1954 Johnny Guitar

Nicholas Ray

Johnny Guitar. USA. **Dir.:** Nicholas Ray. **Producción:** Republic Pictures. **Prod.:** Herbert J. Yates. **Guión:** Philip Yordan, según la novela de Roy Chanslor. **Fot.:** Harry Stradling (Trucolor). **Mús.:** Victor Young. **Mont.:** Richard L. Van Enger. **Duración:** 110 minutos. **Int.:** Joan Crawford (Vienna), Sterling Hayden (Johnny Guitar Logan), Mercedes McCambridge (Emma Small), Scott Brady (Dancing Kid), Ward Bond (John McIvers), Royal Dano (Corey).

Filmado en el apasionante Trucolor, tierno, cálido y convulso, este memorable film de Nicholas Ray ha alcanzado con los años una gran resonancia mítica.

Johnny Guitar, que lleva al cuello una guitarra y no va armado, llega al fantasmagórico *saloon* regentado por su ex amante, Vienna. El local está situado en una zona de ganaderos que puede convertirse en una ciudad con la llegada del tren. De repente, entra Emma Small acompañada por varios ganaderos, que traen el cadáver de su hermano pequeño, asesinado durante un asalto a la diligencia. La mujer está convencida de que los autores son Dancing Kid, actual amante de Vienna, y sus amigos. Johnny, que venía a buscar trabajo como guitarrista, se encuentra entre dos fuegos: sigue amando a Vienna mientras que Emma la odia porque está secretamente enamorada de Dancing Kid. Éste, una vez comprobado que la mina en la que trabajan no da más rendimiento, organiza un verdadero atraco. Emma capitanea la partida de hombres que les dan caza.

Secretos y mentiras

"Dime una mentira... Dime que me has esperado todos estos años", le ruega Johnny Guitar a su amada Vienna en una de las secuencias cumbre de la película de Nicholas Ray. "Te he esperado todos estos años", le contesta Vienna con una expresión que delata la fatiga del tiempo transcurrido, aquello que se quiso pero no se pudo retener. Es una mentira piadosa, aunque

tiene un poso de verdad. "Dime que habrías muerto si yo no hubiese vuelto", vuelve a rogarle Johnny. "Habría muerto si no hubieses vuelto", es la respuesta lacónica de la mujer. "Dime que me quieres todavía como yo te quiero", suplica ahora Johnny, consciente de que está llevando la situación a un punto límite. "Te quiero todavía como tú me quieres", vuelve a ser la contestación pragmática de Vienna. Con un expeditivo "gracias, muchas gracias", Johnny da por zanjado uno de los diálogos amorosos más deslumbrantes, y tristes, de la historia del cine.

Así, con este deje de escepticismo y esa urgencia en un presente que no puede ser jamás como el pasado, se escriben algunas de las mejores páginas de *Johnny Guitar*, un *western* telúrico y arrebatador, plenamente vigente, que Ray realizó en la productora de serie B Republic Pictures en el momento en que este pequeño pero influyente estudio había lanzado al mercado un extremado tratamiento del color bautizado como Trucolor, cuando en realidad tenía muy poco de verdadero (*true*). Y esa temperatura de los colores que afecta tanto a los decorados (el salón de juego de Vienna, con su paredes de rojo granítico excavadas directamente en la roca, sus luces ocres y sus magníficos candelabros) como al vestuario de la protagonista (el vestido blanco y las camisas negra y amarilla, con pañuelo escarlata anudado al cuello) o de la patrulla que da caza a los ladrones –ataviados con camisa blanca y traje oscuro porque proceden directamente de un funeral–, se revela en su artificiosidad el mejor de los apoyos para el despliegue romántico y fatalista orquestado por un Ray muy consciente de lo que hacía: "Sabía que era lo más barroco que había intentado jamás. Y era muy deliberado. Colocar a Joan Crawford contra una pared de piedra roja, con un vestido blanco de encaje veneciano, y una patrulla vestida de blanco y negro que entraba como una bandada de buitres, era una idea límite".[6] François Truffaut dijo, por éstas y otras muchas razones, de *Johnny Guitar* que era la bella y la bestia del *western*, un sueño del Oeste.

Y efectivamente, la película parece situada en esa zona intermedia entre el sueño y la consciencia, en la duermevela, en la vigilia del descanso. Tanto los colores como los sentimientos y los gestos (dramáticos, violentos, musicales en un film plagado de referencias a la música: Johnny Guitar y Dancing Kid se llaman los antagonistas, uno toca la guitarra y el otro baila) tienen un tono irreal, pero nunca impostado. Todo fluye con una naturalidad pasmosa pese a instalarse la película deliberadamente en el artificio. Y cuenta una decena de cosas que pertenecen a la esencia del *western*, desde la rivalidad antagónica por una misma mujer hasta el proceso de aprendizaje, pasando por la descripción de un mundo en extinción y una sociedad que crece hacia el capitalismo. El contexto, en este sentido, está muy bien delineado. La acción acontece en una especie de tierra de nadie, posiblemente en Arizona. No hay ciudad en el sentido estricto del término y todo parece focalizarse en torno a ese *saloon* fantasmagórico, ganado a las rocas, levantado en un paraje desértico donde el viento sopla siempre muy fuerte. Pero la llegada del tren puede modificar sustancialmente las cosas. Vienna apenas tiene clientela, pero espera pacientemente a que el ferrocarril traiga consigo la modernidad, y alrededor de su casa de juegos crezca una ciudad. Y si Emma Small odia a Vienna porque goza de los favores de Dancing Kid, también tiene miedo de ella, como lo tiene toda la comunidad de ganaderos, porque no quiere la expansión económica: la creación de una ciudad supondría, para los que después se visten de aves de rapiña para perseguir a los ladrones, el fin de un imperio basado en antiguas ideas feudales. Vienna es, para Ray, la representación visible del cambio de los tiempos, la modernidad que debe erradicar una idea superada del viejo Oeste americano.

Además, el film se instaló en un debate político quizás innecesario que sus propios responsables, Ray y el guionista Philip Yordan, no dudaron en avivar. Para ambos, *Johnny Guitar* era una reflexión sobre la caza de brujas, y vista hoy puede resultar más contundente que el análisis sobre el mismo tema implícito en las imágenes de *Solo ante el peligro* (*High Noon*, Fred Zinnemann, 1952): Emma Small es una versión femenina del senador McCarthy, Johnny y Vienna serían algunos de los que fueron represaliados sin que en su historial hubiera acento comunista alguno, la patrulla ataviada de negro formaría parte del comité de actividades antiamericanas y los ganaderos de la región callarían ante la injusticia como callaron tantos ciudadanos estadounidenses ante la cruzada anticomunista. Pero aunque Ray y Yordan reivindicasen esta lectura de su film, si hoy *Johnny Guitar* figura en el panteón de los grandes *westerns* (y de las grandes obras cinematográficas en general) es por su fulgor romántico, por su estilo completamente extravertido, su pulsión violenta, el uso del color como elemento dramático, la recreación de un mundo en extinción y la hermosa canción que interpreta Peggy Lee, todo un clásico que hoy siguen versionando músicos de todos los estilos y latitudes. ■

1954 Río sin retorno
Otto Preminger

River of no Return. USA. **Dir.:** Otto Preminger. **Producción:** 20th Century Fox. **Prod.:** Stanley Rubin. **Guión:** Frank Fenton. **Fot.:** Joseph LaShelle (Technicolor). **Mús.:** Cyril Mockridge. **Mont.:** Louis Loeffler. **Duración:** 91 minutos. **Int.:** Robert Mitchum (Matt Calder), Marilyn Monroe (Kay Weston), Rory Calhoun (Harry Weston), Tommy Rettig (Mark Calder), Murvyn Vye (Dave Colby).

Este relato itinerante y a ratos bastante sexual supuso la única incursión de Marilyn Monroe en el género del Oeste.

Matt Calder llega a una ciudad impregnada de la fiebre del oro para recuperar a su hijo, Mark. Días después salvan al jugador Harry Weston y su compañera Kay de perecer en los rápidos. Weston se queda con su caballo y su rifle y el trío debe iniciar un peligroso viaje en barca para escapar del acoso de los indios.

EL OESTE TELEVISIVO

Fox ideó en 1953 el Cinemascope para competir con el formato cuadrado de la televisión. El *western* fue en aquellos años uno de los géneros que, por su paisajística, mejor aceptó las reglas de los nuevos formatos panorámicos. Pero la televisión contraatacó. Desde mediados de los cincuenta proliferaron las series del Oeste, algunas de ellas muy populares: *La ley del revólver*, *Bronco*, *Caravana*, *Bonanza*, *Maverick*... El flujo no cesó en los sesenta, con otros hitos catódicos como *Rawhide*, que lanzó a Clint Eastwood, *Jim West*, *El virginiano*, *El gran Chaparral* y *Daniel Boone*. Después, el desierto, con contadas excepciones: *La conquista del Oeste*, interpretada de 1977 a 1979 por el mismo actor que había triunfado con *La ley del revólver*, James Arness. La serie *westerniana* más actual es *Deadwood*, de 2004, una visión realista, sucia y cruenta del Oeste urbano cuyo primer episodio fue realizado por Walter Hill.

Un itinerario muy carnal

La historia del cine está plagada de películas excelentes en las que nadie creía antes, durante y después de su rodaje. Darryl F. Zanuck, quien decidía en la Fox, vio tan sólo en ella una

historia adecuada para el formato Cinemascope con el que debía combatirse la hegemonía de la televisión. Robert Mitchum, al parecer, se refería al film como "*Picture of no Return*" (Película sin retorno), parafraseando el título del mismo, *River of no Return*. En cuanto a Otto Preminger y Marilyn Monroe, los dos tenían contrato con el estudio y debían respetarlo. Sin embargo, el resultado dista mucho de ser un producto acomodaticio, alimenticio y desinteresado. Todo lo contrario. Rodado en escenarios naturales canadienses, este *western* en azul y verde (por el permanente contraste entre el cielo y las aguas fluviales, las dos líneas horizontales entre las que se enmarcan los escasos seres humanos que pueblan los encuadres) posee un aliento dramático y sexual muy destacable, aunque es posible que algunas escenas entre Mitchum y Monroe fueran *retocadas* por Jean Negulesco, ya que Zanuck le pidió su colaboración tras ver un primer montaje del film y sentirse insatisfecho por la relación en pantalla de la pareja. Pese a ello, resulta muy carnal la secuencia en la que Mitchum frota el cuerpo entumecido de Monroe, cubierto sólo por una manta, para que entre en calor.

No es el único *western* de Mitchum, pero sí el único que dirigió Preminger a lo largo de su dilatada carrera, y también la única película del Oeste en la que intervino Marilyn Monroe al margen de *Vidas rebeldes* (*The Misfits*, John Huston, 1961), un *postwestern* por ubicación temporal y escenario geográfico. *Río sin retorno* es la historia de alguien que ha decidido empezar desde cero y elige la tierra porque en ella está la verdad. Sin ser un personaje religioso, el de Matt Calder tiene resonancias bíblicas: mató por la espalda a un individuo que iba a asesinar a su amigo, purgó por ello en la cárcel, ha echado raíces en una nueva tierra –como reafirma la poderosa imagen inicial del film, con Calder cortando el regio tronco de un árbol–, recupera a su hijo y empieza de nuevo aislándose de lo que le rodea, la fiebre del oro. Es la entrada en escena del tahúr Weston, más que el hecho de tener que aventurarse por el río con el niño y la prometida del jugador, Kay, lo que cambia drásticamente la meta que el protagonista masculino se había fijado.

Esta película, construida en círculo (finaliza con el pequeño Mark disparando a Weston, también por la espalda, cuando éste se disponía a matar a su padre, aunque no habrá para el niño cárcel en la que ser castigado), resulta tan física como gráfica. En pocos *westerns* se ha explicado tan bien el valor que un caballo y un rifle tenían para un hombre en esa época y ese paisaje, ya que cuando Weston roba ambas cosas a Calder empiezan de verdad los problemas: sólo entonces los indios que acechan su granja se atreven a atacarle.

1954 Track of the Cat
William A. Wellman

Track of the Cat. USA. **Dir.:** William A. Wellman. **Producción:** Wayne-Fellows, Warner Bros. **Prod.:** John Wayne y Robert Fellows. **Guión:** A. I. Bezzerides, según la novela de Walter Van Tilburg Clark. **Fot.:** William H. Clothier (WarnerColor). **Mús.:** Roy Webb. **Mont.:** Fred MacDowell. **Duración:** 102 minutos. **Int.:** Robert Mitchum (Curt Bridges), Teresa Wright (Grace Bridges), Diana Lynn (Gwen Williams), Tab Hunter (Harold Bridges), Beulah Bondi (madre), Philip Tonge (padre).

Un 'western' anómalo e inclasificable, una extraña y claustrofóbica fuga sobre personajes atrapados en un medio hostil e inalterable.

La familia Bridges vive en un rancho aislado por culpa de las grandes nevadas que han asolado la región. Mientras dirimen sus enfrentamientos particulares, una pantera negra ronda el lugar amenazando el ganado y matando a uno de los miembros de la familia.

La caza de la pantera

Cada aficionado al *western* tiene un film anómalo, en cuanto a las reglas del género, que prefiere por encima de otros más representativos. Cada libro centrado en el cine del Oeste debe contar, también, con una de estas saludables discrepancias respecto a las normas escritas. En este caso optamos por *Track of the Cat*, una película enigmática, extremadamente claustrofóbica, obra de un cineasta que sin duda cuenta con otros títulos más definitorios dentro del género, caso de los ya comentados *The Ox-Bow Incident* y *Cielo amarillo*, o *Caravana de mujeres*

(*Westward the Women*, 1951), pero que demostró mucho arrojo con esta historia que mezcla suspense, melodrama psicológico, poesía y *western* en un paraje nevado que la fotografía en color y Scope capta de forma hiriente. El relato se reduce a un decorado inalterable y a un asedio, espacio y situación sobre las que se dirimen cuestiones relacionadas con el alcohol, la poesía bella y turbadora de Yeats, el odio, los instintos reprimidos, las pugnas familiares y la caza, convertida en obsesión, en quimera, de una pantera negra. La presencia de Robert Mitchum otorga cinismo a un *western* inclasificable –aunque aquí lo clasifiquemos como *western*– cuya ubicación física, un rancho aislado en el corazón de un valle helado, da de nuevo la medida de la importancia que los espacios físicos tuvieron siempre en el cine de su director, su predilección por las historias de personajes atrapados en un entorno hostil y su voluntad experimental con las posibilidades dramáticas del color en unos tiempos dominados por el rutilante cromatismo del Technicolor y el Color de Luxe. De este film, que parece realmente en blanco y negro con manchas de color rojo, dijo Wellman: "Llevaba siete años buscando una historia que pudiese rodar en blanco y negro pero en color. La encontré en *Track of the Cat*".[7]

1954 Veracruz
Robert Aldrich

Veracruz. USA. **Dir.:** Robert Aldrich. **Producción:** Hecht-Lancaster, United Artists. **Prod.:** James Hill. **Guión:** Roland Kibbee y James R. Webb, según la historia de Borden Chase. **Fot.:** Ernest Laszlo (Technicolor). **Mús.:** Hugo Friedhofer. **Mont.:** Alan Crossland Jr. **Duración:** 94 minutos. **Int.:** Gary Cooper (Benjamin Trane), Burt Lancaster (Joe Erin), Denise Darcel (condesa Marie Duvarre), César Romero (marqués de Labordere), Sara Montiel (Nina), Charles Bronson (Pittsburgh).

El perfecto antagonismo entre Burt Lancaster y Gary Cooper ilustra esta frenética aventura en pleno corazón de la revolución mexicana.

Ben Trane, un antiguo coronel del ejército sudista, acepta el ofrecimiento de trabajar para el ejército del emperador Maximiliano durante la revolución mexicana. Junto a otro mercenario, Joe Erin, recibe el encargo de escoltar a la condesa Duvarre hasta Veracruz. La mujer transporta con ella tres millones de dólares en oro, cuyo fin es la compra de armamento para el emperador.

Tiempos de revolución

Habíamos dado la palabra al propio Aldrich en el texto dedicado a *Apache*. Gracias al buen y rápido trabajo de filmación que el director llevó a cabo en la película sobre el apache Massai, Lancaster y su socio, Harold Hecht, decidieron confiarle a las pocas semanas la realización de un *western* de muy distinto signo y mayor presupuesto. *Veracruz* inauguró la modalidad, corta pero de excelentes frutos, de las películas sobre mercenarios estadounidenses en la revolución mexicana, modalidad genérica que cuenta con notables obras como *Los profesionales* (*The Professionals*, Richard Brooks, 1966), también con Lancaster de protagonista, y *Grupo salvaje* (*The Wild Bunch*, Sam Peckinpah, 1969).

Si *Apache* se rodó en treinta y cuatro días, *Veracruz* se filmó en escenarios mexicanos y un palacio angelino del emperador Maximiliano en prácticamente el doble. Si *Apache* costó 1.240.000 dólares, el presupuesto de *Veracruz* se elevó hasta los tres millones. Si la peripecia del rebelde Massai no contó con otra estrella que Lancaster, en esta aventura mexicana el actor y productor tuvo que vérselas con Gary Cooper. Mientras que Lancaster incorpora al bandido risueño, ostentoso e impulsivo, ataviado siempre de oscuro y capaz de venderse al mejor postor, Cooper representa la elegancia y educación del viejo Sur, la del hombre que lo ha perdido todo pero sigue manteniéndose fiel a unas ideas. Del antagonismo entre los caracteres masculinos en una misma peripecia surge lo mejor de este *western* más o menos improvisado sobre la marcha, ya que al parecer el guión no estuvo terminado hasta poco antes de empezar el rodaje y fue sufriendo retoques diarios. En este relato itinerante en pos de un botín en monedas de oro que todo el mundo codicia por razones distintas, participan, además de los dos mercenarios estadounidenses, una aventurera francesa que tampoco tiene demasiados escrúpulos, una campesina juarista (Sara Montiel en su debut en Hollywood) y un aristócrata mexicano siempre al servicio de Maximiliano, pero es la rivalidad/alianza entre Trane y Erin lo que le otorga tensión dramática. El británico Peter Collinson realizó una enmascarada versión de la misma historia con *Bajo cualquier bandera* (*You Can't Win'em All,* 1970). Ambientada ahora en Turquía en 1920, resultó tan poco efectiva como la entente formada por Tony Curtis y Charles Bronson en los papeles de Cooper y Lancaster.

1955 Busca tu refugio

Nicholas Ray

Run for Cover. USA. **Dir.:** Nicholas Ray. **Producción:** Pine-Thomas Corporation, Paramount. **Prod.:** William H. Pine y William C. Thomas. **Guión:** Winston Miller, según un argumento de Irving Ravetch y Harriet Frank Jr. **Fot.:** Daniel L. Fapp (Technicolor). **Mús.:** Howard Jackson. **Mont.:** Howard Smith. **Duración:** 93 minutos. **Int.:** James Cagney (Matt Dow), Viveca Lindfors (Helga Swenson), John Derek (Davey Bishop), Jean Hersholt (señor Swenson), Ernest Borgnine (Morgan).

James Cagney, rostro mítico del cine negro, protagoniza esta película sobre uno de los temas esenciales en el género, el del aprendizaje y la amistad traicionada.

Matt Dow es un hombre de mediana edad que ha cumplido condena por un delito que no cometió. Junto a un joven que encuentra en su camino, Davey Bishop, llega a una ciudad. Son confundidos por unos atracadores, pero logran demostrar su inocencia, se quedan en el lugar y aceptan el cargo de *sheriff* y ayudante, respectivamente. Cuando son detenidos unos delincuentes y van a ser linchados por la gente, Matt lo impide. Pero a partir de entonces se complica la relación entre los dos amigos.

Una segunda oportunidad

Aunque Francis Scott Fitzgerald creyera lo contrario, a todos los norteamericanos se les acaba presentando una segunda oportunidad. Y al protagonista de *Busca tu refugio*, una pirueta del destino, que pudo ser trágica, le permite esa segunda y preciada oportunidad. El personaje encarnado por James Cagney, un actor tan poco identificado con el género del Oeste como puedan estarlo Humphrey Bogart, Cary Grant o Spencer Tracy, ha cumplido injustamente una condena de seis años de reclusión. Cuando sale de la cárcel, vuelve a enfrentarse a una jugarreta del destino. Él y su nuevo amigo (John Derek), con el que establece una relación bastante similar a la que tenían Bogart y el mismo Derek en un film anterior de Ray, *Llamad a cualquier puerta* (*Knock on Any Door*, 1948), observan atónitos cómo los maquinistas de un tren les confunden por unos atracadores y les arrojan las sacas de dinero. Matt y Davey las recogen y se dirigen a la apacible localidad de Madison, donde ambos quieren establecerse, pero se topan con una patrulla que viene a detenerlos por robar el tren. A Matt le cuesta Dios y ayuda convencerlos de su error, pero al conseguirlo puede cicatrizar de golpe la herida que aún mantenía abierta por los seis años perdidos de su existencia.

A Ray no le gustaba demasiado su película. Podría escudarse en que, como le ocurrió tantas veces, el estudio la remontó, pero se limitó a decir que la historia carecía de verdadero conflicto. James Cagney aseguraba que en el montaje definitivo destrozaron lo que él y Ray habían querido hacer, un *western* anticonvencional. Ray ya lo había logrado con *Johnny Guitar* (*Johnny Guitar*, 1954) y con su desencantada *The Lusty Men* (1952), un film moderno de rodeos. De *Busca tu refugio* le interesaba, como de *Johnny Guitar*, mostrar la intransigencia de las pequeñas comunidades, el fascismo latente. En el film resultante, esta sensación está muy bien explicada, así como la relación de aprendizaje/traición/redención entre el hombre maduro y el joven impetuoso, germen menos dubitativo y más novelesco del que después, encarnado por James Dean, sería el protagonista de la emblemática *Rebelde sin causa* (*Rebel Without a Cause*, 1955). El final es desazonante: Matt dispara contra Davey justo en el momento en que éste dispara a su vez contra el pistolero que está a punto de atacar a Matt por la espalda. Pocos films concluyen con la imagen de un hombre matando a quien le acaba de salvar la vida.

1955 Filón de plata
Allan Dwan

Silver Lode. USA. **Dir.:** Allan Dwan. **Producción:** RKO. **Prod.:** Benedict Bogeaus. **Guión:** Karen DeWolfe. **Fot.:** John Alton (Technicolor). **Mús.:** Louis Forbes. **Mont.:** James Leicester. **Duración:** 80 minutos. **Int.:** John Payne (Dan Ballard), Lizabeth Scott (Rose Evans), Dan Duryea (Ned McCarthy), Dolores Moran (Dolly), Harry Carey Jr. (Johnson).

Un 'western' fatalista que reposa sobre la ambigüedad. Allan Dawn lo rodó con restricciones económicas pero sin ningún tipo de restricción creativa.

El *sheriff* Dan Ballard está a punto de casarse con Rose cuando aparece otro *marshall*, Ned McCarthy, dispuesto a detenerlo por un atraco a mano armada que realizó en el pasado. La comunidad le da la espalda mientras Ballard intenta demostrar su inocencia.

EL 'WESTERN' Y LA SERIE B

El cine del Oeste fue, con el de terror, la ciencia-ficción y el policíaco, uno de los géneros habituales de la denominada serie B, aquellas películas de muy bajo presupuesto que se realizaron en los años treinta, cuarenta y cincuenta como complemento de las producciones de coste estandarizado, financiadas por las compañías dedicadas a este tipo de cine *pobre* (Monogram, Republic, PRC) o por las divisiones B de los grandes estudios. Sin llegar a alcanzar la categoría de films de culto que hoy ostentan algunas series B fantásticas –*La mujer pantera* (*Cat People*, Jacques Tourneur, 1942), *El increíble hombre menguante* (*The Incredible Shrinking Man*, Jack Arnold, 1957)– y policíacas –*Detour* (Edgar G. Ulmer, 1945), *El demonio de las armas* (*Gun Crazy*, Joseph H. Lewis, 1949)–, sí existen muchos *westerns* de bajo presupuesto que ofrecen espléndidos resultados, rodados por cineastas imaginativos o simplemente resolutivos. Algunos títulos, sobre todo en la productiva década de los cincuenta, son: *Filón de plata*, *La reina de Montana* (*Cattle Queen of Montana*, 1954) y *El jugador* (*Tennessee's Partner*, 1955), todas de Allan Dwan; *Carson City* (1952) y *Pacto de honor* (*The Indian Fighter*, 1955), ambas de André De Toth; *Duel at Silver Creek* (Don Siegel, 1952), *La carga de los jinetes indios* (*The Charge of Feather River*, Gordon Douglas, 1953), *La pradera sangrienta* (*Shotgun*, Lesley Selander, 1955), *Cinco pistolas* (*Five Gun West*, Roger Corman, 1955), *Una pistola al amanecer* (*Great Day at the Morning*, Jacques Tourneur, 1956), *Seven Men from Now* (Budd Boetticher, 1956), *Forty Guns* (Sam Fuller, 1957), *7th Cavalry* (1956) y *Terror in a Texas Town* (1958), las dos de Joseph H. Lewis, y *No Name on the Bullet* (Jack Arnold, 1959).

Falso culpable

Filón de plata es un relato sedentario del Oeste que mantiene paralelismos con otros *westerns* rodados en la misma época. Posee una cierta influencia, en lo temático, de las historias sobre falsos culpables que desarrolló Alfred Hitchcock y de un cierto fatalismo inherente a la obra de Fritz Lang. Pero Hitchcock no llegó a realizar ningún *western*, y los de Lang son también bastante anómalos. El firmado por el prolífico Allan Dwan (nadie se pone de acuerdo en el número de películas que llegó a dirigir este auténtico pionero, entre 150 y 400) se acoge a un similar fatalismo pero resulta más ambiguo en cuanto a la catadura moral de su protagonista, ese hombre acusado el mismo día de su boda por algo que cometió en el pasado, lo que le emparenta con el Gary Cooper de *Solo ante el peligro* (*High Noon*, Fred Zinnemann, 1952), quien también se ve amenazado por la sombra del pasado en el instante de celebrarse la ceremonia nupcial, y, en un orden muy distinto, con las heroínas trágicas de *La novia vestía de negro* (*La mariée était en noir*, François Truffaut, 1967) y *Kill Bill* (*Kill Bill*, Quentin Tarantino, 2003), las novias que presenciaban cómo sus prometidos eran masacrados en el mismo altar. *Filón de plata* es una de las magníficas, sintéticas y efectivas películas que Dwan, recluido en varias etapas de su carrera en la serie B, realizó para el productor Benedict Bogeaus, un maestro de las finanzas baratas. Fueron tiempos de restricciones económicas pero de libertad creativa. Y *Filón de plata*, referencias a la caza de brujas al margen –el villano que se viste con los ropajes de un *sheriff* apellidado igual que el senador anticomunista McCarthy–, es un *western* tenso, anguloso, correoso y lo suficientemente ambiguo para que nadie sea de una pieza y todo resulte posible. ■

1955 Los implacables
Raoul Walsh

The Tall Man. USA. **Dir.:** Raoul Walsh. **Producción:** 20th Century Fox. **Prod.:** William Bacher y William Hawks. **Guión:** Sydney Boehm y Frank S. Nugent, según la novela de Clay Fisher. **Fot.:** Leo Tover (Color de Luxe). **Mús.:** Victor Young. **Mont.:** Louis R. Loeffler. **Duración:** 121 minutos. **Int.:** Clark Gable (Ben Allison), Jane Russell (Nella Turner), Robert Ryan (Nathan Stark), Cameron Mitchell (Clint Allison).

Clark Gable encarna en esta película, épica y lírica a la par, a un representante de los viejos tiempos, más honesto y cabal que los detentores del nuevo orden.

Ben y Clint Allison, antiguos combatientes sudistas, llegan a una ciudad de Montana en pleno invierno. Una de las personalidades locales, Nathan Stark, les convence para trasladar una partida de ganado hasta Texas. Por el camino encuentran una caravana de emigrantes de la que forma parte Nella Turner. De la muchacha se enamoran Ben y Nathan.

La llegada a la civilización

Los implacables, una película que conjuga en idénticas proporciones la lírica y la épica, surgió de un modo similar a como había nacido *Tambores lejanos* (*Distant Drums*, 1951). El director de ambas, Raoul Walsh, se vanagloriaba de contar con la amistad del protagonista de aquélla, Gary Cooper, con quien iba de caza y de pesca. Con Clark Gable, protagonista de *Los implacables*, le unía una similar amistad y amor por los paisajes libres: "Cuando la primavera deshacía las nieves de la montaña de Utah, le gustaba ir conmigo a cazar el león montañés con una jauría. Era un compañero excelente para una excursión con acampada", escribe Walsh en su autobiografía.[8] No es de extrañar que se sintieran cómo-

dos con el rodaje de *Los implacables* en decorados naturales de Durango y el Sun Valley de Idaho. Para Walsh, además, la película le ofrecía la posibilidad de reconstruir, ahora en Scope y en color, la aventurera itinerancia de su primera obra importante, *La gran jornada* (*The Big Trail*, 1930), con secuencias donde la conducción de ganado y la bajada de carromatos por un acantilado remitían sin disimulo a aquella epopeya en los primeros tiempos del cine sonoro.

Los implacables bascula entre ese placer esencialmente físico en el desplazamiento de cuerpos humanos, animales y objetos por diferentes y variopintas extensiones de terreno, y una profunda meditación sobre algunos de sus arquetipos y lugares comunes, algo a lo que no es ajena la elección de Clark Gable, un actor ya veterano, para encarnar a Ben, el más honesto de los personajes masculinos del relato. En oposición al hombre de ideas políticas y métodos ambiciosos que interpreta Robert Ryan, Ben, que tiene un pasado belicoso –como hicieron Jesse y Frank James, también luchó con su hermano junto a William Clark Quantrill, el líder sanguinario que montó una banda de guerrilleros al servicio de la Confederación y de su propio lucro–, sintetiza un cierto ideal romántico. Nada mejor para definir a este personaje que la secuencia de apertura del film. Tras unos cuantos planos generales en los que vemos a dos jinetes, Ben y Clint, resaltando con sus monturas negras en medio de un paisaje nevado, la cámara muestra a un hombre colgado de una soga en un árbol. Walsh encuadra entonces a los dos hermanos, y Ben, al contemplar el cadáver balanceándose, comenta que se nota que ya han llegado a la civilización. Y nada mejor que la forma utilizada por Ben y Clint para jugarse un reloj de bolsillo, haciendo blanco en un objeto en el aire: ambos disparan desde lados opuestos y el objeto se va moviendo de un lado a otro a medida que sufre los impactos de bala, hasta que Ben lo aleja definitivamente del campo de acción de su hermano.

1955 La pradera sin ley
King Vidor

Man Without a Star. USA. **Dir.:** King Vidor. **Producción:** Universal. **Prod.:** Aaron Rosenberg. **Guión:** Borden Chase y D. D. Beauchamp, según una novela de Dee Linford. **Fot.:** Russell Metty (Technicolor). **Mús.:** Joseph Gershenson. **Mont.:** Virgil Vogel. **Duración:** 89 minutos. **Int.:** Kirk Douglas (Dempsey Rae), Jeanne Crain (Reed Bowman), Claire Trevor (Idonee), William Campbell (Jeff Jimson), Richard Boone (Steve Miles).

La película expone, de manera virulenta, las guerras entre ganaderos y la llegada de las alambradas a lo que habían sido extensiones libres de pasto y cultivo.

El *cowboy* Dempsey Rae empieza a trabajar en el rancho de Reed Bowman. Las reses de ésta pastan tranquilamente en el terreno de su vecino, que para impedirlo traza una línea divisoria con alambre de espino. Reed seduce a Dempsey e intenta convencerle para que eche al vecino, pero el protagonista, finalmente, se coloca del lado de éste.

El alambre de espino

A finales de 1954, Kirk Douglas había firmado un contrato con Universal para protagonizar una película en cuatro semanas, ni un día más ni un día menos: ése era el tiempo que tenía disponible entre el final del rodaje del film que estaba haciendo y el inicio del siguiente. Aaron Rosenberg, quien había estado detrás de los *westerns* de Anthony Mann-James Stewart-Borden Chase, pensó en una pequeña película del Oeste. Y creyó que el director más adecuado podía resultar King Vidor. Éste aceptó, reescribió junto a los propios Douglas y Rosenberg el guión de partida, acreditado a Chase y a un experto en *westerns* B y series televisivas del Oeste, D. D. Beauchamp, y filmó la película en veintidós días, dos menos de los establecidos en el plan de trabajo. No pudo concluir su cometido por completo, ya que los preparativos de su siguiente film, el costoso *Guerra y paz* (*War and Peace*, 1956), le obligaron a partir hacia Europa. Dejó instrucciones precisas sobre cómo quería que se rodaran las escenas de la estampida del ganado, pero cuando vio el resultado, no le gustó en absoluto. Tampoco se entendió con Kirk Douglas, quien estaba detrás del proyecto desde hacía años y lo consideraba más propio que del director. Pese a ello, Vidor recordaba que "la película contenía algunas notas interesantes sobre la historia del Oeste, especialmente sobre la llegada del alambre de espino".[9]

Y precisamente el alambre de espino constituye uno de los temas esenciales de este *western* que tiene algunas conexiones con *Duelo al sol* (*Duel in the Sun*, 1946), aunque quizás Vidor no las buscara y ya estuvieran implícitas en el texto de partida: la insolencia que caracteriza al personaje encarnado por Douglas remite a la de Gregory Peck en aquel abisal relato del

Oeste, mientras que el tema de la pérdida de los grandes espacios libres por parte de los rancheros aparece en los dos films como conflicto de fondo. La llegada del alambre de espino comporta un cambio en los valores sociales y económicos de la región. Mientras los grandes ganaderos se amparan en la fuerza de las armas, contratando a pistoleros para que mantengan sus pastos controlados, los pequeños colocan las alambradas para que sus reducidos terrenos no sean arrasados por las reses de los más poderosos. En este contexto, y con la particularidad de que el cacique de la zona es una mujer, Reed Bowman, se desarrolla una historia que tiene su clímax en la brutal paliza recibida por el personaje de Douglas y en su miedo al alambre de espino, una sensación de pánico ligada a una terrible experiencia del pasado, como la cicatriz en el cuello del protagonista de *Horizontes lejanos* (*Bend of the River*, Anthony Mann, 1952), otro *western* escrito por Chase. James Goldstone dirigió un triste *remake* del film de Vidor, *Cuando el alba se tiñe de rojo* (*A Man Called Gannon*, 1969).

1955 Tierras lejanas

Anthony Mann

The Far Country. USA. **Dir.:** Anthony Mann. **Producción:** Universal. **Prod.:** Aaron Rosenberg. **Guión:** Borden Chase. **Fot.:** William H. Daniels (Technicolor). **Mús.:** Joseph Gershenson. **Mont.:** Russell Schoengarth. **Duración:** 97 minutos. **Int.:** James Stewart (Jeff Webster), Ruth Roman (Ronda Castle), Corinne Calvet (Renee Vallon), Walter Brennan (Ben Tatum), John McIntire (Gannon), Jay C. Flippen (Rube Morris).

Reses, barcos, cabalgadas, minas de oro, pistolas y pistoleros, tierras de Alaska y ciudades del Canadá: la geografía cambiante del género en su máxima expresión.

Jeff Webster traslada una partida de ganado junto a los veteranos Ben y Rube. Lo hacen por vía fluvial. En un puerto de Alaska se enfrentan con el cacique Gannon, aunque logran escapar con las reses. Establecidos en la localidad canadiense de Dawson, donde Ben conoce a Ronda, dispuesta a abrir un *saloon*, los *cowboys* adquieren una mina de oro con la intención de ganar dinero rápido y poder comprar un rancho. Pero Gannon llega con sus secuaces para quedarse con las propiedades de los mineros.

Una carrera de obstáculos

Estrenada el mismo año en que se gestaba otro de los títulos básicos en la relación entre Anthony Mann y James Stewart, *El hombre de Laramie* (*The Man from Laramie*, 1955), *Tierras lejanas* es la tercera y última de las películas que director y actor hicieron a partir de guiones de Borden Chase en el seno de Universal; *El hombre de Laramie* fue financiada por Columbia y contó con guión de otro experto en el género, Philip Yordan, y estas diferencias marcan un cambio de registro, más crudo y violento. La colaboración entre el trío pudo llegar a ser de cuatro películas, pero Mann abandonó antes de tiempo el rodaje de *La última bala* (*Night Passage*, James Neilson, 1957), otro *western* febril con prosa de Chase, gestualidad de Stewart y dinero de las arcas de Universal.

Tierras lejanas tiene varias cosas que recuerdan a *Horizontes lejanos* (la conducción de ganado equivale a la de la caravana, se repite la presencia del barco a vapor) aunque el itinerario del personaje de Stewart es menos tortuoso. Aquí posee una meta clara, por la que desafía más peligros y supera más obstáculos. El protagonista de *Horizontes lejanos* parece huir de sí mismo, mientras que el de *Tierras lejanas*, más acompañado, menos grave –y la historia y la puesta en escena están en consonancia con ello: Walter Brennan aporta humor y hay algunas situaciones en el inicio de comedia casi ligera–, quiere conseguir el dinero necesario para comprar un rancho y arraigar en algún sitio.

Aunque las dos películas son igual de itinerantes, hay en *Tierras lejanas* más pruebas que salvar puesto que existe también una meta definida. Entonces es mayor el relieve de los obstáculos proporcionados por la naturaleza (cañadas, cimas nevadas, ríos) y por el ser humano: la pelea inicial con los hombres que pretenden robarle el ganado, las trifulcas con los marineros que intentan arrestarle en la cubierta del barco o el enfrentamiento con Gannon, ese peculiar personaje, remedo del juez Roy Bean, que ejerce de juez, jurado, alguacil y comerciante de una ciudad portuaria de Alaska, y que no duda en absolver a Jeff de una injusta acusación de asesinato a cambio de quedarse con todas las reses para su propio y exclusivo provecho. Con todo, Mann era un cineasta trágico, y *Tierras lejanas* no invalida esa apreciación: las imágenes de Jeff esperando recuperarse de la herida en el brazo para poder vengar a su amigo Ben, asesinado por los hombres de Gannon, nos sitúan en la órbita severa y predilecta del autor.

1955 Wichita
Jacques Tourneur

Wichita. USA. **Dir.:** Jacques Tourneur. **Producción:** Allied Artists. **Prod.:** Walter Mirisch. **Guión:** Daniel B. Ullman. **Fot.:** Harold Lipstein (Technicolor). **Mús.:** Hans J. Salter. **Mont.:** William Austin. **Duración:** 81 minutos. **Int.:** Joel McCrea (Wyatt Earp), Vera Miles (Laurie McCoy), Lloyd Bridges (Gyp), Wallace Ford (Whiteside), Edgar Buchanan (Doc Black), Peter Graves (Morgan Earp).

Ambientada en la floreciente localidad de Wichita, la película proporciona un retrato muy poco romántico de la figura legendaria de Wyatt Earp.

Wyatt Earp llega a Wichita, Kansas, y es nombrado *sheriff* de la misma. En poco tiempo instaura un férreo concepto de la ley que le enfrenta tanto a los forajidos de la región como a las fuerzas vivas de la ciudad.

Pragmatismo antes que romanticismo

Wichita es una excelente muestra de *western* en el que se tensan las relaciones entre individuo y colectividad. El personaje escogido por Tourneur es un mito de la historia real y de la ficción cinematográfica, el *sheriff* Wyatt Earp, ubicado aquí en la ciudad de Wichita y no en la de Tombstone. Earp llega a la localidad y las fuerzas vivas del lugar ven en él a la persona idónea para hacer prevalecer la ley. Wichita es en ese momento, entre 1870 y 1875, una de las ciudades más florecientes del Oeste estadounidense. La llegada del ferrocarril y el hecho de convertirse en uno de los principales centros ganaderos de la región atraen hacia Wichita a centenares de personas. Pero el Earp de Tourneur, que guarda tímida relación en lo hierático con el Earp de John Ford en *Pasión de los fuertes* (*My Darling Clementine*, 1946), no tarda en mostrar su faceta más obsesiva. Desea hacer cumplir su ley, no la que le mandan quienes le contratan como *sheriff*, y no duda en pacificar a lo bruto Wichita prohibiendo el uso de armas en sus calles y establecimientos y expulsando de la ciudad a todo aquel que se emborrache más de la cuenta. Earp era la solución pero se convierte en el problema, ya que sus métodos inflexibles y disconformes acaban resultando peligrosos para el desarrollo comercial de la próspera ciudad. Joel McCrea, el actor que encarna a Earp, impuso en éste y en otros *westerns* a Tourneur como realizador. A ambos les interesaban la dignidad y la obstinación. Michael Henry Wilson lo ha expresado muy bien: "*Wichita* despoja a la figura de Wyatt Earp de su mitología. El triunfo del *sheriff* no es el de alguien intrépido, sino el de alguien obstinado, cualidad tourneuriana por excelencia. Tal como lo enfoca McCrea, que había estudiado el período a fondo (aunque se dispensa de llevar el bigote), su Wyatt Earp es el menos romántico de la pantalla".[10] Estamos pues ante una aproximación al mito desprovista de su carácter legendario: Tourneur pone al personaje de Earp a ras de tierra y muy bien podría haberlo sustituido por un *sheriff* de ficción. Pero en la elección de Earp, y no de otro personaje, estriba la radicalidad de un cineasta que contribuyó al *western* con títulos casi a contracorriente. *Wichita*, sobre todo en su primera mitad, es un relato paciente, casi parsimonioso, de exploración urbana, que teje minuciosamente una compleja tela de relaciones humanas filmadas en formato Scope pese a que la acción acostumbra a desarrollarse en espacios pequeños y cerrados. Tourneur, que había rodado películas en ocho o diez días, tuvo veintiuno para completar la filmación de *Wichita,* un *western*, por lo tanto, que no es de serie B ni de serie A. En todo caso, es de Tourneur, uno de los grandes. ■

1956 Centauros del desierto
John Ford

The Searchers. USA. **Dir.:** John Ford. **Producción:** C. V. Whitney Pictures, Warner. **Prod.:** Merian C. Cooper y Patrick Ford. **Guión:** Frank S. Nugent, según la novela de Alan Le May. **Fot.:** Winton C. Hoch (Technicolor). **Mús.:** Max Steiner. **Mont.:** Jack Murray. **Duración:** 119 minutos. **Int.:** John Wayne (Ethan Edwards), Jeffrey Hunter (Martin Pawley), Vera Miles (Laurie Jorgensen), Ward Bond (Samuel Clayton), Natalie Wood (Debbie Edwards), John Qualen (Lars Jorgensen).

Relato sin épica rodado en un cambiante Monument Valley, plantea como pocos el tema del racismo y el desarraigo de los antihéroes solitarios del género.

Ethan Edwards regresa a casa de la familia de su hermano después de años de ausencia. Al día siguiente llega una partida de *rangers* capitaneada por Samuel Clayton. Ethan se dirige con ellos a la caza de los hombres que han robado las vacas de un colono, pero comprenden demasiado tarde que se trata de una estrategia de los indios para atacar el rancho que ha quedado desguarnecido. Cuando vuelven a casa de los Edwards, encuentran a toda la familia muerta con la excepción de las sobrinas de Ethan, Lucy y Debbie, que han sido raptadas. Ethan emprende la búsqueda con el joven Martin, adoptado por los Edwards y con algo de sangre india en las venas. Encuentran el cadáver de Lucy y continúan, durante años, buscando a Debbie.

La odisea

Centauros del desierto es un *western*-revelación. Lo fue cuando se estrenó y dejó descolocados tanto a los defensores como a los detractores del cine de John Ford, y también a los que veían en John Wayne la imagen del triunfalismo norteamericano, heroico, valiente, sin mácula. Sigue siéndolo años después, cuando las nuevas generaciones de espectadores y críticos la han descubierto. Hoy, un poco más de cincuenta años después de su estreno –llegó a las salas estadounidenses el 26 de mayo de 1956–, la película sigue cautivando y desconcertando al mismo tiempo, y es difícil encontrar un estudio menos maniqueísta del racismo en el *western* norteamericano. La huella que dejó en su momento fue profunda. Tanto, que el hijo de John Wayne nacido cinco años después del rodaje del film recibió el nombre de Ethan, que es el del personaje interpretado por el actor. Tanto, que un grupo británico de rock formado en 1957 decidió llamarse The Searchers (Los buscadores), que es el título original, menos lírico y mítico, de la película.

Centauros del desierto tiene el carácter de una verdadera odisea. Pasan los años, cambian las estaciones, la nieve cubre la tierra y el invierno esconde el sol, pero Ethan y el joven Martin continúan cabalgando para dar con el paradero de la pequeña Debbie. No hay tantas pruebas físicas por superar como en los doce trabajos de Hércules o en las andanzas de Ulises, pero el sentido es similar: Ethan se busca a sí mismo buscando a su sobrina raptada por los indios, ya que cuando entra en escena, en la primera y capital secuencia de la película, se le presenta como un individuo desarraigado y desclasado, que ha experimentado el sabor amargo de todas las guerras recientes y no sabe lo que es o representa el hogar. Es un personaje, pues, fuera del mundo fordiano, tan arraigado a la vida familiar, los rituales de la comunidad, la solidaridad, la amistad. Y su búsqueda de la niña se convierte en una obsesión. Amante de las canciones con sentido, Ford coloca al principio del film varias estrofas de un tema escrito por Stan Jones en el que se cuestiona qué es lo que empuja a un hombre a errar por la vida y qué le empuja a abandonar el hogar cabalgando desde entonces sin destino. Ethan adquiere una meta, pero ese destino al que quiere llegar se rompe en mil pedazos cuando descubre que Debbie (ahora con los rasgos de Natalie Wood) ya no es la niña inocente que fue raptada, sino una adolescente que se ha acostumbrado a vivir con los indios.

Drama circular, se desarrolla en los parajes acostumbrados de Monument Valley con constantes, abundantes y ricas, tanto en lo dramático como en lo cómico, paradas en el camino. Comienza con la cámara situada dentro de una casa cerrada, a oscuras, y la puerta se abre entonces para mostrar en la lejanía a un jinete solitario y cansado que se acerca. Ese jinete es Ethan Edwards. El film concluye de nuevo con la cámara colocada dentro de la casa, pero con la puerta abierta. Ethan permanece en el porche, sin atreverse a entrar. Ford, y no ninguno de los personajes, lo excluye de la familia. La puerta se cierra bruscamente dejándolo a él en el exterior mientras resuenan, trágicas, las estrofas de la canción sobre el hombre errante. Ford mató en un plano toda la mítica del género mítico por excelencia del cine norteamericano. Tenía derecho porque él había contribuido sobremanera a construir las señas de identidad de ese género.

1956 Jubal
Delmer Daves

Jubal. USA. **Dir.:** Delmer Daves. **Producción:** Columbia. **Prod.:** William Fadiman. **Guión:** Russell S. Hughes y Delmer Daves, según la novela de Paul I. Wellman. **Fot.:** Charles Lawton Jr. (Technicolor). **Mús.:** David Raksin. **Mont.:** Al Clark. **Duración:** 101 minutos. **Int.:** Glenn Ford (Jubal Troop), Felicia Farr (Naomi Hoktor), Ernest Borgnine (Shep Horgan), Rod Steiger (Pinky), Valerie French (Mae Horgan), Charles Bronson (Reb Haislipp).

Un 'western' alimentado por una tensión digna de Shakespeare, en el que se aparecen los celos, los engaños, las manipulaciones y las pasiones amorosas.

Jubal Troop se gana la amistad del ranchero Shep Horgan, quien le da trabajo como capataz. La esposa de Horgan, Mae, intenta seducir a Jubal, pero éste la rechaza. Uno de los vaqueros, Pinky, siente celos de Jubal porque había tenido una relación con Mae. Por eso convence a Horgan de que su capataz y su esposa se entienden. Al mismo tiempo, Jubal se enamora de la hija del conductor de una caravana que para unos días en el lugar.

Otelo en Wyoming

Inspirada en una novela de otro escritor especializado en el *western*, Paul Iselin Wellman, que ya había proporcionado el argumento de *Apache* (*Id.*, Robert Aldrich, 1954) y suministraría el de *Los comancheros* (*The Comancheros*, Michael Curtiz, 1961), *Jubal* es una trasposición de los dramas shakespearianos a los espacios abiertos de Wyoming. Conceptos como la fidelidad, la amistad traicionada y los celos se debaten en un melodrama con fondo *westerniano* que es también, en palabras de José María Latorre, "un soberbio film etnológico (tendencia típicamente davesiana) que ya no debe sino el título a su original literario".[11] De hecho, Daves se basó tan sólo en una pequeña parte, la inicial, de la novela original, *Jubal Troop*. En lo que coincidía Daves con Wellman era en su sentido documental: el escritor realizó siempre un exhaustivo trabajo de campo antes de enfrascarse en una de sus novelas, y Daves impuso siempre en sus *westerns* un marcado acento realista tanto en la recreación concreta de la época como en las actitudes de los personajes. Además logró que algunos elementos que parecen tomados de la obra de Shakespeare sobre el moro de Venecia se insertaran plenamente en su discurso sobre dos formas antagónicas de vida en el Oeste, la del ranchero sedentario y la de los miembros de una caravana, ya que el personaje de Horgan se convierte en una suerte de Otelo inducido por las artimañas de Pinky-Yago.

1956 The Last Hunt
Richard Brooks

The Last Hunt. USA. **Dir.:** Richard Brooks. **Producción:** Metro Goldwyn Mayer. **Prod.:** Dore Schary. **Guión:** Richard Brooks, según una novela de Milton Lott. **Fot.:** Russell Harlan (Eastmancolor). **Mús.:** Daniele Amfitheatrof. **Mont.:** Ben Lewis. **Duración:** 108 minutos. **Int.:** Robert Taylor (Charlie Gilson), Stewart Granger (Sandy McKenzie), Debra Paget (la mujer india), Lloyd Nolan (Woodfoot), Russ Tamblyn (O'Brien).

A partir de la rivalidad entre dos cazadores de bisontes que cazan por distintos motivos, la película pone en evidencia la masacre indiscriminada de estos animales.

Dos hombres se asocian para cazar búfalos. Uno, Charlie Gilson, es un sádico que disfruta matando a los animales. El otro, Sandy McKenzie, ha perdido su ganado en una estampida y necesita dinero. Entre los dos hombres se establece una rivalidad acentuada por la presencia de una joven india, superviviente de una matanza perpetrada por Charlie. Entre la joven y Sandy surge una relación amorosa que alimenta los celos de Charlie.

Historia de otro exterminio

Inédita comercialmente en nuestro país, la primera de las tres películas del Oeste realizadas por Richard Brooks –que rodaría un *western* por década, éste en 1956, *Los profesionales* (*The Professionals*) en 1966 y *Muerde la bala* (*Bite the Bullet*) en 1975– es un contundente alegato de tintes ecologistas planteado a partir de la rivalidad entre dos personajes arquetípicos, el sádico que encarna Robert Taylor, en un cometido muy distinto al habitual en él, y el hombre honesto y leal encarnado por Stewart Granger. Brooks era por aquel entonces el más liberal, en el sentido estricto de la palabra, de los cineastas que trabajaban en Hollywood, autor de sus propias historias o excelente adaptador de Joseph Conrad, Fedor Dostoyevski, Tennessee Williams, Francis Scott Fitzgerald y Truman Capote. Su acercamiento al *western* no podía ser de otro modo: el director se sirvió del género para hablar de la muerte indiscriminada de bisontes (en sólo treinta años, de 1850 a 1880, se pasó de 60.000 a apenas 3.000) que es, al mismo tiempo, una reflexión sobre cualquier tipo de genocidio. La actitud del personaje de Stewart Granger permite también una lectura progresista en cuanto a la temática india, sin que por ello deba encuadrarse *The Last Hunt* en la explícita lista de los *westerns* pro indios. Su visión es más panorámica, aunque la elección de la actriz que interpreta a la muchacha india está en consonancia con ese sentimiento pro indio que se propagó por los estudios de Hollywood: Debra Paget ya había protagonizado uno de los títulos fundacionales de la modalidad, *Flecha rota* (*Broken Arrow*, Delmer Daves, 1950), aunque debe apuntarse que la actriz inicialmente escogida, Anne Bancroft, sufrió un accidente el primer día del rodaje y tuvo que ser relevada por Paget.

Aunque algo ingenuo en sus planteamientos, y tendente al exceso por lo que al personaje del sádico Charlie Gilson se refiere, *The Last Hunt* mantiene vivo su idealismo al mismo tiempo que sabe ser realista. Para Brooks se trataba de un *western* poco convencional y un nuevo jalón en cuanto a la necesaria reivindicación de los indios, ya que lo importante para el cineasta no era tanto la matanza de bisontes cuanto el hecho de que estos animales constituían el elemento esencial para la alimentación de los indios: exterminar bisontes para lucrarse con sus pieles dejando al mismo tiempo pudrirse la carne, como hacía el villano de *Dodge, ciudad sin ley* (*Dodge City*, Michael Curtiz, 1939), era una contribución más al genocidio.

1956 Una pistola al amanecer

Jacques Tourneur

Great Day in the Morning. USA. **Dir.:** Jacques Tourneur. **Producción:** RKO. **Prod.:** Edmund Grainger. **Guión:** Lesser Samuels, según la novela de Robert Hardy Andrews. **Fot.:** William Snyder (Technicolor). **Mús.:** Leith Stevens. **Mont.:** Harry Marker. **Duración:** 92 minutos. **Int.:** Robert Stack (Owen Pentecost), Virginia Mayo (Ann Merry Alaine), Ruth Roman (Boston Grant), Raymond Burr (Jumbo Means).

La obsesión por el oro, las turbulencias amorosas y el estallido de la guerra civil se dan cita en este film telúrico realizado por uno de los maestros de la serie B.

Tras ser salvado de un ataque indio, el aventurero sudista Owen Pentecost recala en una ciudad minera y gana en una partida de cartas la propiedad del *saloon*. Cuando empieza la guerra civil, los confederados quieren quedarse para su causa con el oro de las minas.

A las puertas de la guerra civil

Una pistola al amanecer es el más extraño e irreal de los *westerns* dirigidos por Tourneur. Su estilo es a veces muy crispado y violento, aunque de algunas de sus situaciones y, sobre todo, del empleo contrastado del color, emerge una sensación final de relato telúrico, al límite de todas las cosas. Rodada pocos meses después de finalizar *Wichita*, *Una pistola al amanecer* ha sido definida por Patrick Brion como un *western* multiforme.[12] Razones no le faltan al crítico francés. Hay asesinatos, odios y venganzas. La fiebre del oro está muy presente, los personajes son ambiguos en cuanto a sus deseos y ambiciones, se establece un triángulo sentimental, la tragedia campa a sus anchas y la guerra de Secesión aparece como algo más que una amenaza durante la primera mitad del metraje, hasta cristalizar e influenciar notablemente el desenlace de los acontecimientos en sus pasajes finales. El per-

sonaje interpretado por Robert Stack, quien tres años después se haría un hueco en la pequeña pantalla con la popular serie *Los intocables*, en la que incorporó al expeditivo Eliot Ness, había matado en defensa propia al buscador de oro que le traicionó. Lejos de poner distancia entre su reciente pasado y su inminente futuro, Owen Pentecost enseña a manejar las pistolas al hijo del muerto asumiendo que algún día, cuando el muchacho sepa cómo murió su padre y quien le disparó, él podrá ser la víctima. Pentecost asegura que enseñándole a disparar evitará un suicidio, que es una forma fatalista de certificar su sentimiento de culpa.

Toda la película está marcada por una sensación de dramatismo que cala hondo en los personajes, como si cada uno de ellos asumiera que el conflicto bélico en ciernes modificará de manera drástica el mundo en el que han crecido: los hombres y mujeres que habitan los encuadres de *Una pistola al amanecer* parecen marcados antes de que sepamos a ciencia cierta contra qué peligros deberán enfrentarse. La imaginería tourneuriana es voraz y no respeta a nadie. No hay amago alguno de idealismo en el confederado Pentecost. El villano de la función, representado por Raymond Burr –otra estrella catódica del momento, que iba a despuntar con *Perry Mason*–, es un personaje tan corpulento como altisonante: regenta un bar, un circo y un almacén, todo al mismo tiempo, y está tan convencido de sus posibilidades que lo apuesta todo en una partida que acaba perdiendo. La extravertida y dinámica Virginia Mayo, a la que Tourneur había dirigido en una de sus obras maestras en el cine de aventuras, *El halcón y la flecha* (*The Flame and the Arrow*, 1950), compone paradójicamente un personaje mucho más dócil, dejando la papeleta de femineidad beligerante para Ruth Roman. El color de la película bascula como los sentimientos de Pentecost hacia las dos mujeres antagónicas: férreo y luminoso, gris y verdoso, apasionado –en la estela de los trabajos con el color de Nicholas Ray o King Vidor– y turbador.

1956 Yuma

Samuel Fuller

Run of the Arrow. USA. **Dir.:** Samuel Fuller. **Producción:** Globe Enterprises, RKO. **Prod.:** Samuel Fuller. **Guión:** Samuel Fuller. **Fot.:** Joseph Biroc (Technicolor). **Mús.:** Victor Young. **Mont.:** Gene Fowler Jr. **Duración:** 86 minutos. **Int.:** Rod Steiger (O'Meara), Sarita Montiel (Mocasín Amarillo), Brian Keith (capitán Clark), Ralph Meeker (teniente Driscoll), Charles Bronson (Búfalo Azul), Jay C. Flippen (Coyote Andante).

La película plantea el problema de un país dividido tras la victoria del Norte sobre el Sur y la búsqueda de espacios libres en las tierras indias.

Finalizada la guerra civil, un soldado sudista no acepta la derrota y parte hacia los territorios aún vírgenes donde habitan los sioux. Tras superar la denominada carrera de la fecha, entra a formar parte de la tribu y se convierte en guía del ejército una vez sellada la paz entre indios y blancos.

SARA MONTIEL EN HOLLYWOOD

La actriz española Sara Montiel tenía 25 años cuando emprendió la aventura estadounidense. De las tres películas que hizo en Hollywood, dos son *westerns*: *Veracruz* (*Id.*, Robert Aldrich, 1954) y *Yuma*. La tercera, *Dos pasiones y un amor* (*Serenade*, 1956), fue un melodrama al servicio del tenor Mario Lanza. La dirigió el que sería su marido entre 1957 y 1961, Anthony Mann, curiosamente uno de los grandes del género del Oeste.

La carrera de la flecha

Yuma es la historia de un hombre que no reconoce la derrota de los suyos, de un desarraigado que busca junto a los indios sioux aquello que ya no podrá tener junto a los suyos, la libertad y el honor de no sentirse un vencido. La película empieza en el campo repleto de cadáveres tras la cruenta batalla de Appottomax. O'Meara, el soldado sudista que encarna Rod Steiger, dispara contra el oficial nordista Driscoll. Es la última bala de la contienda, ya que cuando O'Meara aprieta el gatillo de su rifle, el general Lee ya se ha rendido al general

Grant. Esa bala nunca debió dispararse, pero O'Meara lleva a Driscoll al campamento y logra salvarle la vida. Se queda como recuerdo la bala que extrae el médico, y con ese mismo proyectil, al final del film, evitará el sufrimiento del oficial nordista: O'Meara dispara contra Driscoll desde la lejanía cuando éste está siendo despellejado vivo por los indios.

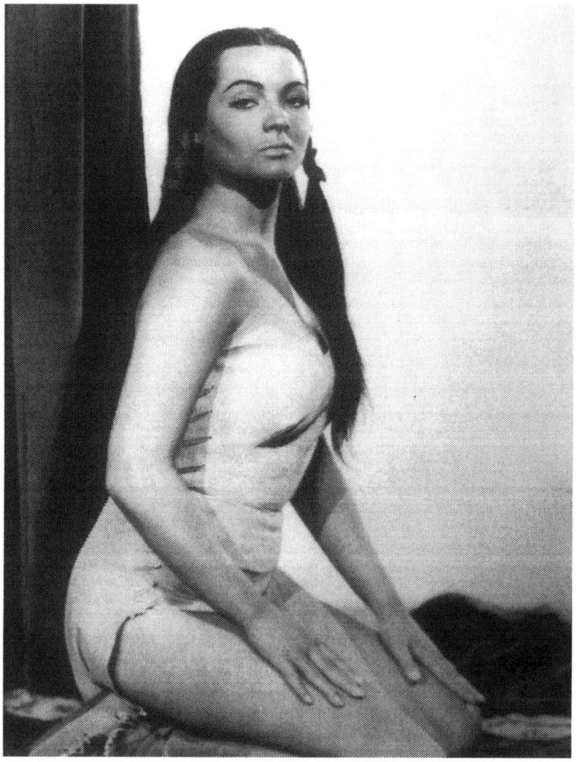

La historia de *Yuma* queda comprendida en esta estructura circular tan querida por Fuller: su obra maestra en el género bélico, *Uno rojo, división de choque* (*The Big Red One*, 1979), empieza y termina del mismo modo, con la peripecia del sargento norteamericano que acuchilla en las dos contiendas mundiales distintas a un enemigo sin saber que ha sido firmado el armisticio. De tintes más clásicos que sus otras dos aproximaciones al *western*, *Yuma* participa de las manifiestas señas de identidad del género según Fuller: O'Meara, como Bob Ford en *Balas vengadoras* (*I Shot Jesse James*, 1949) y, en menor medida, Jessica Drummond en *Forty Guns* (1957), se perfila según los contornos del antihéroe, del personaje solitario e inhóspito. En su caso, y una vez superada la carrera de la flecha (los sioux lanzan una flecha e inician la persecución cuando sus víctimas, descalzas y desarmadas, superan el lugar donde ha caído la flecha en cuestión), logra integrarse en un mundo que no es el suyo y ayudado por el amor de una india, Mocasín Amarillo (Sara Montiel en una de sus apariciones hollywoodienses), encara un futuro menos inclemente de lo que la derrota del Sur podía hacer presagiar.

Cineasta apasionado pero también lógico, Fuller tuvo un detalle de gran guionista en *Yuma*. O'Meara le regala una armónica al niño mudo que vive con Mocasín Amarillo. Este detalle sin aparente importancia tendrá después un enorme peso: el pequeño cae en las arenas movedizas y puede llamar la atención de los soldados soplando frenéticamente la armónica hasta lograr emitir un sonido salvador.

1957 Duelo de titanes

John Sturges

Gunfight at the OK Corral. USA. **Dir.:** John Sturges. **Producción:** Paramount. **Prod.:** Hal B. Wallis. **Guión:** Leon Uris. **Fot.:** Charles B. Lang Jr. (Technicolor). **Mús.:** Dimitri Tiomkin. **Mont.:** Warren Low. **Duración:** 122 minutos. **Int.:** Burt Lancaster (Wyatt Earp), Kirk Douglas (Doc Holliday), Rhonda Fleming (Laura Denbow), Jo Van Fleet (Kate Fisher), John Ireland (Johnny Ringo), Lyle Bettger (Ike Clanton), Dennis Hopper (Billy Clanton).

Segundo acercamiento importante a la historia de Wyatt Earp y Doc Holliday, convertidos en 'sheriff' implacable y pistolero tremendamente autodestructivo.

Después de que Wyatt Earp ayude a Doc Holliday a solucionar sus problemas, ambos se instalan en Dodge, donde el primero ejerce de *sheriff*. Earp se enamora de una jugadora de cartas, Laura, a la vez que estrecha su amistad con Holliday. Pero un miembro de los Clanton mata al hermano pequeño de Earp, y el conflicto se dirime en Tombstone.

Nueva incursión en el OK Corral

Una década después de que Ford situara a Wyatt Earp y Doc Holliday entre la leyenda y la verdad, John Sturges retomó los personajes en una película más pesimista. La idea de la familia y los rituales cotidianos de la comunidad, aspectos tan arraigados en todo el cine fordiano, no tienen razón de ser en este film sobre seres mucho más solitarios y desencantados. Inspirada en un artículo de prensa firmado por George Scullin, *Duelo de titanes* sigue de manera fiel la evolución histórica de Earp, que fue *sheriff* primero en Wichita, después en Dodge City y finalmente en Tombstone. Si al final de *Wichita* (*Id.*, Jacques Tourneur, 1955), Earp dejaba esta ciudad para viajar hacia Dodge, en *Duelo de titanes* asistimos a un extenso bloque que acontece en Dodge, donde se consolida la relación entre Earp y Holliday, para ubicarse después el relato en Tombstone y ungirse de tragedia violenta con la lucha contra la banda de los Clanton.

En el planteamiento de Sturges, y a pesar de las injerencias del guionista Leon Uris (autor de las novelas *Éxodo* y *Topaz*) y el productor Hal B. Wallis, que tenían la mente puesta en los *superwesterns* que causaban furor en la época, el personaje de Holliday gana enteros en su proceso autodestructivo, mientras que el de Earp carece de los contrastes que le otorgaron Ford y Henry Fonda en *Pasión de los fuertes* (*My Darling Clementine*, 1946). El *sheriff* es el juez y jurado de la ciudad, como le increpa su amante Laura, mientras que el jugador exterioriza constantemente su dolor físico y su ira moral, bebe para atenuar los estragos de la tuberculosis y reniega de la prostituta Kate, como el Holliday de Ford se apartaba de la joven Chihuahua, pese a ser consciente de que es la única persona que estará siempre a su lado.

Esta visión nítida de la historia, en la que el trabajo de iluminación está en consonancia con la pugna interior del jugador enfermo y la balada inicial explica muy bien las cosas antes de que en verdad sucedan, tuvo dos continuaciones. La primera, *La hora de las pistolas* (*Hour of the Gun*, 1967), dirigida por el mismo Sturges, se inicia con la matanza en el OK Corral y trata sobre las repercusiones políticas de aquel tiroteo: Holliday (Jason Robards) se arrastra en el lodo y Earp (James Garner) llega a ser inflexible y sanguinario. La segunda, *Duelo a muerte en OK Corral* (*Doc*, Frank Perry, 1972), reconstruye la historia desde otro prisma: convierte a Holliday (Stacy Keach) en un héroe aún más romántico que mitiga su dolor en un fumadero de opio, y hace de Earp un tipo mezquino que no duda en pactar con los Clanton para lograr el cargo de *sheriff* y después deshacerse de ellos para quedar bien con la ciudadanía. El *western* era, por aquel entonces, el reflejo de un mundo moralmente sucio.

1957 Forty Guns
Samuel Fuller

Forty Guns. USA. **Dir.:** Samuel Fuller. **Producción:** Globe Enterprises, 20th Century Fox. **Prod.:** Samuel Fuller. **Guión:** Samuel Fuller. **Fot.:** Joseph Biroc (blanco y negro). **Mús.:** Harry Sukman. **Mont.:** Gene Fowler Jr. **Duración:** 80 minutos. **Int.:** Barbara Stanwyck (Jessica Drummond), Barry Sullivan (Griff Bonnell), Dean Jagger (*sheriff* Ned Logan), John Ericson (Brockie Drummond), Gene Barry (Wes Bonnell), Robert Dix (Chico Bonnell).

El intrépido Sam Fuller contó con la complicidad de una gran estrella, Barbara Stanwyck, para este 'western' torrencial y realista a la par.

El agente federal Griff Bonnell y sus dos hermanos llegan a una ciudad para hacerse cargo de un criminal. Su llegada coincide con el asesinato del alguacil a manos del joven Brockie Drummond, cuya hermana mayor, Jessica, tiene dominada la localidad.

Emociones en formato ancho

Nadie como Fuller para hacer estallar en mil pedazos los lugares comunes que afectan tanto a la realidad como a la leyenda. *Forty Guns* es una especie de lectura apócrifa de la conocida historia del enfrentamiento entre Wyatt Earp y Doc Holliday contra el clan de los Clanton, pero sin héroes románticos y tuberculosos y sustituyendo el patriarcado de los Clanton por el matriarcado de los Drummond. Muchas cosas, y ninguna a la vez, tienen relación con lo que aconteció en Tombstone antes del legendario duelo en el OK Corral. Fuller parte de los mitos para rodar un *western* a ras de tierra, romántico y apasionado, extrovertido y experimental, en el que emplea como pocos el Scope –y se atreve a filmar primerísimos planos en movimiento en el formato panorámico–, reniega de algunos atributos (no hay *saloon* que cobije a los personajes y exija los característicos rituales de la bebida, la partida de cartas o la pelea a puñetazo limpio) y realiza el plano-secuencia con grúa más largo que se había hecho hasta entonces en una producción de la Fox, como el mismo Fuller recordaba siempre que podía.

Siendo un cineasta tan febril, aunque en un sentido distinto al de como aplicaríamos este término en la obra de Cecil B. De Mille, por ejemplo, Fuller intentaba siempre que sus películas, fueran *thrillers*, *westerns* o relatos de guerra, tuvieran un marcado acento realista. El director le comentó a Bertrand Tavernier que su intención con *Forty Guns* era la de hacer un film honesto sobre el Oeste, ubicado en ese momento conflictivo en el que el *Far West* deja de ser un espacio idealizado para convertirse en un mito superado. Por eso los teóricos héroes de la película no desenfundan más rápido que nadie ni acuden solos a los duelos, sino

que tienen a bien guardarse las espaldas y protegerse con más de un rifle por si acaso. Por eso los villanos disparan por la espalda, porque en la visión de Fuller no dejan de ser el esbozo de los delincuentes juveniles de la propia época en la que fue realizada la película. Por eso son más importantes los planos de arrebato que los de una épica inútil. Por eso recordamos mejor de *Forty Guns* no sus enfrentamientos armados, o las cabalgadas, sino esos encuadres inverosímiles realizados desde el interior del cañón de un fusil, o las coreografías en plena pradera de los cuarenta jinetes ataviados de negro que siguen a Jessica Drummond (una pletórica Barbara Stanwyck) en su blanca montura, o el tornado que precede al espasmo amoroso, o la boda que se convierte macabramente en un funeral. Pocas veces el cine norteamericano ha sido tan ferozmente imaginativo en lo formal y en lo argumental.

1957 El tren de las 3.10

Delmer Daves

3:10 to Yuma. USA. **Dir.:** Delmer Daves. **Producción:** Columbia. **Prod.:** David Heilweil. **Guión:** Halsted Welles, según un relato de Elmore Leonard. **Fot.:** Charles Lawton Jr. (blanco y negro). **Mús.:** George Dunning. **Mont.:** Al Clark. **Duración:** 92 minutos. **Int.:** Glenn Ford (Ben Wade), Van Heflin (Dan Evans), Felicia Farr (Emmy), Leora Dana (Alice), Richard Jaeckel (Charlie Prince).

Ejemplo perfecto de claroscuro moral, el film enfrenta psicológicamente a dos personajes en la más impaciente de las situaciones: la lenta llegada de un tren.

Dan Evans es un granjero a punto de arruinarse a causa de una prolongada sequía. Por ello acepta los doscientos dólares que le ofrece el propietario de un servicio de diligencias. Su trabajo es el de llevar en tren al forajido Ben Wade hasta la cárcel de Yuma. Los dos personajes esperan la llegada del ferrocarril mientras los hombres de Wade planean liberarlo.

Fausto y Mefisto en el Oeste

Van Heflin vuelve a interpretar en *El tren de las 3.10* a un granjero no violento, como lo hizo en *Raíces profundas*, pero en esta ocasión no tiene a un pistolero en el que escudarse, sino que debe ser él quien tome las decisiones. Y la única forma que tiene de prosperar es cobrando el dinero que ofrece el propietario de una compañía de diligencias para conducir a un atracador hasta la ciudad de Yuma. Tras esta anécdota algo extraña se encuentra un estimable tratado sobre las convenciones y la moralidad, sobre los difusos estratos que separan a los que se rigen por la ley y a los que han decidido vivir fuera de ella, inspirado en un relato de Elmore Leonard, especialista en *westerns* y aún más en novela negra. La película contempla el estudio de dos caracteres antagónicos que se equiparan y se distancian a medida que avanza el relato. Empieza siendo en movimiento, ya que el granjero debe llevar al forajido hasta una ciudad, pero una vez en el espacio urbano se hace sedentario, de una inquietante quietud. Ambos personajes quedan aislados en

la estación de tren esperando que llegue el ferrocarril que debe trasladarlos hasta la penitenciaría de Yuma, y mientras Ben Wade, el pistolero, intenta sobornar a Dan Evans, el granjero, la mezquina comunidad les deja solos porque teme un ataque de la banda de Wade y las consiguientes represalias.

Para Delmer Daves se trataba de su mejor film del Oeste: "Intenté crear un nuevo estilo en la manera de contar una historia. Quise fotografiar esta historia como se habría hecho en los años 1870-1875: con una ausencia total de maquillaje y una búsqueda de las sombras negras, en vez de la habitual grisalla [la técnica al óleo que emplea sólo grises y tonos neutros] que se obtiene a causa de la luz de los proyectores".[13] Daves, cuyo sentido documental del género es trasladable a otros films realizados en color, añadía que en la relación entre el granjero y el forajido se podían rastrear las influencias de Fausto y Mefisto; similares tentaciones, similares ambages morales y un tratamiento avanzado de la figura del villano –de ahí la elección de Glenn Ford para incorporarlo– que en muchos momentos resulta más respetable que el hombre que le mantiene preso. Como ocurría, en otro contexto, en las relaciones entre Jeffords y Cochise en *Flecha rota* (*Broken Arrow*, 1950), y como sucederá en un posterior *western* de Daves, *Cowboy* (*Id*., 1958), lo que acaba prevaleciendo es el sentimiento de mutuo respeto y comprensión entre dos personajes que están haciendo lo que nunca deberían hacer.

James Mangold empezó a rodar a principios de 2007 una nueva versión de este film, con Russell Crowe como el forajido y Christian Bale en el papel del granjero.

1957 La verdadera historia de Jesse James
Nicholas Ray

The True Story of Jesse James. USA. **Dir.:** Nicholas Ray. **Producción:** 20th Century Fox. **Prod.:** Herbert B. Swope Jr. **Guión:** Walter Newman, a partir del guión de Nunnally Johnson para *Tierra de audaces*. **Fot.:** Joseph MacDonald (Color de Luxe). **Mús.:** Leigh Harline. **Mont.:** Robert Simpson. **Duración:** 92 minutos. **Int.:** Robert Wagner (Jesse James), Jeffrey Hunter (Frank James), Hope Lange (Zerelda James), Agnes Moorehead (señora Samuel), Alan Hale (Cole Younger), John Carradine (Jethro Bailey).

Debía ser una balada en el sentido estricto, pero los productores la modificaron. Aun así, se trata de un romántico y emotivo acercamiento a la figura de Jesse James.

Tras el frustrado asalto al banco de Northfield, en el que perecen casi todos los miembros de la banda, Jesse y Frank James se refugian en una gruta y empiezan a recordar los acontecimientos más significativos de su vida. La historia se remonta entonces a la guerra de Secesión, cuando la pobreza y el rechazo de sus vecinos les obligó a alistarse en la banda de guerrilleros confederados de Quantrill.

Entre la balada y la leyenda

Prácticamente toda la obra cinematográfica de Nicholas Ray gira en torno a un gran tema, el de la inadaptación social. Y en buena parte de sus películas, esa inadaptación les corresponde a personajes adolescentes o en el tránsito doloroso hacia la madurez. En manos de Ray, un personaje como Jesse James resultaba perfecto para relatar este proceso de inadaptación desde una perspectiva bastante alejada a la de los otros films que se habían centrado en el mitificado forajido. No es de extrañar que Ray aceptara el encargo de la Fox de realizar una nueva versión de *Tierra de audaces* (*Jesse James*, Henry King, 1939), ya que el guión sobre el que se trabajó fue el mismo que había escrito Nunnally Johnson para aquel film. Pero *Tierra de audaces* tenía como protagonistas a Tyrone Power y Henry Fonda, que aún correspondiéndose más o menos con la edad de los personajes recreados, parecían algo mayores. Ray los rejuveneció con la cámara: Robert Wagner y Jeffrey Hunter, que encarnan a Jesse y Frank James, contaban en ese momento con casi la misma edad que Power y Fonda al interpretar *Tierra de audaces*, pero en pantalla parecen más jovenes, más inadaptados que aquéllos, más vulnerables en un mundo que les ha dado la espalda.

La visión de Ray debía ser romántica, y por eso pensó en el carácter y la estructura de una balada. Y concibió el film para ser rodado en un plató, lejos de los escenarios naturales, trabajando con la iluminación y el artificio de las sombras, aunque fuera en Color de Luxe y formato Scope, para obtener un tono de leyenda. En palabras de Ray, quería un estudio del comportamiento de los jóvenes –de hecho, una alegoría sobre la delincuencia juvenil de los años cincuenta, una de sus grandes preocupaciones–, pero los productores le obligaron a sacar la cámara fuera del estudio, a mitigar el carácter baladístico y, sobre todo, al empleo de unos fundidos que advirtieran al espectador de las transiciones temporales, ya que la película estaba construida en tiempos alternos pero utilizando el *flash back* sin aclaraciones previas. Tanta *modernidad* disgustó profundamente a la compañía y esas transiciones impostadas, que para Ray demostraban que no se tenía confianza en la capacidad del espectador para seguir la historia, son lo que más chirría en la película resultante. Pese a ello, *La verdadera historia de Jesse James* es un film donde la lírica y la introspección se conjugan hábilmente, donde conviven la recreación plástica (la imagen, repetida de *Tierra de audaces*, de los jinetes atravesando con sus monturas el escaparate de una tienda) y la sucia realidad filmada frontalmente.

1958 Desafío en la ciudad muerta

John Sturges

The Law and Jake Wade. USA. **Dir.:** John Sturges. **Producción:** Metro Goldwyn Mayer. **Prod.:** William Hawks. **Guión:** William Bowers, según la novela de Marvin H. Albert. **Fot.:** Robert Surtees (Metrocolor). **Mont.:** Ferris Webster. **Duración:** 86 minutos. **Int.:** Robert Taylor (Jake Wade), Richard Widmark (Clint Hollister), Patricia Owens (Peggy), Robert Middleton (Ortero), Henry Silva (Rennie).

Hermoso y trágico 'western' en movimiento que culmina con el enfrentamiento en el decorado más sombrío posible: una ciudad fantasma.

El ex forajido Jake Wade salva de la cárcel a Clint Hollister, un antiguo compañero de andanzas, y regresa a la ciudad en la que ahora ejerce de *sheriff*. Pero Clint y sus secuaces llegan hasta ahí para obligarle a que les lleve al lugar donde enterró un botín de 20.000 dólares.

Una historia de violencia

La importancia de John Sturges en el *western* parece ceñirse por lo general a sólo tres películas, *Duelo de titanes* (*Gunfight at the OK Corral*, 1957) y *Los siete magníficos* (*The

Magnificent Seven, 1960), sus otros dos films comentados en este libro, y *El último tren de Gun Hill* (*Last Train from Gun Hill*, 1959). Sin embargo, sin restarle mérito a la evocación del duelo a muerte en el OK Corral y al *remake westerniano* de los samuráis de Akira Kurosawa, ni negando la importancia de *El último tren de Gun Hill*, que toca temas similares a los de la película que nos ocupa, creo que *Desafío en la ciudad muerta* es el mayor logro de Sturges en el género, la obra en la que mejor se acompasan las intenciones y los resultados de un director que, como otros cultivadores del cine del Oeste, caso de Gordon Douglas, impuso sobre todo una forma de filmar los espacios y los personajes en relación a ellos más que una serie de motivos y temáticas personales.

Desafío en la ciudad muerta narra una historia de rivalidad y amistad traicionada, aunque sin el tono crepuscular que sobre idénticas tramas desarrollaría con posterioridad Sam Peckinpah. El argumento es tan sucinto que se despoja de cualquier elemento que interfiera en esta idea preclara. Un antiguo fuera de la ley, Jake Wade, salva la vida de un ex compañero de armas, Clint Hollister. Ya que éste le había salvado años antes, ahora están en paz. Pero también, ya que han saldado sus deudas mutuas, pueden empezar a enfrentarse desde cero. Ésa es la óptica del relato, por lo que Sturges, a su manera, no toma partido ni por el bandido regenerado, Jake, que ahora desempeña el cargo de *sheriff*, ni por el forajido en activo, Clint, fiel hasta la muerte a sus ideas y a su visión irónica de la vida: "No dejes que el odio te altere," le comenta a uno de sus hombres, "que luego eso puede perjudicar tu puntería."

Los títulos de crédito iniciales están montados sobre imágenes de un jinete cabalgando en solitario en plano general, un inicio recurrente en tantos *westerns*: así se abría, sobre las dunas del desierto, *El pistolero* (*The Gunfighter*, Henry King, 1950), un film escrito por el mismo guionista, William Bowers, que giraba también sobre el pasado y presente de un fuera de la ley. Pero aquí transita por escenarios cambiantes, a uno por encuadre, ya sea al amanecer o en el crepúsculo: el desierto, montañas rocosas, cimas nevadas y llanuras de un verde pálido hasta llegar a la calle principal de una ciudad. Es un precioso compendio de la amplia geografia *westerniana* y el anuncio de la itinerancia de la película, que relata el viaje de Clint, sus hombres y sus prisioneros por escenarios de nuevo múltiples hasta instalarse en esa ciudad fantasma donde sufren el ataque de los indios –escenario y situación retomados por el director en su *western* paródico *Tres sargentos* (*Sergeants Three*, 1962), al servicio del *rat pack* de Frank Sinatra– y, también, donde Jake y Clint dirimen definitivamente sus cuitas en un duelo no muy distinto al del desenlace de otro *western* del mismo año, *El hombre del Oeste* (*Man of the West*, Anthony Mann).

Pero hay una idea que cobra mucho más valor viendo hoy la película. En el prólogo, tras liberar a Clint, Jake regresa cabalgando hasta la ciudad en la que ahora defiende la ley. Clint y sus hombres aparecen para obligarle a recuperar el antiguo botín. Para ello capturan también a Peggy, la prometida de Jake, que no sabe absolutamente nada del pasado violento de su novio y descubre atónita de lo que fue capaz. Estamos en un terreno muy próximo al de *Una historia de violencia* (*A History of Violence*), el drama criminal contemporáneo que realizó David Cronenberg en 2005 partiendo de conceptos muy *westernianos*: hay una evidente conexión entre estas dos historias sobre el resurgir de un pasado sangriento del que sus protagonistas no pueden escapar, pese a haber cambiado de identidad y simular ser quienes nunca serán.

1958 El hombre del Oeste

Anthony Mann

Man of the West. USA. **Dir.:** Anthony Mann. **Producción:** Ashton Productions, United Artists. **Prod.:** Walter Mirisch. **Guión:** Reginald Rose, según la novela de Will C. Brown. **Fot.:** Ernest Haller (Color de Luxe). **Mús.:** Leigh Harline. **Mont.:** Richard Heermance. **Duración:** 98 minutos. **Int.:** Gary Cooper (Link Jones), Julie London (Billie Ellis), Lee J. Cobb (Dock Tobin), Arthur O'Connell (Sam Beasley), Jack Lord (Coaley), Royal Dano (Trout).

En el ocaso de sus respectivas trayectorias, Mann y Cooper ofrecen una visión turbadora y violenta de los valores ya caducos del viejo Oeste.

Link Jones es un ladrón que quiere empezar una nueva vida. El tren en el que viaja es atracado. En compañía de Billie Ellis, una prostituta, y Sam Beasley, un jugador de cartas, emprende viaje a pie. Llegan a la cabaña en la que pernoctan precisamente los hombres que han asaltado el tren. Dock Tobin, el jefe de la banda, es el tío de Link y quien le enseñó a disparar. Para proteger a sus dos improvisados compañeros de viaje, Link asegura que les estaba buscando para preparar el atraco a un banco.

Un 'western' de ciencia-ficción

El nombre del personaje que encarna Gary Cooper en *El hombre del Oeste*, Link, es fonéticamente muy similar al de los protagonistas de dos *westerns* rodados por Mann con James Stewart: en *Winchester 73* (*Id*., 1950) era Lin, y en *Horizontes lejanos* (*Bend of the River*, 1952) se trataba de Glyn. A Mann le gustaban estos nombres cortos, por otro lado no muy habituales, y los utilizaba siempre que podía. El ex pistolero de *El hombre del Oeste* podría ser una prolongación, mucho más desencantada y otoñal, de los personajes interpretados por Stewart en el gran ciclo *westerniano* del realizador. Sin embargo, *El hombre del Oeste* tiene unas cualidades diferentes. Su geografía es completamente distinta, realmente tan extraña como el poblado en el que acontecen los últimos hechos violentos del relato. El espacio, y cómo lo filma Mann, pertenece a la categoría del *western,* por supuesto, pero también tiene algo de lunar, de pertenencia a otro mundo, razón por la que, en el momento de su estreno y tiempo después, en el apogeo de la reivindicación del cine de su director, hubo quien llegó a decir que *El hombre del Oeste* era, además de un *western*, una película de ciencia-ficción.

El film narra, de un modo muy diferente a como se había hecho hasta entonces, la historia de un hombre de armas que quiere vivir pacíficamente, pero la fuerza del pasado se lo impide. Aunque el guión lleva la firma de Reginald Rose, escritor que se dedicó por entero a las ficciones televisivas de marcado cariz psicológico con contadas excursiones en el formato cinematográfico –ésta y *Doce hombres sin piedad* (*12 Angry Men*, Sidney Lumet, 1957), que era una película heredera de la televisión del momento–, *El hombre del Oeste* no es en absoluto un *western* psicológico al uso, sino más bien una abstracción rodada de forma muy turbadora, como demuestran todas las escenas que acontecen en la cabaña de Dock Tobin, con las miradas de sus tarados secuaces, el deseo sexual que despierta en ellos Julie London (excelente cantante a quien se le encomendó un papel que Mann intentó modificar sin éxito), las citadas en el poblado fantasma, como si fuera un planeta deshabitado, o el desenlace en la rocosa explanada donde se enfrentan finalmente Link y Dock, y el presente gana al pasado. Pero pese a ello, esta película bella y malsana a la par demuestra que la violencia –y con saña: los personajes se azotan además de golpearse o dispararse– es la única forma posible para estos representantes del viejo Oeste.

1958 Horizontes de grandeza

William Wyler

The Big Country. USA. **Dir.:** William Wyler. **Producción:** Anthony-World Wide Productions, United Artists. **Prod.:** William Wyler y Gregory Peck. **Guión:** James R. Webb, Sy Bartlett y Robert Wilder, según la novela de Donald Hamilton. **Fot.:** Franz Planer (Technicolor). **Mús.:** Jerome Moross. **Mont.:** Robert Belcher y John Faure. **Duración:** 166 minutos. **Int.:** Gregory Peck (James McKay), Jean Simmons (Julie Maragon), Charlton Heston (Steve Leech), Burl Ives (Rufus Hannassey), Carroll Baker (Patricia Terrill), Charles Bickford (comandante Terrill).

La película intenta ser al mismo tiempo un relato psicológico y un superespectáculo visual, el 'western' que contenga a todos los 'westerns'.

James McKay llega al rancho de los Terrill para casarse con la hija del ganadero, Patricia. No tarda en enfrentarse con el rudo capataz, Steve Leech. Conoce a la maestra de la escuela, Julie Maragon, con la que enseguida se entiende. El pequeño rancho de Julie se encuentra entre las tierras de Terrill y las de su enemigo declarado, Rufus Hannassey. Ambos lo pretenden por su situación privilegiada. Hannassey acaba secuestrando a Julie y Terrill le declara la guerra ante la imposibilidad de McKay de solucionar el conflicto de manera pacífica.

Más grande que la vida

Con *Horizontes de grandeza*, o *El gran país* si traducimos literalmente su título original, William Wyler vino a cerrar un círculo importante en su trayectoria, ya que había debutado en los tiempos del cine mudo rodando películas seriadas del Oeste y después de *Horizontes de grandeza* sólo realizó media docena más de films, algunos tan importantes desde el punto de vista comercial como *Ben-Hur* (*Ben-Hur*, 1959). La película apareció en

época de *superwesterns* y de espectáculos más grandes que la vida misma, por lo que acumuló estrellas (muchas y casi todas acertadas en sus papeles), presupuesto (más de cuatro millones de dólares), música épica y reconocible (un buen tema principal de Jerome Moross), gran formato (el Technirama, una de las muchas derivaciones del Scope) y metraje (166 innecesarios minutos, más otros 60 que sobraron del montaje final). *Horizontes de grandeza* es una película que reúne por igual una considerable exaltación del medio en el que acontece la historia, con grandes movimientos de cámara que intentan transmitir en todo momento la idea que subyace en los dos títulos de la película, el inglés y el español, como una considerable ampulosidad psicológica que ha resistido peor el paso del tiempo que sus imágenes paisajísticas, de permanente descubrimiento del lugar que se está filmando –en un proceso de exaltación-regresión hacia los espacios incontaminados muy propio de la época–, o la fisicidad de la larga y extenuante pelea entre Gregory Peck y Charlton Heston. Wyler se asoció con Peck para realizar esencialmente un film mayestático en lo visual, repleto de grúas, panorámicas, grandes planos generales, figurantes, cabezas de ganado, batallas campales, amaneceres, atardeceres y ocasos, que contuviera los motivos temáticos más reconocibles del género en forma de compendio: las disputas entre ganaderos, el ocaso de una forma de vida en el lejano Oeste que ya era un poco más cercano o el conflicto entre los representantes de la rudeza cotidiana, aquí el capataz encarnado por Charlton Heston, y la visión de quien llega del más civilizado Este del país, Gregory Peck, pretendiendo que todo puede ser modificado.

1958 Terror in a Texas Town
Joseph H. Lewis

Terror in a Texas Town. USA. **Dir.:** Joseph H. Lewis. **Producción:** Seltzer Films. **Prod.:** Franz N. Seltzer. **Guión:** Ben L. Perry. **Fot.:** Ray Rennahan (blanco y negro). **Mús.:** Gerald Fried. **Mont.:** Frank Sullivan. **Duración:** 80 minutos. **Int.:** Sterling Hayden (George Hansen), Sebastian Cabot (Ed McNeil), Carol Kelly (Molly), Eugene Martin (Pepe Miranda), Nedrick Young (Johnny Crale).

Duelo entre arponeros y pistoleros en un delicioso despropósito que sólo podía darse en la serie B, a medio camino del clasicismo y del artificio.

George Hansen es un arponero sueco que llega a una localidad de Texas. Su padre ha sido asesinado por Johnny Crale, el pistolero contratado por el terrateniente Ed McNeil. George se queda el terreno familiar y con la ayuda de los campesinos mexicanos, tan mal considerados como los suecos, planta cara a McNeil y se enfrenta al pistolero.

Anomalía con arpón

La obra de Joseph H. Lewis, uno de los más inspirados y significativos directores de serie B, está plagada de espléndidas películas en las que supo rentabilizar muy bien los escasos medios a su disposición y la libertad creativa que se le daba. Pero de todas estas películas, de las que podríamos citar como más significativas los *thrillers Relato criminal* (*The Undercover Man*, 1949), *El demonio de las armas* (*Gun Crazy*, 1949) y *Agente especial* (*The Big Combo*, 1955), el melodrama criminal *My Name is Julia Ross* (1945) y los *westerns A Lawless Street* (1955) y *7th Cavalry* (1956), ninguna hay más sorprendente que *Terror in a Texas Town*, la que cerró la filmografía de tan pragmático como arrollador realizador. La secuencia de apertura es memorable por su atipicidad. Un hombre camina por la calle de una ciudad seguido de otros quince o veinte individuos. Cuando llega cerca del *saloon*, un pistolero ataviado completamente de negro sale, se pone frente a él a prudente distancia y le desafía. Hasta aquí, nada que no haya aparecido en decenas de films. La particularidad es que el hombre que llega por la calle va armado con un arpón. Después vienen unos títulos de crédito con anticipo de imágenes de la película, casi como si fuera un tráiler de la misma o los títulos de un serial de los años treinta, en los que Lewis se formó. El relato se sitúa en el tiempo pasado para mostrar cómo ese arponero, Sterling Hayden, llega a la ciudad tejana desde la lejana Suecia. Ataviado anacrónicamente, con un baúl al hombro, parece la fuente de inspiración del atribulado personaje que encarna Johnny Depp en *Dead Man* (*Dead Man*, Jim Jarmusch, 1995), otro individuo procedente de un lugar remoto al lejano Oeste que se encuentra como pez fuera del agua en ese escenario primitivo.

Primitiva es la película, que cuenta una tragedia y bascula, con el uso de una música casi de feria conducida por una juguetona trompeta, hacia la parodia de sí misma. Pero, simplemente, se limita a asumir el punto de vista del emigrante sueco perdido en un mundo que no es el suyo. 80 minutos después de esa imagen inclasificable entre el pistolero y el arponero desafiándose en plena calle, tras una sucesión de acontecimientos no especialmente bien hilvanados por el guionista Dalton Trumbo –que firmó con el seudónimo de Ben L. Perry por haber sido uno de los represaliados en la aún no extinta caza de brujas–, la historia llega a ese punto de partida inicial y muestra lo que el espectador de tan inusitado espectáculo B ha estado esperando: cómo el protagonista, cual capitán Achab de *Moby Dick*, ensarta con su arpón no a la ballena blanca, sino al pérfido pistolero vestido de negro.

1959 El árbol del ahorcado

Delmer Daves

The Hanging Tree. USA. **Dir.:** Delmer Daves. **Producción:** Baroda, Warner Bros. **Prod.:** Martin Jurow y Richard Shepherd. **Guión:** Wendell Mayes y Halsted Welles, según la novela de Dorothy M. Johnson. **Fot.:** Ted McCord (Technicolor). **Mús.:** Max Steiner. **Mont.:** Owen Marks. **Duración:** 107 minutos. **Int.:** Gary Cooper (Joseph Frail), Maria Schell (Elizabeth Mahler), Karl Malden (Frenchy), Ben Piazza (Rune), George C. Scott (Grubb), Karl Swenson (Tom Flaunce).

Gary Cooper engrosa su lista de héroes trágicos del género con este admirable film sobre la educación, el odio, la ira y la superación.

El doctor Joseph Frail se establece en una pequeña localidad minera, durante la fiebre del oro. Se hace cargo de un joven ladrón y cuida después de una muchacha herida. Pero alguien en el poblado sabe los hechos violentos que realizó en el pasado.

Un 'western' catártico

Todo campo minero debe tener un árbol de la horca, así la gente se siente respetable. Lo dice uno de los hombres que llega con su carromato a Skull Creek, un asentamiento minero en el estado de Montana, hacia 1873. Pero *El árbol del ahorcado* no es una película sobre la fiebre del oro, sino sobre el peso del pasado y la violencia irracional del presente. La horca es el símbolo al que debe tenerse miedo, más que respeto. La soga cuelga de un árbol en la escena de apertura, y casi todos los movimientos de cámara del film son siempre de arriba abajo, en vertical, como corresponde a la imagen de un ahorcado.

Maestro del Cinemascope, Daves rodó *El árbol del ahorcado* en formato cuadrado, porque así expresa y destila mejor el drama de sus personajes.

Gary Cooper, que se implicó en calidad de coproductor con su compañía Baroda, interpreta a uno de esos hombres cuya vestimenta oscura, la tensión del cuerpo y la expresión del rostro no pueden disimular los tristes avatares que ha dejado atrás. Es un médico que pasa de la ira al idealismo sin solución de continuidad. Cuando el curandero que tiene por biblia una botella de whisky (George C. Scott) le increpa frente a su consulta, el doctor Frail le abofetea y dispara al aire para que se vaya. Por el contrario, no duda en prestar una vaca a una de las muchas familias pobres del lugar y se siente pagado con el simple beso de una niña. Frail ha llegado a un mundo agreste, bello pero primitivo, en el que los niños mueren de desnutrición y los padres no saben el significado de esa palabra. Sin embargo, a quien tiene dinero, o a quien acaba de sonreírle la fortuna y ha encontrado alguna pepita en el río, caso del bullicioso y primario personaje que interpreta Karl Malden, no duda en cobrarle veinte dólares o una onza de polvo de oro por extraerle un grano de pus del trasero.

El árbol del ahorcado tiene un enorme acento documental en su forma de captar la vida de estos buscadores de fortuna, pero el drama, como casi siempre en Daves, arrecia inmediatamente. Frail es un hombre de pasado atormentado que estalla cuando le recuerdan que quemó una casa –en la que después sabremos que perecieron su esposa y su hermano– y se rodea de gente que le necesita para calmar el dolor de su alma maltrecha; así Elizabeth, la chica de origen suizo que sobrevivió a un accidente de la diligencia pero ha quedado momentáneamente ciega; así Rune, el joven ladrón al que salva de la horca e intenta redimir socialmente. Como algunos *westerns* de Henry Hathaway, el de Daves se centra en los procesos de educación en comunidades casi arcaicas, pero añade un apasionado sentido del melodrama que oscurece a veces el sentido vegetal de sus imágenes para dotarlas de una emoción esencialmente trágica y catártica.

1959 Duelo en el barro
Richard Fleischer

These Thousand Hills. USA. **Dir.:** Richard Fleischer. **Producción:** 20th Century Fox. **Prod.:** David Weisbart. **Guión:** Alfred Hayes, según la novela de A. B. Guthrie Jr. **Fot.:** Charles G. Clarke (Color de Luxe). **Mús.:** Leigh Harline. **Mont.:** Hugh S. Fowler. **Duración:** 96 minutos. **Int.:** Don Murray (Lat Evans), Lee Remick (Callie), Richard Egan (Jehu), Patricia Owens (Joyce), Stuart Whitman (Tom Ping).

La película, sorprendente e inusual, es la crónica de una escalada social urbana marcada por la ambición desmedida y la corrupción.

Lat Evans quiere olvidar rápidamente su pasado como simple vaquero y escalar posiciones. Se enamora de una prostituta que trabaja en el *saloon* del pueblo, sin saber que es la amante de su patrón, uno de los rancheros más importantes de la zona. Al final se servirá de todo el mundo para convertirse él mismo en ranchero y aspirar después a la presidencia del país.

De 'cowboy' a presidenciable

De todos los realizadores que integraron la denominada generación de la violencia, un grupo de cineastas que abordaron, desde perspectivas y estilos distintos, la temática de la violencia en el seno de la sociedad norteamericana pretérita o contemporánea, Richard Fleischer fue quien menos cultivó el *western*. A diferencia de Anthony Mann, uno de los clásicos del género; de Richard Brooks, con pocas pero consistentes aportaciones; de Robert Aldrich, que alcanzó la mayoría de edad cinematográfica con dos películas del Oeste; de Don Siegel, que lo abordó en varias ocasiones con o sin Clint Eastwood, y de Nicholas Ray y Sam Fuller, cuyos *westerns* son de lo más personal de los años cincuenta, Fleischer pasó casi de puntillas por la paisajística del *Far West* de ficción. Se inició en el género con un título tangencial, *Arena* (1953), sobre el mundo del rodeo. Rodó después un relato de aventuras mercenarias, *Bandido* (*Id*., 1956), con Robert Mitchum haciendo de traficante de armas en plena revolución mexicana, y cuando el *western* evidenciaba sus mayores síntomas reales de crisis, apareció con un film a destiempo sobre el tema del aprendizaje entre bandoleros, *Tres forajidos y un pistolero* (*The Skipes Gang*, 1974), que se estrenó muy tarde y mal.

Duelo en el barro, realizada en 1959, es el único de sus *westerns* tangibles, por decirlo de algún modo, aunque sea inesperado en sus contornos morales. Y además es muy bueno. Fleischer trató el tema de la violencia de manera menos romántica que Ray, no tan telúrica como Fuller y de menor intensidad psicológica que en el caso de Brooks. Su cine es mucho más físico y directo, pero nunca olvida el lado oscuro de la mente humana. Así sucede en esta historia de amor, celos, posesión y ascensión social en la que el protagonista, según el propio Fleischer, "según va subiendo está más y más corrompido".[14] Para el director, de hecho, se trataba de un *antiwestern*: no tiene capacidad alguna para el heroísmo, la gesta, la mítica o la invocación de la leyenda. Porque es sucia, en el sentido de la fotografía terrosa que Fleischer empleaba en muchas de sus películas y también por la elección de la tierra enlodada para la pelea final, metáfora perfecta del lodo moral en el que se arrastran los personajes, aunque en contrapartida, Fleischer ordenó pintar los edificios del pueblo de colores muy puros para obtener un contraste pictórico inspirado en los lienzos de Piet Mondrian. Está hecha, en definitiva, "a ras de tierra, muy por el suelo, muy... por el barro" y resulta "una película antiamericana con un antihéroe americano".

1959 El hombre de las pistolas de oro
Edward Dmytryk

Warlock. USA. **Dir.:** Edward Dmytryk. **Producción:** 20th Century Fox. **Prod.:** Edward Dmytryk. **Guión:** Robert Alan Arthur, según la novela de Oakley Hall. **Fot.:** Joseph MacDonald (Color de Luxe). **Mús.:** Leigh Harline. **Mont.:** Jack W. Holmes. **Duración:** 123 minutos. **Int.:** Henry Fonda (Clay Blaisdell), Richard Widmark (Johnny Gannon), Anthony Quinn (Tom Morgan), Dorothy Malone (Lily Dollar), Dolores Michaels (Jessie Marlow), Wallace Ford (juez Holloway), Tom Drake (Abe McQuown).

Las ciudades crecen y los pistoleros son contratados para limpiar de forajidos sus calles, un principio poco ético sobre el que gira la moralidad de la película.

Los habitantes de la pequeña localidad de Warlock contratan a un pistolero, Clay Blaisdell, para que les ayude a luchar contra la banda de Abe McQuown. Blaisdell llega con su socio, Tom Morgan, que enseguida pasa a regentar el *saloon*. Una vez limpiada la ciudad, los dos pistoleros imponen su propia ley y Blaisdell intima con Jessie Marlow. Johnny Gannon, antiguo miembro del grupo de McQuown, es elegido *sheriff* por conducto legal. Morgan quiere desembarazarse de él, pero Blaisdell se opone, lo que enfrenta a los dos compañeros.

Sobre la ambigüedad de la ley

El punto de partida de *El hombre de las pistolas de oro* sería retomado por Clint Eastwood en su primer *western* como director, *Infierno de cobardes* (*High Plains Drifter*, 1973). La situación mostrada en ambos films es, por otro lado, algo que acostumbraba a suceder en las

ciudades dominadas por el caos y la violencia: la gente se organizaba para conseguir los servicios de alguien, generalmente un pistolero, que pacificaba la ciudad, aunque luego acostumbraba a imponer su propia ley (de eso se beneficiaron personajes legendarios embellecidos por el cine, como Wyatt Earp, que está en la base de la novela adaptada en este film). Mitad justiciero, mitad asesino a sueldo, el personaje encarnado con lacónica elegancia por Henry Fonda hace lo que se le pide: enfrentarse con la banda de forajidos que tiene aterrorizada a la incipiente ciudad de Warlock. Pero pese a cumplir como un profesional no se ganará –ni lo pretende– la aprobación de las gentes del lugar. La película de Dmytryk, director poco o nada proclive al género, se articula en varias intrigas correspondientes a la línea de actuación de tres personajes: el pacificador, su amigo –que se hace cargo del *saloon* de la ciudad para generar dividendos extra– y el *sheriff* que asume de manera oficial dicho cargo. El final, tras una serie de enfrentamientos cruzados sustentados en la ética particular de cada uno de los tres, el personaje de Fonda arroja al suelo sus revólveres con culatas de oro como Gary Cooper tira la placa de *sheriff* en *Solo ante el peligro* (*High Noon*, Fred Zinnemann, 1952). Aunque situados en lados opuestos de la ley, los dos personajes no hacen otra cosa que mostrar su asco y repulsa hacia los habitantes de la ciudad arrojando al polvo el emblema de su profesión. Estamos pues ante otra muestra de *western* que certifica el cambio de los tiempos, con la proliferación y crecimiento de núcleos urbanos, imponiendo a sus protagonistas una acrítica aura de individualismo. Lo que le espera al pistolero de *El hombre de las pistolas de oro* al acabar la historia es desazonante: en el contraplano inexistente después de la última imagen del film, se encuentra la verdadera tragedia de estos héroes y villanos desclasados.

1959 Los que no perdonan
John Huston

The Unforgiven. USA. **Dir.:** John Huston. **Producción:** Contemporary Productions, United Artists. **Prod.:** James Hill. **Guión:** Ben Maddow, según la novela de Alan Le May. **Fot.:** Franz Planer (Technicolor). **Mús.:** Dimitri Tiomkin. **Mont.:** Russell Lloyd. **Duración:** 121 minutos. **Int.:** Burt Lancaster (Ben Zachary), Audrey Hepburn (Rachel Zachary), John Saxon (Johnny Portugal), Charles Bickford (Zeb Rawlins), Lillian Gish (Mathilda Zachary).

Audrey Hepburn, inusual en el género, encarna a una joven mestiza en este atípico y valiente film que sufrió muchos cortes por parte de sus productores.

La sombra de una duda planea sobre los Zachary desde que un extraño individuo le dice a la hija, Rachel, que en realidad es una india kiowa adoptada por la familia. Las gentes del lugar se ponen en contra de los Zachary cuando el pretendiente de Rachel es muerto por los indios.

Un piano en la pradera

Para ser el único *western puro* de John Huston junto a *El juez de la horca* (*The Life and Times of Judge Roy Bean*, 1972), ya que *El tesoro de Sierra Madre* (*The Treasure of the Sierra Madre*, 1947) puede verse mejor como un relato sombrío de aventuras, mientras que *Vidas rebeldes* (*The Misfits*, 1961) entraría en la categoría del *postwestern* crepuscular, *Los que no perdonan* es ciertamente una película extraña. Lo es por la configuración de su reparto, con Audrey Hepburn interpretando a una mestiza que no sabe que lo es hasta bien entrado el relato. Lo es por el papel de determinados objetos en un contexto que no es el suyo: una de las imágenes más singulares del film es la de Lillian Gish tocando el piano de cola durante el cerco de los kiowa para acallar el sonido de los cánticos e instrumentos de los guerreros, escena que, paradójicamente, Huston odiaba. Y tampoco estaba demasiado contento de la interpretación de Gish, que otorga a la película algunos momentos casi surreales, ya que se mueve, mira y habla como si estuviera trabajando aún en una película muda siguiendo las órdenes de David Wark Griffith. En definitiva, aquello que no le gustaba a Huston de *Los que no perdonan* es lo que quienes no comulgan tanto con su cine defienden por su atipicidad dramática. Huston quería hacer un film sobre el racismo, la intolerancia y determinadas conductas morales, y *Los que no perdonan* sigue hablando de ello pese a los cortes sufridos y las tensiones derivadas de una relación no muy fecunda entre el director y el principal protagonista, Burt Lancaster. Pero también resulta un cuerpo extraño en el *western* en general, y en la modalidad de los relatos más o menos realistas sobre el problema indio, en particular.

La película adapta una novela de Alan Le May, escritor especializado en el tema del mestizaje, el racismo y las difíciles relaciones/reconciliaciones entre blancos e indios –es el autor del libro en el que se basa la gran película sobre el tema, *Centauros del desierto* (*The Searchers*, John Ford, 1956)–, y pese a las injerencias que sufrió por parte de los productores, hasta dejar algunos personajes completamente desfigurados dramáticamente, y la claudicación de su tópico desenlace, con Ben y Rachel, su hermana adoptiva, enfilando un futuro juntos que nadie puede creerse, plantea con cierta crudeza los trágicos conflictos experimentados por aquellos que han nacido de la relación entre razas enfrentadas. *Los que no perdonan* tiene a ráfagas una pulsación fantasmagórica, pero sería un *western* rodado un año después con similares situaciones pero sin tantas pretensiones, *Estrella de fuego* (*Flaming Star*, Don Siegel, 1960), el que de forma más contundente expondría este conflicto secular.

1959 Ride Lonesome
Budd Boetticher

Ride Lonesome. USA. **Dir.:** Budd Boetticher. **Producción:** Ranow, Columbia. **Prod.:** Budd Boetticher y Randolph Scott. **Guión:** Burt Kennedy. **Fot.:** Charles Lawton Jr. (Eastmancolor). **Mús.:** Heinz Roemheld. **Mont.:** Jerome Thoms. **Duración:** 74 minutos. **Int.:** Randolph Scott (Ben Brigade), Karen Steele (Carrie Lane), Pernell Roberts (Sam Boone), James Coburn (Whit), Lee Van Cleef (Frank), James Best (Billy John).

La quintaesencia del estilo de Budd Boetticher en su asociación con Randolph Scott, un film donde los héroes y los villanos no son lo que parecen.

Ben Brigade atrapa a Billy John para cobrar la recompensa, aunque en realidad lo quiere para coger a su hermano, Frank, que hace años asesinó a su esposa. En una posta de diligencias asediada por los indios conoce a dos bandidos que quieren regenerarse, Sam y Whit, y una mujer viuda, Carrie. Los bandidos intentan convencerle de que les otorgue la custodia de Billy John, ya que entregándolo a la justicia ganarían ellos el indulto.

Un drama despojado de todo artificio

Ride Lonesome y *Comanche Station* (1960), las dos películas que cierran el ciclo de *westerns* realizados por Budd Boetticher e interpretados por Randolph Scott, son las únicas que fueron financiadas por la firma Ranow, creada por Scott y Harry Joe Brown después de tener durante años una compañía llamada simplemente Scott-Brown Productions. Habían adquirido algo más de empaque y Scott, pese a figurar como protagonista de tantos *westerns* de serie B, era una de las estrellas más populares del género. Boetticher se sirvió, y se benefició, del estilo interpretativo y de la imagen *westerniana* de Scott, un actor de pocos pero más que aceptables recursos –casi siempre severo, casi siempre hierático– que le iba como anillo al dedo al director para componer este ciclo de relatos marcados por el desencanto y el escepticismo de su personaje principal, hasta el punto de que en casi todos estos films resultan más atractivos dramáticamente –y más simpáticos para el espectador– los villanos que el teórico héroe del relato.

El personaje que encarna Scott en *Ride Lonesome*, que es la mejor y más definitoria de la serie junto a *Comanche Station* y *The Tall T* (1957), es uno de los más económicos en gestos y palabras de todo el ciclo. Característico de Boetticher en el sentido de que arrastra una trágica pérdida y busca acallar su odio con la venganza, es distinto porque no sabremos lo que le ocurrió (su esposa fue asesinada y ha capturado al hermano del criminal, un fuera de la ley, para utilizarlo como señuelo) hasta prácticamente la secuencia final. En su contacto con los forajidos en la parada de diligencias, el protagonista no se humaniza. Sólo al final comprenderá lo inútil de su itinerario. Pero mientras que los dos forajidos pueden iniciar el camino de la regeneración llevándose consigo al pistolero, lo que les reportará el indulto, el personaje de Scott no puede hacer otra cosa que quemar el árbol donde fue ahorcada su esposa y continuar cabalgando en solitario, aunque ahora, además, ya no exista meta alguna que alcanzar.

El guión del film, de una cadencia espartana que le iba perfectamente al depurado y minimalista estilo de Boetticher, lleva la firma de Burt Kennedy, guionista de otros tres títulos de Scott-Boetticher y futuro director de películas del Oeste aceptables pero demasiado devotas de John Ford y Howard Hawks, como *Ataque al carro blindado* (*The War Wagon*, 1967), *Un hombre impone la ley* (*The Good Guys and the Bad Guys*, 1969) y *Ladrones de trenes* (*The Train Robbers*, 1973).

1959 Río Bravo

Howard Hawks

Rio Bravo. USA. **Dir.:** Howard Hawks. **Producción:** Armada Productions, Warner Bros. **Prod.:** Howard Hawks. **Guión:** Leigh Brackett y Jules Furthman, según un relato de B. H. McCampbell. **Fot.:** Russell Harlan (Technicolor). **Mús.:** Dimitri Tiomkin. **Mont.:** Folmar Blangsted. **Duración:** 141 minutos. **Int.:** John Wayne (John T. Chance), Dean Martin (Dude), Ricky Nelson (Colorado), Angie Dickinson (Feathers), Walter Brennan (Stumpy), Ward Bond (Pat Wheeler), John Russell (Nathan Burdette), Claude Akins (Joe Burdette).

Howard Hawks orquesta una espléndida mezcla de aventura urbana y relato claustrofóbico como reacción a determinadas tendencias del 'western' psicológico.

John T. Chance, el *sheriff* de la localidad fronteriza de Río Bravo, en Texas, y su ayudante alcoholizado, Dude, detienen por asesinato a Joe Burdette, hermano del cacique de la zona, Nathan Burdette. Con la ayuda del viejo y tullido Stumpy y de dos recién llegados a la ciudad, el joven pistolero Colorado y la jugadora de fortuna Feathers, apodada así por su gusto por las plumas, el *sheriff* defiende la cárcel del acoso de los hombres de Burdette a la vez que intenta recuperar la autoestima de Dude.

Un trabajo en equipo

Río Bravo es un film que nace de una cierta ira. Hawks, cineasta apegado a los personajes decididos y, sobre todo, como demostró a lo largo y ancho de su filmografía, al trabajo en equipo, fuera en relación a la conducción de ganado, la organización de safaris, el duro quehacer de los pescadores de atunes, las tareas de los correos aéreos o la construcción de las pirámides de Egipto, mostró su repulsa por lo que contaba el *western* de Fred Zinnemann *Solo ante el peligro* (*High Noon*, 1952): no estaba de acuerdo con la escasa profesionalidad del *sheriff* encarnado por Gary Cooper, que empezaba a pedir ayuda a sus conciudadanos para hacer frente a los forajidos, lo mismo que el protagonista de *El tren de las 3.10* (*3:10 to Yuma*, Delmer Daves, 1957), otro *western* que maldita la gracia que le hacía a Hawks. Según el ideario *hawksiano*, un profesional cumple con su trabajo y punto.

Todo esto, convenientemente matizado, está en el origen de *Río Bravo*, un film del Oeste sedentario, como los de Zinnemann y Daves, cuya acción se desarrolla durante tres días en una pequeña ciudad en la frontera con México. La situación es parecida, pero varía, por supuesto, la óptica del protagonista transmutada en la del realizador. El *sheriff* encarnado por John Wayne –en el segundo de sus cinco excelentes trabajos con Hawks– no puede contar más que con un alguacil sumido permanentemente en estado etílico, a causa de un desengaño amoroso, y con un viejo tullido y gritón que utiliza una vieja escopeta, a los que se suman personajes desde el exterior, como el pistolero inmaduro y enigmático que interpreta el meloso cantante Ricky Nelson, cuyas prestaciones no son precisamente desinteresadas, ya que permanece en la ciudad de Río Bravo para vengar a su patrón muerto. Pese a ello, el *sheriff* no pide ayuda a nadie y organiza como puede, y como sabe, la defensa de la cárcel para que el cacique de la zona no logre rescatar a su hermano Joe, acusado de asesinato. Aunque mermado por las circunstancias, el *sheriff* John T. Chance invoca el trabajo en equipo, y sólo de este modo, como era ley en Hawks, logrará triunfar en la difícil empresa.

LOS 'COWBOYS' CANTANTES

Las canciones siempre han tenido un papel fundamental en el *western* y muchos films del género se recuerdan o identifican por su tema principal. Numerosos cantantes-actores realizaron con mayor o menor fortuna intervenciones en películas del Oeste, caso de Dean Martin y Ricky Nelson en *Río Bravo*, o Elvis Presley y Frankie Avalon. Pero en los años treinta y primeros cuarenta hubo un fenómeno específico, el de los *cowboys* cantantes. Protagonizaron películas de serie B en las que el atractivo no residía tanto en los duelos con pistola como en las canciones que interpretaban a lomos de sus caballos, en medio de la pradera o en el *saloon*. Las dos estrellas más importantes de esta exitosa modalidad fueron Roy Rogers y Gene Autry. Ambos coincidieron en Republic Pictures y pasaron toda su carrera cinematográfica rivalizando por ver quién era el más taquillero de los actores de *westerns* seriados, arrasando siempre en las comparaciones con otros *cowboys* de serie B de la época que disparaban sin cantar, como William Boyd (el creador de Hopalong Cassidy) y Tom Tyler. Rogers (1912-1998), de nombre real Leonard Slye, fue miembro del grupo vocal The Sons of the Pioneers, que colaboró igualmente en numerosos *westerns*, antes de despuntar como jinete-cantante. Autry (1907-1998) cantó, tocó la guitarra y cabalgó su caballo Champion en numerosas películas, pero antes ya había triunfado en la radio con sus baladas campestres.

Río Bravo es un *western* urbano, el mejor de esta tendencia, muy claustrofóbico y rodado casi íntegramente en los decorados que se habían construido dos décadas antes para la filmación de *Arizona* (Wesley Ruggles, 1940). Es un film sin paisaje y casi sin historia, donde la narrativa emana de los personajes, lo que para muchos historiadores y críticos define el signo de modernidad que la obra *hawksiana* sigue manteniendo en la actualidad. Hay pocas acciones, y todas describen un proceso rutinario, una forma de vivir y trabajar en unos tiempos en los que había pocas cosas que hacer, y menos cuando la ciudad estaba prácticamente sitiada: entrar en la cárcel, vigilar la celda, salir a por provisiones al hotel, realizar la ronda nocturna o alguna visita al *saloon*, volver a la cárcel, hacer la guardia, cantar una canción, lavarse por la mañana, limpiar las armas...

Es también una película de contrastes: tras largas horas en tensa calma que a veces deviene lasitud, viendo amanecer y anochecer mientras los esbirros de Burdette esperan pacientemente su oportunidad de liberar a Joe, los conflictos estallan finalmente a la luz del día, en las afueras de la ciudad, junto a un almacén abandonado, con un tiroteo que tiene mucho de catártico y en el que todos aportan su individualidad a la gesta colectiva. La secuencia de apertura, cuando Dude limosnea unas monedas para pagarse un trago en el *saloon* y acaba enfrentándose con el propio Chance, está planteada como si de una película muda se tratara, con una gestualidad y una estética más propias de un film de Cecil B. De Mille o James Cruze que de los *westerns* que se hacían en aquellos años. Por el contrario, en el aspecto sonoro, la música desempeña un papel esencial en toda la película. La trágica melodía del tema mexicano *Degüello* se convierte en una permanente e inquietante amenaza sonora para los hombres recluidos en la cárcel, mientras que la canción que interpretan al alimón Ricky Nelson y Dean Martin, *My Rifle, My Pony and Me* –que generó extraordinarios dividendos extra para la película dada la popularidad que entonces tenían los engominados Martin y Nelson–, actúa como desengrasante tras largas situaciones de enorme tensión. Hawks logró un *western* moderno partiendo de las situaciones más tradicionales –según el director, toda la historia del Oeste podía resumirse en la aventura de un *sheriff* que es ayudado por un amigo, como en la peripecia de Wyatt Earp y Doc Holliday en el OK Corral de Tombstone–, mirando hacia el futuro del género a través de una renovada apropiación de algunos signos de identidad del tiempo pretérito.

Además de las dos variaciones sobre el mismo tema realizadas por el propio Hawks, *El Dorado* (*Id.*, 1967) y *Río Lobo* (*Rio Lobo*, 1970), existe un excelente y encubierto *remake* de *Río Bravo* planteado por su director, John Carpenter, a medio camino del *thriller* y el cine de terror. Se trata de *Asalto a la comisaría del distrito 13* (*Assault on Precint 13*, 1978), relato igual de tenso y noctámbulo en el que un policía y un convicto lideran la defensa de una vieja comisaría de policía de Los Ángeles sitiada por diversas bandas de delincuentes. En homenaje a Hawks, uno de sus directores más admirados e influyentes, Carpenter firmó el montaje de la película con el seudónimo de John T. Chance, el personaje encarnado por Wayne en *Río Bravo*.

1960 Estrella de fuego

Don Siegel

Flaming Star. USA. **Dir.:** Don Siegel. **Producción:** 20th Century Fox. **Prod.:** David Weisbart. **Guión:** Clair Huffaker y Nunnally Johnson, según la novela de Clair Huffaker. **Fot.:** Charles G. Clarke (Color de Luxe). **Mús.:** Cyril Mockridge. **Mont.:** Hugh S. Fowler. **Duración:** 101 minutos. **Int.:** Elvis Presley (Pacer Burton), Steve Forrest (Clint Burton), John McIntire (Papá Burton), Dolores del Río (Neddy Burton), Barbara Eden (Roslyn Pierce).

Aunque concebida para lucimiento de su protagonista, Elvis Presley, la película es una certera exploración de los conflictos raciales y el papel del mestizaje.

Los kiowa amenazan una región ganadera de Texas. Los Burton se encuentran en medio del conflicto, ya que el padre se casó en segundas nupcias con una india, Neddy, y ahora viven con su hijo, Pacer, y el que tuvo Burton de su primer matrimonio, Clint.

Entre dos mundos

Lo hemos escrito al referirnos a *Los que no perdonan* (*The Unforgiven*, 1959), la película de John Huston sobre las dificultades de integración de los mestizos: *Estrella de fuego*, un film en apariencia menor y diseñado, en teoría, para el lucimiento de Elvis Presley, tocó idéntica temática de manera más radical y con una gran cualidad trágica, ubicando la historia en similares parajes y presentando una galería de personajes casi intercambiables.

Es cierto que *Estrella de fuego* fue concebida en el momento más dulce de la carrera en Hollywood del rey del *rock'n'roll*. Por otro lado, varios *westerns* de aquella época, y casi todos interpretados y/o dirigidos por John Wayne, apostaron por utilizar en sus repartos a cantantes célebres de rock domesticado y de pop meloso: Ricky Nelson en *Río Bravo* (*Rio Bravo*, Howard Hawks, 1959), Frankie Avalon en *El Álamo* (*The Alamo*, John Wayne, 1960), Fabian en *Alaska, tierra de oro* (*North to Alaska*, Henry Hathaway, 1960). Pero no es menos cierto que en pocos casos estuvo Presley tan dramáticamente bien, tan cerca de Marlon Brando y Sal Mineo en su papel de inadaptado: es el mestizo, mitad blanco, mitad kiowa, como la Audrey Hepburn de *Los que no perdonan*, que duda durante todo el metraje entre una comunidad y la otra, situado cruelmente entre dos mundos irreconciliables.

Presley canta una canción en los créditos iniciales, con ese estilo *country* al que tan bien se amoldaba, y en la primera secuencia, durante la cena de cumpleaños de su hermano en el relato, Clint, coge la guitarra e interpreta otra. Y ya está. Con esa secuencia se acaban las celebraciones y ya no hay tiempo para cantar más, porque el drama ahoga todos los planos. El asesinato de unos amigos de los Burton por parte de los kiowa, que al fin y al cabo sólo quieren recuperar las tierras que siempre fueron suyas, es la espoleta que hace estallar el conflicto racial. Pacer y su madre india sufren las consecuencias, repudiados por los blancos y discriminados también por los indios, pero la situación también afecta a su padre y a su hermanastro blanco, aunque por encima de todo pervive la unión familiar. Don Siegel, con estilo tan sencillo como firme, dibuja un mundo violento (un joven está construyendo un pequeño ataúd para enterrar lo único que quedó de su prometida tras el ataque indio: la mano), degradado y mezquino, en el que sobresale el personaje del padre, al que John McIntire, sublime, otorga una enorme entereza moral: comprende que Pacer se vaya con los kiowa como comprendería que Clint luchara contra los indios, porque sabe que la reconciliación es imposible y que la gente acepta a un hombre por lo que creen que debe ser y no por lo que en realidad es.

1960 Los siete magníficos
John Sturges

The Magnificent Seven. USA. **Dir.:** John Sturges. **Producción:** Mirisch-Alpha, United Artists. **Prod.:** John Sturges. **Guión:** William Roberts, según el guión de la película *Los siete samuráis*.

Fot.: Charles B. Lang Jr. (Color de Luxe). **Mús.:** Elmer Bernstein. **Mont.:** Ferris Webster. **Duración:** 126 minutos. **Int.:** Yul Brynner (Chris Adams), Eli Wallach (Calvera), Steve McQueen (Vin), Horst Buchholz (Chico), Charles Bronson (O'Reilly), Robert Vaughn (Lee), James Coburn (Britt), Brad Dexter (Harry).

La música de Elmer Bernstein y un excelente reparto coral son las principales señas de identidad de esta adaptación al 'western' del clásico japonés 'Los siete samuráis'.

Los habitantes de una localidad mexicana contratan a siete mercenarios norteamericanos para que les defiendan de la banda de Calvera. Los siete hombres, dirigidos por Chris, les enseñan a manejar las armas y combaten contra los bandidos en sus repetidas incursiones. Éstos asedian la población y en el último combate perece Calvera, así como cuatro de los mercenarios.

Mercenarios en México

Los siete magníficos traslada a los espacios y los motivos propios del *western* una historia que podríamos considerar universal, la relatada por Akira Kurosawa en *Los siete samuráis* (*Shichinin no samurai*, 1954). La idea es idéntica y sólo varían las características determinantes de los personajes, que de samuráis del siglo XVI pasan a ser aventureros y mercenarios sin fortuna en la frontera mexicana, entregados a un trabajo que acabará convirtiéndo-

LA INSPIRACIÓN DE AKIRA KUROSAWA

Akira Kurosawa fue uno de los primeros cineastas japoneses en ser admirados en Occidente, por lo que no es de extrañar, dado el carácter universal de algunas de sus historias, que fuera reciclado en producciones de lo más diverso. De *Los siete samuráis* se ha hecho, además de la película de John Sturges, otro *remake* en clave de *western* de ciencia-ficción, *Los siete magníficos del espacio* (*Battle Beyond the Stars*, Jimmy T. Murakami, 1980). Kurosawa realizó varias películas más sobre mercenarios, y una de ellas, *Mercenario* (*Yojimbo*, 1961), fue la inspiración del primero de los tres *spaghetti-westerns* realizados por Sergio Leone con Clint Eastwood, *Por un puñado de dólares* (*Per un pugno di dollari*, 1964). La historia de *Yojimbo* está también detrás de *El último hombre* (*Last Man Standing*, 1996), film de Walter Hill que mezcla *western* y cine negro. *Cuatro confesiones* (*The Outrage*, Martin Ritt, 1964) traslada a tierras mexicanas el argumento de *Rashomon* (*Rashomon*, 1950), otro de los más célebres títulos del director japonés.

se en una odisea idealista. *Western* muy popular, dinamizado por una excelente banda sonora de Elmer Bernstein que se convirtió en una de las más celebradas de toda la historia del género –además de escucharse en anuncios comerciales de tabaco y definir una cierta idea de la forma de vida típicamente americana–, *Los siete magníficos* es un armonioso relato tejido sobre personalidades equidistantes que unen sus fuerzas hacia una meta común. Lo más destacado del trabajo de Sturges y sus guionistas (William Roberts y, sin acreditar, Walter Newman y Walter Bernstein), al margen de una cierta parábola política y el tono desencantado que adquiere la historia en sus pasajes finales, cuando los supervivientes del grupo constatan que los únicos verdaderos vencedores son aquellos que les han contratado, reside en la minimalista pero certera construcción dramática de cada uno de los siete modernos samuráis y en los gestos, objetos o vestimenta que les caracterizan: la forma de manejar el cuchillo que tiene Britt, los guantes negros que siempre luce Lee, las ropas también oscuras de Chris, la mirada incisiva y la forma de disparar de Vin. El film lanzó pequeñas y grandes estrellas bastante identificadas con el género (James Coburn, Steve McQueen) y generó varias continuaciones a cual menos interesante, ya que los protagonistas de *Los siete magníficos* fueron concebidos para una sola y postrera aventura y alargar su presencia mercenaria carecía de todo sentido. La primera fue la más aceptable, *El regreso de los siete magníficos* (*Return of the Seven*, Burt Kennedy, 1966), que contó aún con la presencia de Yul Brynner, guión de Larry Cohen y rodaje en España, con Julián Mateos en el papel interpretado en el original por Horst Buchholz. George Kennedy suplió a Brynner en *La furia de los siete magníficos* (*Guns of the Magnificent Seven*, Paul Wendkos, 1969) y Lee Van Cleef hizo lo propio en la tercera y última continuación, *El desafío de los siete magníficos* (*The Magnificent Seven Ride*, George McCowan, 1972). El compositor Elmer Bernstein fue el único que participó en todas.

1961 Dos cabalgan juntos

John Ford

Two Rode Together. USA. **Dir.:** John Ford. **Producción:** Ford-Shpetner Productions, Columbia. **Prod.:** Stan Shpetner. **Guión:** Frank S. Nugent, según la novela de Will C. Cook. **Fot.:** Charles Lawton Jr. (Technicolor). **Mús.:** George Duning. **Mont.:** Jack Murray. **Duración:** 109 minutos. **Int.:** James Stewart (Guthrie McCabe), Richard Widmark (teniente Jim Gary), Shirley Jones (Marty Purcell), Linda Cristal (Elena Madariaga), Andy Devine (sargento Posey), John McIntire (comandante Frazer).

Una nueva y escéptica mirada fordiana en torno al tema de los blancos capturados por los indios que se han acostumbrado a su nueva, y no peor, forma de vida.

El *sheriff* Guthrie McCabe y el teniente Jim Gary colaboran, por motivos e intereses totalmente opuestos, en la búsqueda por parte de unos colonos de los hijos que fueron capturados por los comanches veinte años atrás. El escéptico McCabe es consciente de que muchos de ellos se habrán acostumbrando a su nueva vida, algo que los colonos rechazan y que provoca situaciones de enorme tensión y latente racismo.

Dos formas de vida

Realizada cinco años después de la seminal *Centauros del desierto* (*The Searchers*, 1956), *Dos cabalgan juntos* puede verse como una prolongación de aquélla. La historia gira en torno a los esfuerzos de unos colonos para rescatar a sus hijos e hijas capturados por los comanches años antes y ahora integrados perfectamente en su nueva forma de vida, lo que remite al personaje interpretado por Natalie Wood en el anterior *western* de Ford. El líder de los indios, Quanah Parker, está incorporado por el mismo actor que había liderado a los comanches en *Centauros del desierto*, Henry Brandon. Con todo, hay en *Dos cabalgan juntos* notables diferencias y puntos de fuga que atañen a los dos buscadores. Uno es el *sheriff* nada altruista que encarna James Stewart, un antiguo aventurero que ahora defiende la ley en una pequeña ciudad quedándose con el diez por ciento de los negocios de todos sus habi-

tantes. El otro es un teniente de caballería más o menos idealista que ayuda a los colonos deseosos de recuperar a sus hijos. El relato gravita poco a poco hacia la relación entre estos dos personajes, una relación que tanto en lo ideológico como en lo estético (la famosa secuencia de ambos conversando a orillas del río, rodada en una sola toma frontal de casi cuatro minutos de duración) conforma el nacimiento de una nueva mirada en el cine de su realizador. *Dos cabalgan juntos* es así un film-puente hacia logros aún mayores como *El hombre que mató a Liberty Valance* (*The Man Who Shot Liberty Valance*, 1962) y *El gran combate* (*Cheyenne Autumn*, 1964), y cabe recordar que en un principio, cuando el proyecto le fue presentado por los directivos de Columbia, al director no le interesó especialmente. Ni le gustaba la novela de base, *Comanche Captives*, de Will C. Cook, ni el guión que le había escrito su habitual Frank S. Nugent. Ford, parece ser, fue retocando cosas sobre la marcha, en pleno rodaje, llevando al territorio que más le interesaba la historia de estos nuevos buscadores. En un contexto antagónico, destaca así la firmeza del militar frente al pragmatismo sin escrúpulos del *sheriff*, capaz de cobrar a los colonos por colaborar en la búsqueda de sus hijos y de pactar con uno de ellos la entrega de cualquier muchacho con tal de que la esposa crea que es su hijo liberado. Pero nada en Ford acostumbra a ser en simple blanco y negro, por lo que ni uno es tan mezquino ni el otro tan iluso, y ahí reside la complejidad y riqueza de esta magnífica película, cuya tensión dramática alcanza cotas muy dolorosas en la secuencia en que los colonos ahorcan a un joven blanco transformado por el tiempo en lo que ellos consideran un salvaje.

1961 El rostro impenetrable
Marlon Brando

One-Eyed Jack. USA. **Dir.:** Marlon Brando. **Producción:** Pennebaker Prod., Paramount Pictures. **Prod.:** Frank P. Rosenberg. **Guión:** Guy Trosper y Calder Willingham, según una novela de Charles Neider. **Fot.:** Charles Lang Jr. (Technicolor). **Mús.:** Hugo Friedhofer. **Mont.:** Archie Marshek. **Duración:** 141 minutos. **Int.:** Marlon Brando (Rio), Karl Malden (Dad Longworth), Pina Pellicer (Louisa), Katy Jurado (María), Ben Johnson (Bob Amory), Slim Pickens (Lon).

Pese a su caótico rodaje y los cortes realizados por los productores, el único film de Marlon Brando como director es un 'western' irrepetible.

Rio es traicionado por su compinche Dad, que le abandona a su suerte después de haber atracado un banco. Cinco años después, Rio logra evadirse de la cárcel y planea robar el banco de Monterrey, la ciudad en la que Dad ejerce ahora el cargo de alguacil.

Un 'western' junto al mar

Marlon Brando, que a finales de los cincuenta había formado su propia productora, Pennebaker Productions, llevaba meses buscando un buen material para interpretar un *western*, género en el que el actor no se prodigó. Al final lo encontró en una novela de Charles Neider titulada *The Authentic Death of Hendry Jones*. Brando compró los derechos y empezó el largo proceso de gestación de una película que acabaría dirigiendo pese a que ésa no era su intención. El guión pasó por las manos de Sam Peckinpah, Calder Willingham y Carlo Fiore, sin que ninguno de los tratamientos complaciera al actor y al realizador inicialmente escogido, Stanley Kubrick, que abandonó el proyecto con rapidez. Brando tentó a Sidney Lumet y a algunos directores más, hasta que decidió tomar personalmente las riendas de la película.

El guión, con todo, seguía sin estar acabado. Brando contrató a otro escritor, Guy Trosper, con el que se dedicó a reescribir escenas enteras en las pausas del rodaje, improvisando sobre la marcha sin saber demasiado bien hacia dónde se dirigía la historia. Brando describe de forma muy divertida en su autobiografía cómo fue el primer día de rodaje: "No supe qué hacer. El cámara me entregó uno de esos visores que utilizan los directores para componer una escena. Miré a través de él, sacudí la cabeza y comenté: 'No sé... Resulta difícil ver cómo será esta escena porque está muy alejada'. El cámara se acercó y giró amablemente el visor; yo había mirado por el otro extremo. 'Si te parece que esto es grave, espera que lleguemos a la quinta semana'".[15]

Llegó a la quinta, y a la sexta, y a la décima. El rodaje, previsto para tres meses, se prolongó durante seis, de diciembre de 1958 a junio de 1959, sobrepasando los seis millones de dólares de presupuesto. Brando, amante de los desafíos, no se vino atrás en ningún momento pese a su metedura de pata inicial, y compuso un *western* desbordante en torno a un tema clásico, la venganza, pero con puntos de vista innovadores. Uno de ellos es la concepción del escenario, ese decorado con playa y mar que confiere una luminosidad especial a los planos, algo poco habitual en un género que cuenta con los dedos de una mano las películas importantes que acontecen junto al océano o un lago: *Bandido* (*Id.*, Richard Fleischer, 1956), *Infierno de cobardes* (*High Plains Drifter*, Clint Eastwood, 1973). *El rostro impenetrable* tiene un innegable punto narcisista y parece regodearse en la violencia masoquista, como demuestra la secuencia en la que Rio es flagelado por Dad con inusual delectación. La Paramount no quedó contenta con el montaje de Brando y remontó por completo la película, que no llegó a las salas hasta 1961. Pese a ello, es una experiencia única.

1962 La conquista del Oeste

Henry Hathaway, John Ford y George Marshall

How the West Was Won. USA. **Dir.:** Henry Hathaway, John Ford y George Marshall. **Producción:** Metro Goldwyn Mayer. **Prod.:** Bernard Smith. **Guión:** James R. Webb. **Fot.:** Joseph La Shelle, Charles Lang Jr., William Daniels y Milton Krasner (Technicolor). **Mús.:**

Alfred Newman y Ken Darby. **Mont.:** Harold F. Kress. **Duración:** 162 minutos. **Int.:** James Stewart (Linus Rawlings), Carroll Baker (Eve Prescott), Gregory Peck (Cleve Van Valen), Debbie Reynolds (Lilith Prescott), George Peppard (Zeb Rawlings), John Wayne (general Sherman), Henry Fonda (Jethro Stuart), Richard Widmark (Mike King), Raymond Massey (Abraham Lincoln).

Hollywood recrea a lo grande, en Cinerama y con todas las estrellas del género, el nacimiento y apogeo de la mítica del Far West.

Sucinto resumen de la conquista del Oeste americano desde la época de los tramperos hasta la consolidación de las grandes ciudades, atravesado por las peripecias de dos mujeres hijas de colonos, Eve y Lilith Prescott, y sus respectivos maridos e hijos.

Epopeya cinerámica

La conquista del Oeste es una película apabullante pese a sus altibajos, en la que se narran los avatares definitorios en el nacimiento de una nación –o en el concepto esencialmente patriótico que el cine ha difundido de esa nación– a modo de grandes y esforzadas piezas autonómas donde se intentó combinar la paisajística inherente al género con las proporciones descomunales del formato Cinerama. El film es una especie de *all stars* tanto por lo que

EL CINERAMA

Dispuestos a combatir la amenaza de la televisión, los estudios de Hollywood impulsaron nuevos formatos de anchura panorámica para recuperar a los espectadores en las salas. El Cinerama fue el primero de ellos. Las películas se rodaban con tres cámaras distintas, aunque con un solo visor que controlaba la sincronía de las tres imágenes contiguas, y se proyectaban sobre una pantalla curvada en los extremos sirviéndose de tres proyectores independientes. El documental *Esto es Cinerama* (*This Is Cinerama*, 1952) presentó el apabullante invento en sociedad. Después, aliada con Metro Goldwyn Mayer, la empresa Cinerama realizó la primera película de ficción hecha con el costoso y laborioso procedimiento, *El maravilloso mundo de los hermanos Grimm* (*The Wonderful World of the Brothers Grimm*, Henry Levin y George Pal, 1962). *La conquista del Oeste* fue la segunda y más lograda.

se cuenta (las peripecias de los tramperos, la amenaza de los piratas y contrabandistas fluviales, el peligro de los rápidos, los tahúres de *saloon*, la fiebre del oro, los largos viajes de las caravanas de colonos, los ataques indios, las estampidas de búfalos, el tendido ferroviario, la guerra civil americana, las guerras indias, el crecimiento de las ciudades, los asaltos al ferrocarril) como por la gente que se aprestó a representarlo: James Stewart, Gregory Peck, John Wayne, Richard Widmark, Henry Fonda y otros actores muy identificados con el *western*, bajo la batuta directiva de un representante mayúsculo de la clase A de cineastas especializados en el género (Ford), uno de los más inspirados de la segunda línea creativa (Hathaway) y un artesano discreto que transitó por la serie A y la serie B sin molestar (Marshall). Añadamos a ello las posibilidades que entonces tenía el Cinerama, pese a que nunca acabó de resolverse el problema de que se vieran las líneas divisorias entre las imágenes capturadas por tres cámaras alineadas, y tendremos como resultado una película que combina el sentido intrínseco del cine espectáculo, la epopeya *westerniana* en estado puro y un regreso, aunque en pantalla grandiosa, al primitivismo lírico de Thomas Harper Ince, como escribió en una ocasión Jordi Batlle Caminal.

Hathaway fue el más prolífico, ya que se encargó de filmar la parte de los tramperos y las peripecias fluviales (de una belleza cromática arcaica), el de la llanura, las caravanas, los búfalos y el ataque de los indios (sobrio en la captación de esa tierra inmensa por descubrir) y el espectacular enfrentamiento final en el tren, con descarrilamiento incluido, que fue rodado en estudio sin que en ningún momento lo parezca: esa era la *verdad* hollywoodiense en el estertor de la era clásica. Marshall se responsabilizó de la parte concerniente a la construcción del tendido del ferrocarril, mientras que Ford fue quien menos espacio ocupó (25 minutos sobre los 162 que dura la película) pero más emociones contenidas supo transmitir. Ford filmó el episodio de la guerra civil y la sintetizó en unos cuantos planos generales de batalla, carentes de toda épica; la atmósfera pesada en la retaguardia tras la cruenta y decisiva batalla de Shiloh y una conversación entre los generales Sherman y Grant.

1962 Duelo en la alta sierra

Sam Peckinpah

Ride the High Country. USA. **Dir.:** Sam Peckinpah. **Producción:** Metro Goldwyn Mayer. **Prod.:** Richard E. Lyons. **Guión:** N. B. Stone Jr. **Fot.:** Lucien Ballard (Metrocolor). **Mús.:** George Bassman. **Mont.:** Frank Santillo. **Duración:** 94 minutos. **Int.:** Randolph Scott (Gil Westrum), Joel McCrea (Steve Judd), Mariette Hartley (Elsa Knudsen), Ron Starr (Heck Longtree), Edgar Buchanan (juez Tolliver), Warren Oates (Henry Hammond).

La modalidad del 'western' crepuscular adquirió cartas de nobleza con esta película sobre el reencuentro y rivalidad entre dos viejos 'westerners'.

Steve Judd y Gil Westrum se reencuentran en el otoño de sus vidas. El primero recibe el encargo de trasladar una partida de oro. Convence a Westrum y al joven Heck Longtree para que le acompañen. Al grupo se une Elsa Knudsen, recién casada con un joven perteneciente a una familia de brutales mineros, los Hammond, que quieren abusar de ella. Los mineros les persiguen a la vez que Westrum intenta quedarse con el oro. Al final, los dos amigos vuelven a unir fuerzas para enfrentarse con el clan Hammond.

Despedida en el ocaso

En la elección de dos actores como Randolph Scott y Joel McCrea estaba implícita toda una declaración de principios. Scott, que acababa de finalizar su colaboración con Budd Boetticher, contaba casi con 64 años cuando se inició el rodaje de *Duelo en la alta sierra*, en octubre de 1961. McCrea, nacido el 5 de noviembre de 1905, cumplió 56 a los pocos días de terminar la filmación. Ambos habían representado, generalmente en los márgenes de la serie B, una tipología muy concreta, honesta y granítica, del cine del Oeste. Eran iconos tan desclasados en el cine que se hacía a principios de los sesenta como los propios personajes que incorporan en el film de Peckinpah, viejos *cowboys* que han perdido su sitio en el mundo. Además, Scott se despidió del cine con esta película, mientras que McCrea apareció en dos o tres *westerns* más de nula repercusión antes de retirarse a mediados de los setenta. *Duelo en la alta sierra* adquirió así una dimensión crepuscular, de irremediable fin de una época, que va más allá de lo que atrapan sus imágenes y afecta a aquellos actores que las representaron durante décadas.

Algunos rasgos significativos. Steve Judd, el personaje de McCrea, necesita lentes para leer bien; Gil Westrum, el incorporado por Scott, se gana la vida disfrazado con una barba y una peluca a lo Búfalo Bill en un local para tiradores en el que las armas están trucadas. En la secuencia inicial, Judd llega a una ciudad y la gente que se agolpa en la calle principal le vitorea. O eso cree él, ya que en realidad están aplaudiendo la llegada de los rivales de una carrera entre camellos –animal tan desconcertante en los espacios puros del género– y caballos, y Judd no descubre su error hasta que un policía uniformado, no un *sheriff* a la antigua usanza, le ruega que se aparte. Con pinceladas breves y precisas, Peckinpah compone un mundo en transformación en el que no hay sitio para los dos viejos jinetes. Siendo el *western* más clásico y reposado de Peckinpah, en contraste con la violencia exacerbada y el uso del montaje cortante y la cámara lenta de sus posteriores películas, *Duelo en la alta sierra* no es por ello un cuerpo extraño en su filmografía, sino que expone con una mirada más límpida todo lo que se convertirá en esencia de su discurso cinematográfico. El plano final, con Judd exhalando el último suspiro mientras contempla lo más alto de la alta sierra, resulta de una belleza especialmente conmovedora.

1962 El hombre que mató a Liberty Valance
John Ford

The Man Who Shot Liberty Valance. USA. **Dir.:** John Ford. **Producción:** Ford Productions, Paramount. **Prod.:** Willis Goldbeck. **Guión:** Willis Goldbeck y James Warner Bellah. **Fot.:** William H. Clothier (blanco y negro). **Mús.:** Cyril J. Mockridge. **Mont.:** Otto Lovering. **Duración:** 122 minutos. **Int.:** John Wayne (Tom Doniphon), James Stewart (Ransom Stoddard), Vera Miles (Hallie), Lee Marvin (Liberty Valance), Edmond O'Brien (Dutton Peabody), Andy Devine (Link Appleyard).

En la recta final de su filmografía, John Ford compuso una hermosa elegía sobre los valores del viejo Far West, amenazados por los nuevos tiempos.

El senador Ransom Stoddard y su esposa Hallie regresan a Shinbone para el funeral del ranchero Tom Doniphon, quien fuera amigo del primero y prometido de la segunda. Mediante una entrevista con el periodista local, Stoddard evoca todo lo que ocurrió desde que llegó a Shinbone, convencido de que las leyes podían imponerse al empleo de las armas. Stoddard se enamora de Hallie y mata en un tiroteo al pistolero Liberty Valance, lo que le hace ganar puntos para su carrera hacia el senado.

El triunfo de la leyenda

¿Qué nos emociona o inquieta más en *El hombre que mató a Liberty Valance*, el gesto airado de Tom Doniphon quemando la casa que había construido para vivir con Hallie, o el regreso de ésta a las ruinas calcinadas de lo que pudo ser su hogar? ¿La expresión de triunfo en los ojos de Ransom Stoddard cuando cree haber matado al facineroso Liberty Valance, o la explicación de lo que ocurrió realmente aquella noche, en aquel callejón, relatada por Tom, el hombre que en realidad mató al pistolero? ¿Qué nos importa más, que prevalezca la verdad o que se mantenga la leyenda, ecuación sobre la que se cimenta la película entera y, por extensión, buena parte de la mitología del género *western*? La cinefilia clásica impone como norma básica el saberse a pie juntillas algunos de los diálogos de *Casablanca* (*Id.*, Michael Curtiz, 1942), desde el "tócala otra vez, Sam" que nunca llega a decirse hasta el nacimiento de una gran amistad que le profetiza Humphrey Bogart a Claude Rains mientras Ingrid Bergman parte en avión para no volver jamás. Pero ¿hay frase más célebre en la historia del cine clásico que la pronunciada por el editor del periódico *Shinbone Star*, aquella en la que se asegura que en el Oeste siempre se imprime la leyenda antes que la verdad?

El hombre que mató a Liberty Valance es una obra elegíaca que pone en entredicho el mito y propone, mediante tintes dolorosamente otoñales, una revisión del género más acentuada, y puede que efectiva, que la emprendida en los sanguíneos *westerns* crepusculares de Sam Peckinpah. Ford nos cuenta de otra manera que los viejos tiempos han llegado a su fin. En una época en la que el color estaba total y casi obligatoriamente instaurado y proliferaban los formatos panorámicos y *cinerámicos*, el director decidió utilizar el formato cuadrado y el blanco y negro, que en aquel momento definían la estética televisiva: estamos ante un *western* de cámara, mucho más introspectivo que activo, algo a lo que no fue ajeno el coguionista del film, James Warner Bellah, responsable también de los argumentos de las películas que conforman la doméstica trilogía fordiana de la caballería. Si el cine del Oeste demanda, por regla general, espacios abiertos –y Ford se había hartado de filmarlos en Monument Valley y otros parajes norteamericanos–, *El hombre que mató a*

Liberty Valance no esconde en ningún momento su pátina teatralizante; incluso la secuencia inicial, la del asalto a la diligencia en la que viaja Ransom rumbo al Oeste mitificado, tiene el regusto artificial del paisaje reconstruido en decorado, oscuro y abstracto, como si fuera un espacio más soñado que tangible. Y la elección de los actores está en sintonía con esta visión casi espectral y tan poco naturalista del *western*: James Stewart, que tenía por aquel entonces 53 años, interpreta a un abogado idealista y recién licenciado al que luego se le envejece con unas canas y arrugas demasiado evidentes.

Ford, pionero, maestro y clásico del cine del Oeste, tuvo el valor de iniciar el replanteamiento absoluto del mismo, de apostar por el recambio en todos los sentidos: estético, narrativo –con el empleo del *flash back* general sobre el que se integra el magnífico *flash back* corto en el que Ransom, y con él los espectadores, descubren quién mató realmente a Liberty Valance–, ideológico y dramático. Pocos le siguieron el audaz trazo, y así se fortalece aún más la postura de un cineasta que contribuyó sobremanera a establecer las indelebles señas de identidad del género y finiquitó su tradicionalismo, algo que, en otra línea, ya había desarrollado previamente en *Centauros del desierto* (*The Searchers*, 1956). La película significó también un punto y aparte, o un punto y seguido plagado de dudas, para John Wayne, un icono del Oeste filmado que, salvo dos o tres contribuciones más al cine de Henry Hathaway y Howard Hawks, sobrevivió durante años intentando mantener viva la llama de un cada vez más mal entendido clasicismo.

1963 Brandy

José Luis Borau

España-Italia. **Dir.:** José Luis Borau. **Producción:** Fenix Films, PEA Produzione. **Prod.:** Eduardo Manzanos. **Guión:** José Luis Borau, según una novela de José Mallorquí Figuerola. **Fot.:** Manuel Merino (Eastmancolor). **Mús.:** Riz Ortolani. **Mont.:** Mercedes Alonso. **Duración:** 88 minutos. **Int.:** Alex Nicol (Brandy), Maite Blasco (Eva), Jorge Rigaud (Beau), Antonio Casas (*sheriff* Clymer).

Una rareza en el debut de José Luis Borau, el futuro director de 'Furtivos', que aprendió a manejar una cámara con un 'spaghetti-western' parco y barato.

Pese a su notable afición a la bebida, Brandy es elegido *sheriff* de una pequeña ciudad tras la muerte del antiguo alguacil, que ha sido asesinado por uno de los pistoleros a sueldo del cacique local, un ganadero llamado Beau. Brandy se ha hecho amigo de Eva, la camarera del *saloon*. Otro pistolero, contratado por una viuda que se atreve a plantar cara a Beau, se encarga de enseñarle a Brandy a utilizar las pistolas.

Borau en Losatumba

Los géneros populares se tocan. Por lo tanto, nada mejor que una novela del Oeste de la categoría *pulp*, de acción escueta e impresión en rasposo y amarillento papel de pulpa, para servir de argumento a un *western* hispano-italiano de los muchos que se rodaron en los años sesenta. La particularidad reside en quien debutó detrás de la cámara, José Luis Borau, años después autor de películas tan importantes como *Furtivos* (1975). Borau se basó en una novela escrita por el barcelonés José Mallorquí Figuerola, responsable de varias colecciones del Oeste en los años cuarenta y cincuenta y, sobre todo, creador del popular El Coyote. La acción acontece en un pueblo con nombre necrológico casi de chiste, Losatumba, y no es menos irónico que su protagonista se llame Brandy dada su afición a la bebida. Hay ecos de algunas de las cosas relatadas por Howard Hawks en *Río Bravo* (*Rio Bravo*, 1959), donde uno de los héroes también debía superar su adicción alcohólica para volver a empuñar las armas. Aquí debe aprender a manejarlas para enfrentarse al cacique de turno, en una serie de situaciones y enfrentamientos procedentes del *western* clásico y filmadas al estilo *eurowestern* del momento. Borau también aprendió a subsanar los problemas de un guión kilométrico que daba para un film de siete horas, la mala ambientación y los imponderables de un rodaje efectuado en interiores en Roma y en exteriores en Hoyo de Manzanares, en la sierra de Madrid. *Brandy*, voluntariosa, es una muesca, pequeña, en su andadura.

1964 El gran combate

John Ford

Cheyenne Autumn. USA. **Dir.:** John Ford. **Producción:** Ford-Smith Productions, Warner. **Prod.:** Bernard Smith. **Guión:** James R. Webb, según una novela de Mari Sandoz. **Fot.:** William H. Clothier (Technicolor). **Mús.:** Alex North. **Mont.:** Otto Lovering. **Duración:** 159 minutos. **Int.:** Richard Widmark (capitán Archer), Carroll Baker (Deborah Wright), Karl Malden (capitán Wessels), Sal Mineo (Casaca Roja), Dolores del Río (su madre), Ricardo Montalbán (Pequeño Lobo), Gilbert Roland (Cuchillo Mellado), George O'Brien (mayor Braden).

John Ford cerró su contribución al 'western' con un emotivo film que era, para él, un acto de justicia hacia el pueblo cheyene y hacia la nación india en general.

Tras ser recluidos en una reserva en un yermo territorio de Oklahoma, los cheyenes deciden volver a sus tierras ancestrales, en Yellowstone, a tres mil kilómetros de distancia. Les acompaña una maestra cuáquera, Deborah Wright. El oficial que debe detenerlos, Archer, no quiere obedecer las órdenes, pero el mayor Braden abre fuego contra ellos. Comandados por Pequeño Lobo, los indios se rebelan pese al intento de otros miembros de la tribu de restablecer el diálogo.

El otoño de los cheyenes

El capitán Archer que encarna Richard Widmark en *El gran combate* es un militar honesto diseñado según los mismos parámetros que el teniente Jim Gary de *Dos cabalgan juntos* (*Two Rode Together*, John Ford, 1961). Pero aquí, el hombre blanco no es más que el contrapunto del relato, ya que *El gran combate*, uno de los films más caros de su realizador (costó más de cuatro millones de dólares y apenas recuperó tres), muestra los conflictos entre blancos e indios desde la perspectiva de estos últimos. Para Ford se trataba de un acto de justicia general, ya que el cine norteamericano había empobrecido y manipulado la imagen de los verdaderos nativos del país, y particular: consideraba que en sus películas había matado más indios que el mismísimo general Custer, y que ese genocidio *cinematográfico* necesitaba una reparación. Y nada mejor que la larga y angustiante secuencia de apertura, con los 286 supervivientes del pueblo cheyene esperando inútilmente, bajo un cielo plomizo y con un calor insoportable, la llegada de los congresistas estadounidenses. Ford se puso del lado de los cheyenes y narró, con un sentimiento siempre más cercano a la lírica que a la épica, el triste otoño de aquella tribu, aunque no dudó en incluir alguna de sus fugas distendidas, caso de la partida de cartas entre Wyatt Earp y Doc Holliday, un guiño al pasado en el momento de la despedida.

El film pudo surgir después de la participación de Ford en *La conquista del Oeste* (*How the West Was Won*, 1962), ya que cuenta con el mismo productor de aquella epopeya en Cinerama, Bernard Smith, con quien Ford creó una compañía y gestionó también la producción de su última película, *Siete mujeres* (*Seven Women*, 1965); y con idéntico guionista, James R. Webb, un experto en el género *western* que en los cincuenta había escrito los guiones de films importantes como *Apache* (*Id*., 1954) y *Veracruz* (*Id*., 1954), ambos de Robert Aldrich, pero que nunca antes había trabajado con Ford. Con todo, Ford reescribió buena parte del guión pero no pudo imponer sus principales criterios: que los indios fueran interpretados por cheyenes auténticos, y no por actores como Ricardo Montalbán, Sal Mineo y Gilbert Roland, y que en el film hablaran en su propia lengua y no en inglés. Además de Widmark y James Stewart, otros dos actores de *La conquista del Oeste* también repiten en *El gran combate*, Karl Malden como el racista Wessels y Carroll Baker en el papel de la maestra cuáquera. También participó la gran nómina de actores fordianos a modo de compendio: John Carradine, Ben Johnson, George O'Brien, Ken Curtis, Harry Carey Jr., John Qualen.

1964 Mayor Dundee
Sam Peckinpah

Major Dundee. USA. **Dir.:** Sam Peckinpah. **Producción:** Bresler Productions, Columbia. **Prod.:** Jerry Bresler. **Guión:** Sam Peckinpah, Harry Julian Fink y Oscar Saul. **Fot.:** Sam Leavitt (Technicolor). **Mús.:** Daniele Amfitheatrof. **Mont.:** William A. Lyons y Don Starling. **Duración:** 134 minutos. **Int.:** Charlton Heston (mayor Amos Charles Dundee), Richard Harris (capitán Benjamin Tyreen), Jim Hutton (teniente Graham), James Coburn (Samuel Potts), Senta Berger (Teresa Santiago).

Sam Peckinpah aglutina sus grandes temas, con la amistad traicionada a la cabeza, en este film crudo y turbulento que fue masacrado por la productora.

Durante los últimos días de la guerra civil, el mayor Dundee, de las filas nordistas, comanda una expedición para encontrar a los niños capturados por un grupo de apaches rebeldes liderados por Sierra Charriba. En la expedición participan también algunos prisioneros sudistas, caso del capitán Tyreen, antiguo amigo de Dundee. Una vez rescatados los pequeños, Dundee sigue con la caza de Sierra Charriba adentrándose en territorio mexicano.

Retrato de una obsesión

Peckinpah siempre tuvo problemas con los productores. En la larga carrera de obstáculos que constituye su carrera, ya que casi ninguno de sus films llegó a las pantallas de la forma en que él los había concebido, el caso de *Mayor Dundee* es especialmente singular. El director renegó del montaje definitivo, quiso retirar su nombre de los títulos de crédito y estuvo a punto de suicidarse fruto de la primera de sus amargas experiencias con la industria. Todo empezó en el rodaje, donde los enfrentamientos entre Peckinpah y el productor Jerry Bresler estuvieron a la orden del día. Bresler, a instancias de los ejecutivos de la Columbia, redujo el presupuesto original y recortó varios días de filmación para que, entre otras cosas, no pudiera rodarse la secuencia con la que se abre el film, la de la matanza de los indios. En este caso, Peckinpah contó con la complicidad del actor principal, Charlton Heston, que se puso de su lado y cedió parte de su salario para que dicha secuencia pudiera hacerse realidad. Ya en la fase de montaje, Peckinpah accedió a eliminar 14 de los 154 minutos de su montaje previsto, pues prefería cortar él mismo antes de que lo hiciera indiscriminadamente el estudio. Pero después, sin previa consulta, se aligeraron otros seis minutos más de metraje (en España, además, la censura cortó otras escenas hasta dejar el film en 118 minutos de duración) y quedó modificado el desenlace, ya que en el tratamiento original revoloteaba la incertidumbre sobre la muerte de Sierra Charriba y lo que le esperaba después al mayor Dundee.

Contestatario y virulento, Peckinpah ofreció lo mejor de sí mismo en *Mayor Dundee*, y pese a ser una película mutilada, conserva intactas las mejores cualidades del cineasta en la visión de una actitud paranoica, la de Dundee, y en el desarrollo complejo de uno de sus grandes temas, el de la amistad traicionada. Dundee y Tyreen eran amigos que se separaron por la fuerza de las circunstancias, la guerra civil, encarnando ambos, uno en las filas del Norte y el otro en las confederadas, dos ideales irreconciliables. Las circunstancias obligan a Dundee a requerir la colaboración de Tyreen para dar caza a Sierra Charriba. Es Tyreen quien perece al final, con honor, blandiendo su sable en romántica actitud, pero es Dundee quien arrastra la mayor de las tragedias: su obsesión por Sierra Charriba tiene la misma dimensión trágica que corroía al protagonista de *Centauros del desierto* (*The Searchers*, John Ford, 1956), y su cometido final en la película es más desalentador que el de la muerte de su antiguo amigo, ya que para Dundee no hay tras la batalla atisbo alguno de futuro. ■

1964 Río Conchos
Gordon Douglas

Rio Conchos. USA. **Dir.:** Gordon Douglas. **Producción:** 20th Century Fox. **Prod.:** David Weisbart. **Guión:** Joseph Landon y Clair Huffaker. **Fot.:** Joseph MacDonald (Color de Luxe). **Mús.:** Jerry Goldsmith. **Mont.:** Joseph Silver. **Duración:** 107 minutos. **Int.:** Richard Boone (Jim Lassiter), Stuart Whitman (capitán Haven), Tony Franciosa (Rodríguez), Jim Brown (sargento Franklyn), Wende Wagner (Sally), Edmond O'Brien (Pardee).

Película especialmente cruda y violenta que trata el tema del racismo y el rearme moral y armamentístico del viejo Sur después de la guerra civil.

El capitán Haven, responsable de la pérdida de un cargamento de rifles, monta un grupo para recuperar las armas que queda integrado por él mismo, un ex oficial sudista que lleva un año persiguiendo a los apaches que asesinaron a su familia, un sargento negro y un ladronzuelo mexicano experto en armas blancas. La pista les conduce hasta los dominios de Pardee, un ex coronel confederado que pretende reiniciar la guerra civil con la ayuda de los indios y los rifles robados.

Un 'western' de posguerra

Basada muy remotamente en la novela de uno de los dos guionistas acreditados en el film, Clair Huffaker, autor de argumentos y guiones de *westerns* cinematográficos y televisivos –llegó a colaborar en la serie *Bonanza*–, *Río Conchos* es la película del Oeste que más y mejor ha trascendido de Gordon Douglas, un cineasta de los otrora llamados artesanos que impuso casi siempre un estilo directo, muy epidérmico, que en *Río Conchos* se transforma en expresión mucho más inquietante de algunas de las temáticas latentes del género.

La película trata sobre la guerra civil, mejor dicho, la posguerra civil, desde una perspectiva alucinante, la de un ex coronel sudista que ha montado una base de operaciones en un lugar recóndito, desde donde quiere revivir de nuevo la contienda a los dos años de la finalización

de la misma. El estado de la mansión que construye, aún sin ventanas ni puertas, inacabada, es una alegoría del propio país tras el sangriento conflicto bélico. Su otro gran tema es el racismo, y la exposición del mismo no puede ser más turbulenta. El heterodoxo grupo formado para recuperar el cargamento de rifles está integrado por un antiguo comandante del ejército confederado abiertamente racista, un sargento de raza negra, un ladrón mexicano y un oficial nordista muy poco ducho y práctico en según qué combates. No hay en *Río Conchos* asomo de redención moral, o de replanteamiento de las cuestiones raciales para quien no puede aceptar ni a indios ni a negros. Douglas relata un viaje y una misión, la recuperación de los rifles, sin pretender nunca que los protagonistas del periplo se hagan más sabios o más honestos durante el abrupto trayecto. Incluso la teórica coartada que podría enarbolar Lassiter para justificar su racismo, ya que lleva un año persiguiendo y matando apaches indiscriminadamente porque una partida de éstos torturó, violó y asesinó a su esposa e hija, no tiene espacio alguno en el relato. Los personajes de *Río Conchos* son lo que son desde el mismo momento en que aparecen en pantalla, y Lassiter lo hace matando a unos apaches que se aprestan a enterrar según sus ritos a un compañero muerto. Película siempre muy física, como casi todas las de su director, resulta también extremadamente violenta: los gestos llenos de odio de Lassiter, la forma de manejar el cuchillo de Rodríguez, la espeluznante tortura por parte de los indios a la que son sometidos Lassiter, Haven y Franklyn.

1965 La muerte tenía un precio

Sergio Leone

Per qualche dollaro in più. Italia-España-Alemania. **Dir.:** Sergio Leone. **Producción:** PEA, Regia Films y Constantin Films. **Prod.:** Alberto Grimaldi. **Guión:** Sergio Leone y Luciano Vincenzoni. **Fot.:** Massimo Dallamano (Technicolor). **Mús.:** Ennio Morricone. **Mont.:** Eugenio Alabiso. **Duración:** 130 minutos. **Int.:** Clint Eastwood (El Manco), Lee Van Cleef (coronel Mortimer), Gian Maria Volonté (Indio), Luigi Pistilli (Groggy), Mario Brega (Niño), Klaus Kinski (Wild).

Sergio Leone, Ennio Morricone y Clint Eastwood forman en éste y otros dos films la santa trinidad del 'western' europeo, sucio, violento y parsimonioso.

El Manco y el coronel Mortimer son dos cazarrecompensas que siguen el paradero de un bandolero llamado Indio. El primero quiere atraparlo para comprarse un rancho con el dinero de la recompensa. El segundo lo busca también porque mató a su hija. Los dos deciden unir fuerzas mientras Indio prepara el asalto a un banco de El Paso.

EL 'SPAGHETTI-WESTERN'

Paradigma de los géneros populares, como el terror de serie B, el *peplum* (o cine de romanos), las películas de artes marciales o el hoy tan bien considerado Bollywood (el cine musical realizado en la India), el *spaghetti-western*, modalidad que proliferó durante toda la década de los sesenta y buena parte de los setenta, con rodajes italianos o españoles (Almería, Hoyo de Manzanares, Esplugues de Llobregat), dio títulos (casi 600) para todos los gustos: violentos, caricaturescos, estilizados, barrocos, góticos o deudores del *western* estadounidense. Además de Sergio Leone, el único más o menos respetado por la denominada crítica seria, Sergio Corbucci, Antonio Margheriti, Duccio Tessari, Sergio Sollima, Tonino Valerii, Eugenio Martín, Joaquín Romero Marchent y Alfonso Balcázar fueron algunos de los directores habituales.

'Western' al dente

La segunda entrega de la trilogía de Sergio Leone trabaja sobre un personaje ya bien dibujado en el primer film, *Por un puñado de dólares* (*Per un pugno di dollari*, 1964), y carece del

tono más barroco con que fue concebido el tercero, *El bueno, el feo y el malo* (*Il buono, il brutto, il cattivo*, 1966). Según Clint Eastwood, el principal protagonista de esta serie conocida indistintamente como trilogía del dólar, trilogía de la paella o la serie del hombre sin nombre, el atuendo y las características esenciales de su hierático personaje las proporcionó él mismo. No está muy claro si a Leone le gustó o no la interpretación de Eastwood en un episodio de la serie *Rawhide* que le proyectaron, pero la realidad es que tuvo que abandonar la idea de contar con Henry Fonda, demasiado caro para las arcas de las productoras europeas, y aceptar a Eastwood, con quien fraguó la cansada imperturbabilidad que caracteriza al personaje. Pero lo mejor de *La muerte tenía un precio* no reside en el personaje de Eastwood, sino en el que interpreta Lee Van Cleef, un experto tirador y cazarrecompensas apodado El Enterrador que inventa rifles desmontables y revólveres de cañón largo y calcula siempre la distancia entre él y sus enemigos, de modo que nunca se pone al alcance de un rudimentario *colt*. En un personaje de estas características, en la devoción de Leone por Ford y en la caracterizante música de Ennio Morricone se apoya este *spaghetti-western* con solera que ha sido, durante años, la producción (o coproducción) española más taquillera de todos los tiempos.

1966 A través del huracán
Monte Hellman

Ride in the Whirldwind. USA. **Dir.:** Monte Hellman. **Producción:** Proteus Films. **Prod.:** Monte Hellman y Jack Nicholson. **Guión:** Jack Nicholson. **Fot.:** Gregory Sandor (Eastmancolor). **Mús.:** Robert Drasnin. **Mont.:** Monte Hellman. **Duración:** 82 minutos. **Int.:** Cameron Mitchell (Vern), Jack Nicholson (Wes), Millie Perkins (Abigail), Katherine Squire (Catherine), Tom Friler (Otis), Dean Stanton (Flick).

Roger Corman, el rey del cine rápido y barato, apadrina esta mirada intelectualizada sobre el género escrita por un joven Jack Nicholson.

Unos forajidos asaltan la diligencia y se esconden en un refugio en las montañas. Tres *cowboys* llegan al lugar y piden pernoctar por la noche. Al amanecer, los hombres de la ley han sitiado el lugar y empiezan a disparar. Los tres vaqueros consiguen escapar, no así los ladrones, que son apresados y colgados. Pero el grupo cree que los *cowboys* pertenecen a la banda e inician una caza sin cuartel.

Abstracciones en clave B

Monte Hellman y Jack Nicholson se habían formado en la cantera de Roger Corman, consumado experto en rodar películas baratas y en descubrir (y explotar salarialmente) a nuevos talentos: Francis Ford Coppola, Martin Scorsese, Peter Bogdanovich, Joe Dante, Jonathan Demme y John Sayles son otros de los cineastas surgidos de sus compañías de serie B. A mediados de los sesenta, Corman se había ligado temporalmente a Columbia para realizar precisamente un *western*, *La cabalgada de los malditos* (*A Time for Killing*, 1967). "Dado que estaba sujeto a un contrato de exclusividad, no podía dirigir para nadie más. Pero financié diversos films en aquel período. Dos de ellos fueron sendos *westerns* escritos por Jack Nicholson y dirigidos por Monte Hellman".[16] Corman no terminó *La cabalgada de los malditos*, ya que fue sustituido por Phil Karlson antes de concluir el rodaje, pero sí financió parcialmente o supervisó en la sombra –o, como todo parece indicar, hizo de mediador entre la productora y la distribuidora del film– los dos singulares y abstractos relatos del Oeste realizados por un verdadero independiente, Hellman, a partir de guiones confeccionados por un Nicholson que aún no podía ni imaginar la estrella en que se iba a convertir, y que como director incidiría en el género del Oeste con la muy estimable *Camino del Sur* (*Goin' South*, 1978).

Hemos escogido uno, *A través del huracán*, como muy bien podríamos haber escrito sobre el otro, *El tiroteo* (*The Shooting*, 1967). De hecho, aunque traten temas distintos, se trata de

un díptico muy homogéneo en el que además de repetirse los actores (el propio Nicholson, Millie Perkins) y contar con idéntico equipo técnico, se intercambian los escenarios geográficos: los dos films fueron rodados en los mismos lugares uno detrás de otro, algo por otro lado muy habitual en las producciones Corman. Si hoy siguen destacando o interesando estos perfectos exponentes de *western* intelectual de serie B es por el sumo grado de estilización a que somete los textos su director. Hellman reduce a pura anécdota los característicos motivos argumentales (el asalto a una diligencia, la caza del hombre, la amistad masculina) para centrarse de forma exclusiva en la relación que los perseguidos mantienen con el arisco paisaje que los envuelve. Lo único importante es la huida, el movimiento de los cuerpos en fuga, despojados de todo proceso de identificación: nada sabremos de los personajes, salvo que son víctimas de un error, siendo *A través del huracán* la crónica abstracta de la lucha por la supervivencia. ■

1966 Los profesionales

Richard Brooks

The Professionals. USA. **Dir.:** Richard Brooks. **Producción:** Pax Enterprises, Columbia. **Prod.:** Richard Brooks. **Guión:** Richard Brooks, según una novela de Frank O'Rourke. **Fot.:** Conrad Hall (Technicolor). **Mús.:** Maurice Jarre. **Mont.:** Peter Zinner. **Duración:** 116 minutos. **Int.:** Burt Lancaster (Bill Dolworth), Lee Marvin (Henry Fardan), Robert Ryan (Hans Ehrengard), Jack Palance (Jesús Raza), Claudia Cardinale (María Grant), Woody Strode (Jake Sharp), Ralph Bellamy (J. W. Grant).

Brooks propone una mirada honesta sobre los conflictos revolucionarios en México a partir de los avatares de cuatro mercenarios norteamericanos.

Cuatro profesionales estadounidenses son contratados por un poderoso ranchero, J. W. Grant, para que rescaten a su joven esposa María, capturada al parecer por un bandolero mexicano llamado Jesús Raza. Los cuatro individuos llegan al campamento y rescatan a María, pero observan que ésta no se comporta verdaderamente como una cautiva. Descubren entonces que Raza es un revolucionario y acaban poniéndose de su parte.

En el valle de la Muerte

Richard Brooks retomó en *Los profesionales* una situación similar a la expuesta por Budd Boetticher en *Comanche Station* (1960), aunque insertada en la variante genérica de los *westerns* sobre mercenarios en el conflicto mexicano. En *Comanche Station*, un individuo era contratado por un ranchero ciego para que rescatara a su esposa, secuestrada por los comanches. En la empresa se le unían tres aventureros ansiosos de cobrar la recompensa, lo que emparentaba igualmente este film con *Colorado Jim* (*The Naked Spur*, Anthony Mann, 1953). En la película de Brooks también son cuatro los hombres que deben rescatar a la esposa del ranchero, pero ni éste es ciego ni la mujer ha sido capturada por los indios, sino que es prisionera del hombre que en realidad ama, el mexicano Jesús Raza. La repartición de intereses también es distinta, y el 1 + 3 de Boetticher se convierte en un 3 + 1 en Brooks: Fardan, Ehrengard y Sharp son los tres profesionales contratados por el ranchero, pero ellos no aceptan el encargo si un experto en dinamita, Dolworth, no es liberado de la cárcel y les ayuda en la misión.

Rodado en el desolador pero magnífico paraje de Death Valley, *Los profesionales* es mucho más físico y abrupto que el anterior *western* realizado por Brooks, *The Last Hunt* (1956), y también el mejor film sobre la participación norteamericana en la revolución mexicana. El conflicto parece una abstracción, a diferencia de lo que sucede en *Veracruz* (*Id.*, Robert Aldrich, 1954), *Bandido* (*Id.*, Richard Fleischer, 1956), *Grupo salvaje* (*The Wild Bunch*, Sam Peckinpah, 1969) o la tan pintoresca como banal *Villa cabalga* (*Villa Rides!*, 1968), rodada por Buzz Kulik en España a partir de un guión de Peckinpah. El hecho revolucionario tiene en todos estos films un peso importante: los personajes venden armas o ponen las suyas al servicio del mejor postor, sea villista o defienda los intereses del emperador Maximiliano. En la película de Brooks, la revolución parece un simple telón de fondo. Pero a medida que avanza el relato y los cuatro profesionales toman conciencia de la realidad (María se casó por obligación con el despótico Grant y ama a Raza, y éste no es un bandolero, sino un patriota), la revolución y lo que significa hace variar los intereses de los cuatro aventureros cuyo pasado está más enraizado con las causas perdidas –cambian los escenarios geográficos, pero la revolución es siempre la misma– que con el nihilismo propio del mercenario. Segunda incursión de la italiana Claudia Cardinale en Hollywood tras la comedia *La pantera rosa* (*The Pink Panther*, Blake Edwards, 1963).

1967 El Dorado

Howard Hawks

El Dorado. USA. **Dir.:** Howard Hawks. **Producción:** Laurel Productions, Paramount Pictures. **Prod.:** Howard Hawks. **Guión:** Leigh Brackett, según una novela de Harry Brown. **Fot.:** Harold Rosson (Technicolor). **Mús.:** Nelson Riddle. **Mont.:** John Woodcock. **Duración:** 110 minutos. **Int.:** John Wayne (Cole Thornton), Robert Mitchum (J. P. Harrah), James Caan ("Mississippi"), Charlene Holt (Maudie), Arthur Hunnicutt (Bull Harris), Michele Carey (Joey MacDonald), Edward Asner (Bart Jason).

Hawks sabe relatar acontecimientos similares a los de 'Río Bravo', en tono más distendido, sin que en ningún momento parezca un film repetitivo.

Cole Thornton es contratado por el ganadero Bart Jason, cacique de El Dorado. En una refriega mata al hijo pequeño de los MacDonald, a los que Jason quiere expulsar. Tiempo después, Thornton regresa a la ciudad y descubre cómo su viejo amigo, el *sheriff* J. P. Harrah, ha sucumbido al alcohol tras un desengaño amoroso. Juntos se opondrán a los desmanes de Jason y el pistolero que ha contratado.

El arte de la variación

Hawks estaba convencido de que no había nada más fuerte en una pantalla que una historia de amistad entre hombres. Y también pensaba que un director tiene derecho a rehacer una historia que le gusta si piensa que puede contarla mejor. A Hawks le gustaba mucho *Río Bravo* (*Rio Bravo*, 1959), pero creía que con la misma base argumental podía realizar un film más perfecto. Y por ello hizo *El Dorado*, que no es exactamente una nueva versión, una prolongación o una derivación de lo expuesto en *Río Bravo*. Mejor podríamos definirla como una variación sobre el mismo tema, en el sentido musical del concepto, que alcanzaría características de trilogía cuando Hawks dirigió a partir de similares premisas la menos interesante *Río Lobo* (*Rio Lobo*, 1970).

Las similitudes son evidentes. Hay secuencias que se repiten de uno a otro film y otras que Hawks no pudo incluir en el primero y repescó para el segundo. John Wayne encarna a un personaje de iguales características, aunque en *Río Bravo* era un *sheriff* y en *El Dorado* un pistolero que se vende al mejor postor, aunque sabe rectificar a tiempo y ponerse del lado de los más débiles. Robert Mitchum sucede a Dean Martin en la piel de un alguacil destrozado por la bebida. Arthur Hunnicutt asume la misma condición humorística que en *Río Bravo* ostentó Walter Brennan, mientras que James Caan es perfectamente intercambiable con Ricky Nelson en cuanto al joven inmaduro que aprende al lado del veterano Wayne; en todo caso, Caan se defiende muy bien con el cuchillo y es capaz de recitar a Edgar Allan Poe, mientras que Nelson era un consumado experto con el revólver y cantaba baladas para rebajar la tensión. El único personaje que zozobra es el femenino, ya que el encarnado por Charlene Holt no tiene la misma intensidad que el representado por Angie Dickinson en *Río Bravo*.

Pero si la primera película resultaba más tensa y sombría, su variación, sin dejar de ser desencantada, de una tonalidad otoñal tan lúcida como irónica –el plano final de Wayne y Mitchum con muletas paseando por la calle–, resulta en todo momento menos severa. Y eso que el relato se construye sobre una de esas enormes tragedias que tan bien manejaba Hawks: Cole Thornton, el pistolero interpretado por Wayne, mata, aunque sea en defensa propia, al hijo pequeño de los MacDonald, la familia de granjeros que el cacique de turno quiere echar de la región contratando, para ello, los servicios de Cole. La clave está en la mirada del cineasta. Lo que en el relato original era una tragedia se convirtió, tras la reescritura y la puesta en escena, en una armoniosa y vitalista aventura *westerniana* donde lo dramático convive felizmente con lo lúdico. ■

1968 Hasta que llegó su hora

Sergio Leone

C'era una volta il West. Italia. **Dir.:** Sergio Leone. **Producción:** San Marco-Rafran. **Prod.:** Sergio Leone y Fulvio Morsella. **Guión:** Sergio Leone y Sergio Donati. **Fot.:** Tonino Delli Colli (Technicolor). **Mús.:** Ennio Morricone. **Mont.:** Nino Baragli. **Duración:** 165 minutos. **Int.:** Claudia Cardinale (Jill), Henry Fonda (Frank), Charles Bronson (Armónica), Jason Robards (Cheyenne), Gabriele Ferzetti (Morton), Woody Strode (Stony).

El 'western' más ambicioso de Sergio Leone, rodado en los territorios de John Ford y centrado en varias venganzas individuales y una gran transformación colectiva.

El ambicioso Morton contrata a un grupo de asesinos a sueldo liderados por Frank para que acaben con un granjero irlandés cuyas tierras son el último obstáculo para su gran empresa: construir el ferrocarril que una el país desde la costa Oeste hasta la costa Este. Jill, la segunda esposa del granjero, llega al lugar después del asesinato de su marido. Con la ayuda de Armónica, que tiene una cuenta pendiente con Frank, y el pistolero Cheyenne, se opone a los desmanes de Morton.

Érase una vez el Oeste...

Finalizada su trilogía con Clint Eastwood en 1966, "Leone habría deseado romper con el género y cultivar otra clase de películas. Empezó a trabajar en *Érase una vez en América* (*Once Upon a Time in America*, 1984) pero, como el protagonista de *El pistolero* (*The Gunfighter*, Henry King, 1950), su notoriedad cercenó su libertad, y acató seguir compitiendo en la cilindrada que labró su fortuna".[17] De ese modo, víctima de su propio éxito, se enfrascó en el rodaje de *Hasta que llegó su hora*, su película más deudora del *western* estadounidense y aquella con la que pudo contar con una mayor logística de producción: sustancioso anticipo de distribución de la Paramount, generoso metraje de dos horas y media, concurso de actores norteamericanos de primera fila como Henry Fonda, Charles Bronson y Jason Robards y doble homenaje a su estimado John Ford: rodar en Monument Valley, un marco que hasta entonces pertenecía casi en exclusiva al director de origen irlandés, y contar con la presencia de Woody Strode, actor habitual en las últimas películas fordianas.

Hasta que llegó su hora tiene algo de cine experimental. No en el sentido ortodoxo del término, por supuesto, pero sí en la idea de forzar muchas situaciones y planos hasta extremos poco vistos hasta entonces, especialmente por lo que concierne a la dilatación del tiempo y el tratamiento del sonido. La secuencia de apertura muestra la agobiante espera por parte de tres pistoleros en una estación de tren: el que encarna Jack Elam atrapa una mosca en el cañón de su revólver tras varios minutos de imperturbable aleteo del insecto en la boca del individuo; la escena es una sinfonía sonora con el ruido del agua de una gotera al caer sobre un sombrero, los nudillos que crujen al estirar las manos, el sonido seco de la mecedora, el de las aspas de un molino y el aparato del telégrafo. La película bascula entre estas situaciones de calma y constantes explosiones de violencia, definiendo a los personajes por sus miradas (Henry Fonda) y sonidos (la armónica de Charles Bronson) antes que por lo que dicen. En la gestación del argumento participaron Bernardo Bertolucci, entonces en plena reconversión de su cine marxista, y Dario Argento, director especializado en relatos de terror y *thrillers* macabros. El resultado es, en lo dramático y en lo político (la manera de mostrar los profundos cambios sociales a través de la instauración del ferrocarril), decididamente singular: Leone quiso unir a John Ford con Luchino Visconti.

1968 El póker de la muerte

Henry Hathaway

Five Card Stud. USA. **Dir.:** Henry Hathaway. **Producción:** Hal B. Wallis Productions, Paramount Pictures. **Prod.:** Hal B. Wallis. **Guión:** Marguerite Roberts, según la novela de Ray Gaulden. **Fot.:** Daniel L. Fapp (Technicolor). **Mús.:** Maurice Jarre. **Mont.:** Warren Low. **Duración:** 103 minutos. **Int.:** Robert Mitchum (Jonathan Rudd), Dean Martin (Van

Morgan), Inger Stevens (Lily Langford), Roddy McDowall (Nick Evers), Katherine Justice (Nora Evers), Yaphet Kotto (Little George).

Todo 'western' puede relacionarse o metamorfosearse con otros géneros, y en este caso se trata de un relato del Oeste con notable influencia del cine negro.

Un individuo es linchado en la ciudad de Rincón por hacer trampas en una partida de póquer. Tiempo después llega a la localidad un nuevo predicador, Jonathan Rudd, y su llegada coincide con el asesinato de cuatro de los hombres que participaron en el linchamiento.

Cine negro del Oeste

El póker de la muerte cuenta con guión de Marguerite Roberts, escritora que cambió notablemente la fisonomía de los últimos *westerns* de Hathaway. Las dos siguientes películas del Oeste que rodó el director antes de retirarse del cine en 1974, *Valor de ley* (*True Grit*, 1969) y *Círculo de fuego* (*Shoot Out*, 1971), balbucientes entre el neoclasicismo y la reconversión, están escritas también por ella. Roberts, que antes había participado en el guión de películas tan diversas como *Ziegfeld Girl* (1941), un musical de Robert Z. Leonard; *Undercurrent* (1946), atípico drama criminal de Vincente Minnelli; *Mar de hierba* (*The Sea of Grass*, 1947), melodrama de atmósfera *westerniana* realizado por Elia Kazan, y *Safari en Malasia*

(*Rampage*, 1963), un film de aventuras malayas firmado por Phil Karlson, puso sobre el tapete una interrelación de géneros en apariencia antitéticos, el *western* y el *thriller*, que Hathaway filmó con un estilo peculiar a caballo de las dos tendencias y con un excelente trabajo de fotografía, esencialmente en interiores, de Daniel L. Fapp, que poco tiene que ver con la iluminación que en aquellos años practicaban operadores como Lucien Ballard, también muy habitual de Hathaway, o William H. Clothier.

En *El póker de la muerte* aparece uno de los temas vectores en la obra de Hathaway, el de la venganza, del que se nutren varios de sus *westerns* de manera irremediablemente trágica. Pero respetando los signos iconográficos del género, aplica una construcción narrativa y una atmósfera más propias del *film noir*, algo a lo que ayuda sustancialmente la presencia de Robert Mitchum en el papel del ambiguo predicador que esconde un pequeño revólver en su biblia, anuncia sus servicios religiosos disparando al aire y bautiza su arma como Señor Colt. Es sin duda un personaje derivado de los que Mitchum había interpretado en *La noche del cazador* (*Night of the Hunter*, Charles Laughton, 1955) y *El cabo del terror* (*Cape Fear*, J. Lee Thompson, 1962). Las muertes se producen en *El póker de la muerte* durante la noche, algo que contrasta con los tiroteos clásicos a la luz del día, como subraya uno de los personajes del film. Y ahí está la clave. La sombra del linchamiento del pasado se proyecta sobre cada uno de los hechos del presente en un tono de fatalista cine negro. Los asesinatos son así muy poco *westernianos*. Uno de los linchadores aparece estrangulado con alambre de espino. Otro muere asfixiado en un tonel de harina, otro colgado de la campana de la iglesia y el cuarto ahogado en un abrevadero. No hay duelos cara a cara, sino acciones criminales en penumbra o a traición en una atmósfera desazonante, fantasmagórica, apuntalada en una extraña música de carrusel. ■

1969 Grupo salvaje

Sam Peckinpah

The Wild Bunch. USA. **Dir.:** Sam Peckinpah. **Producción:** Warner Bros, Seven Arts. **Prod.:** Phil Feldman. **Guión:** Sam Peckinpah y Walon Green. **Fot.:** Lucien Ballard (Technicolor). **Mús.:** Jerry Fielding. **Mont.:** Louis Lombardo y Bob Wolfe. **Duración:** 148 minutos. **Int.:** William Holden (Pike Bishop), Ernest Borgnine (Dutch Engstrom), Robert Ryan (Deke Thornton), Edmond O'Brien (Sykes), Warren Oates (Lyle Gorch), Ben Johnson (Tector Gorch), Emilio Fernández (Mapache).

Crisol de tendencias, 'Grupo salvaje' aglutina la visión otoñal del género, el clasicismo de los personajes y la influencia visual del 'eurowestern'.

El grupo de Pike Bishop atraca el banco de la localidad de San Rafael. A la salida les esperan el ejército y los hombres de Deke Thornton, antiguo compinche de Bishop pagado ahora por la compañía del ferrocarril. Bishop y los suyos se internan, maltrechos, en México. Han caído en una trampa, ya que las sacas del banco estaban llenas de arandelas sin valor. Acosados por sus perseguidores, aceptan robar un cargamento de armas para un pequeño dictador, el general Mapache.

El último golpe

La historia del cine se ha escrito con muchas películas en las que nadie creía, con muchos actores que lograron el éxito con personajes que detestaban interpretar y con directores que aceptaron a regañadientes realizar una película, logrando de repente el éxito, la aceptación crítica o el premio del Oscar. Si hoy repasamos la filmografía de William Holden, pocos de sus trabajos resultan tan definitorios como el de *Grupo salvaje*; quizás en su dilatada filmografía sólo pueda hacerle sombra su papel de guionista-gigoló de *El crepúsculo de los dio-*

ses (*Sunset Boulevard*, Billy Wilder, 1950). Pues bien, Holden no fue la primera elección para encarnar al forajido Pike Bishop en *Grupo salvaje*, sino que el candidato más firme era Lee Marvin, un actor siempre tildado de secundario que ese mismo año interpretaría una película puede que más popular, pero infinitamente menos importante: *La leyenda de la ciudad sin nombre* (*Paint Your Wagon*, Joshua Logan, 1969). Holden no fue el único del reparto escogido tras varias negativas: la primera opción para el papel de Dutch Engstrom era Jason Robards, aunque al final recayó en Ernest Borgnine, y para el cometido de Deke Thornton, el antiguo compinche que ahora se ha pasado al lado oficial de la ley, se pensó en

Glenn Ford, del mismo modo que los nombres de James Stewart y Gregory Peck fueron puestos sobre el tapete en distintas fases de la preparación del film.

Todo esto viene a cuento de que el reparto de *Grupo salvaje*, con Holden, Borgnine y Robert Ryan –éste en el papel de Thornton–, más el concurso de varios secundarios tan peckinpanianos como Warren Oates, Ben Johnson, Strother Martin y Emilio "Indio" Fernández, o el acierto en la elección de Edmond O'Brien para el viejo y sucio Sykes, es equilibrado. No lo hubiera sido con Stewart o Peck. Quizá sí con Lee Marvin, que ya había formado parte de otro peculiar grupo salvaje en *Doce del patíbulo* (*The Dirty Dozen*, Robert Aldrich, 1967), esta vez en plena Segunda Guerra Mundial. Todos los actores que trabajaron en *Grupo salvaje* transmiten a la perfección esa mezcla de rudeza, desencanto, soledad, desarraigo y asunción de que los tiempos han cambiado, y en pocos se habría establecido, como ocurre con Holden y Borgnine, ese particular juego de miradas que delatan una complicidad y un respeto que van más allá de la estrecha amistad; pocos habrían logrado, como lo consigue Ryan, que su personaje sienta tanta repulsa por lo que hacen sus nuevos compañeros, cazarrecompensas y aves de rapiña pagados por el ferrocarril, como admiración por la forma de morir de los que fueron sus verdaderos amigos. Suya es una de las frases que definen la postura de Peckinpah: "Lo que me gustaría y lo que necesito son dos cosas distintas".

Grupo salvaje es una gran tragedia americana, la de las amistades traicionadas, la del fin del idealismo, la de la pujanza de la nueva economía capitalista –tan bien representada en la alianza entre militares alemanes y dictadores mexicanos, o en la lucrativa expansión de la compañía ferroviaria–, la del desclasamiento de aquellos que siguen viviendo libres y salvajes aunque deban hacerlo desafiando las normas de la ley. Con un montaje percutante y alternado, esa capacidad para el lirismo incluso en la expresión de la violencia que siempre caracterizó a Peckinpah, y un par de secuencias donde se expresa la muerte a cámara lenta no como efecto estetizante, sino como rito trágico (la de apertura, con el nefasto atraco al banco inspirado en el último y desastroso golpe de la banda de Jesse James en Northfield, y el tiroteo final en el pueblo mexicano, filmado como una carnicería suicida), *Grupo salvaje* constituye el centro gravitatorio de la obra anarquista y disconforme de Sam Peckinpah. ■

1970 El día de los tramposos

Joseph L. Mankiewicz

There Was a Crooked Man... USA. **Dir.:** Joseph L. Mankiewicz. **Producción:** Warner Bros. **Prod.:** Joseph L. Mankiewicz. **Guión:** David Newman y Robert Benton. **Fot.:** Harry Stradling Jr. (Technicolor). **Mús.:** Charles Strouse. **Mont.:** Gene Milford. **Duración:** 125 minutos. **Int.:** Kirk Douglas (Paris Pitman Jr.), Henry Fonda (Woodward Lopeman), Hume Cronyn (Dudley Whinner), Warren Oates (Floyd Moon), Burgess Meredith (Missouri Kid).

El director de 'Eva al desnudo' y 'Cleopatra' se dejó tentar por el Oeste americano. Resultado: una comedia cínica, negra y corrosiva con un final amoral.

El *sheriff* Lopeman queda cojo en un altercado con un forajido. Imposibilitado para seguir ejerciendo el cargo, se convierte en alcaide de un presidio. Allí conoce a Paris Pitman Jr. Antes de ser detenido, Paris escondió en pleno desierto, en un pozo de serpientes de cascabel, el fruto de su último atraco. Logra manipular a Lopeman para salir de la cárcel, pero al recuperar el botín es mordido por una serpiente y es el alcaide quien se queda con el dinero.

El juego del gato y el ratón

La existencia de una película como *El día de los tramposos* demuestra la permeabilidad y ductilidad del *western*. Hay cineastas que son incapaces de filmar una comedia, y otros a los que les resultará muy difícil rodar un melodrama o adentrarse por los caminos del terror y la ciencia-ficción. Con el *western* todo es muy distinto... y más fácil. Directores sobre el papel poco acordes con el género, como Douglas Sirk y Joseph L. Mankiewicz, lo probaron al menos una vez sin ningún tipo de complejos. El de Mankiewicz, además, está escrito por David Newman y Robert Benton, pareja de oro del cine norteamericano en otros registros: *Bonnie y Clyde* (*Bonnie and Clyde*, Arthur Penn, 1967) y *Superman* (*Id.*, Richard Donner, 1978). Cuenta, eso sí, con Henry Fonda y Kirk Douglas, dos baluartes del género. Con todo, a Mankiewicz le interesaba el *western* como soporte. *El día de los tramposos* es un film recubierto de tragicomedia cínica y tan venenosa como la serpiente que en el plano final, saliendo del escondite del tesoro, muerde mortalmente a Paris y permite a Lopeman cambiar de vida. Puede verse como una especie de ensayo, aunque ambientado en una penitenciaría y en unos exteriores terrosos y calcinados por el sol, del siguiente y último film del director, *La huella* (*Sleuth*, 1972), ya que se construye esencialmente sobre la dialéctica entre dos personajes opuestos que juegan durante todo el metraje al gato y al ratón.

1973 Infierno de cobardes
Clint Eastwood

High Plains Drifter. USA. **Dir.:** Clint Eastwood. **Producción:** Malpaso, Universal. **Prod.:** Robert Daley. **Guión:** Ernest Tidyman. **Fot.:** Bruce Surtees (Technicolor). **Mús.:** Dee Barton. **Mont.:** Ferris Webster. **Duración:** 102 minutos. **Int.:** Clint Eastwood (El Extranjero), Verna Bloom (Sarah Belding), Marianna Hill (Callie Travers), Mitchell Ryan (Dave Drake), Jack Ging (Morgan Allen).

El primer film del Oeste dirigido por Eastwood es un ejercicio de violencia vengativa y catártica ambientado en un decorado atípico en el género.

Un pistolero llega a una ciudad situada junto a un lago. La gente del lugar le contrata para que los defienda de tres forajidos que acaban de salir de la cárcel. El Extranjero pone sus condiciones. De hecho, él también espera a los tres delincuentes, ya que en el pasado asesinaron al *sheriff* de Lago sin que nadie hiciera lo más mínimo para impedirlo.

Una ciudad llamada Lago

Clint Eastwood esperó poco tiempo para dirigir una película del género en el que había triunfado como actor. Tras su debut tras la cámara con *Escalofrío en la noche* (*Play Misty for Me*, 1971), una mezcla de *thriller* y drama criminal, el actor encaró su primer *western* en calidad de realizador, *Infierno de cobardes*, que en algunas cosas es una prolongación de los films hechos a las órdenes de Sergio Leone: su protagonista es otro pistolero sin nombre y la resolución de algunas escenas de acción recuerda a los films de Leone.

Pero *Infierno de cobardes* transcurre en un escenario muy distinto, en un lugar privilegiado dentro de las geografías *westernianas*. La acción del guión original transcurría en una pequeña ciudad en pleno desierto, pero cuando Eastwood descubrió por casualidad un lago en Nevada llamado Mono Lake, decidió cambiar de ubicación y crear alrededor de este lugar la ciudad imaginaria de Lago, de hecho dos hileras de casas situadas en una sola calle.

El sonido de las gaviotas, tan anómalo en un *western*, acompaña al Extranjero cuando llega al lugar. Se convierte en el dueño de la ciudad, humilla a los ciudadanos prominentes, seduce y ultraja a sus mujeres, azota a los asesinos, manda pintar las casas de color rojo y al final, consumada su venganza de raíz bíblica, les prende fuego. El Extranjero castiga a los criminales y a la población que consintió el crimen, y monta de nuevo en su caballo tras un ejercicio de catarsis difícilmente olvidable.

1973 Pat Garrett y Billy the Kid

Sam Peckinpah

Pat Garrett and Billy the Kid. USA. **Dir.:** Sam Peckinpah. **Producción:** Metro Goldwyn Mayer. **Prod.:** Gordon Carroll. **Guión:** Rudolph Wurlitzer. **Fot.:** John Coquillon (Metrocolor). **Mús.:** Bob Dylan. **Mont.:** Roger Spottiswoode, Garth Craven, Robert L. Wolfe. **Duración:** 106 minutos. **Int.:** James Coburn (Pat Garrett), Kris Kristofferson (Billy the Kid), Richard Jaeckel (*sheriff* McKinney), Bob Dylan (Alias), Katy Jurado (señora Baker), Slim Pickens (*sheriff* Baker).

Las canciones escritas por Bob Dylan potencian aún más el carácter de balada en el crepúsculo con que Peckinpah afrontó la historia de dos mitos del Oeste.

Pat Garrett recomienda a su amigo Billy the Kid que deje la zona de Fort Summer. El pistolero no le hace caso. Su banda es masacrada y él es detenido. Logra escapar de la cárcel y Garrett, espoleado por el gobernador de la región, emprende su búsqueda. Los dos amigos se reencuentran de nuevo en Fort Summer, donde Garrett abate a Billy.

Llamando a las puertas del cielo

Peckinpah se acercó a la historia de Pat Garrett y Billy the Kid con una mezcla de tono baladístico, realidad y leyenda. La contratación de Bob Dylan para componer la música, además de interpretar al silencioso personaje llamado Alias, otorga sentido a la primera elección: sus temas, de entre los que destaca el memorable *Knockin' On Heaven's Door (Llamando a las puertas del cielo)*, utilizado en la secuencia de tintes crespusculares de la muerte del viejo *sheriff* Baker, tienen el carácter de una balada en progresión. En cuanto a la realidad y la leyenda, Peckinpah barajó elementos de ambas nociones hasta llevar a su propio terreno, el de la amistad traicionada con una notable aura romántica, la historia real de Pat Garrett y Billy the Kid. Ni los actores escogidos (James Coburn y Kris Kristofferson) ni los que sonaron en algún momento como candidatos (Paul Newman y Henry Fonda para Garrett, Malcolm McDowell y Peter Fonda para Billy), guardan algún parecido físico con los personajes reales. El relato mezcla incidentes reales con otros imaginados por Rudolph Wurlitzer, guionista de uno de los clásicos del cine independiente norteamericano de los setenta, *Carretera asfaltada en dos direcciones* (*Two-Lane Blacktop*, Monte Hellman, 1971).

LA VERDADERA HISTORIA DE BILLY THE KID Y PAT GARRETT

William Bonney, alias Billy the Kid (aunque no se sabe a ciencia cierta cuál fue su nombre real y se barajan también los de Henry Antrim y William Antri), nació en Nueva York, en 1859. Según algunos biógrafos era un joven flaco dotado de temperamento artístico, aunque para otros era rudo y con expresión algo retardada. Pat Garrett, antiguo compañero de andanzas de Billy, fue nombrado *sheriff* del condado de Lincoln hacia 1880, en una época muy violenta para la región conocida como la guerra de Lincoln County. Tuvo que perseguir a Billy, acusado de varios asesinatos, y le mató en Fort Summer, Nuevo México, el 14 de julio de 1881; compró después un rancho y escribió un libro para justificar sus actos. Juntos o por separado han aparecido en numerosas películas: *Billy the Kid* (*Id.*, King Vidor, 1930), *Billy el Niño* (*Billy the Kid*, David Miller, 1941), *The Outlaw* (Howard Hughes, 1941), *El zurdo* (*The Left Handed Gun*, Arthur Penn, 1957), *Pat Garrett y Billy the Kid*, *Chisum* (*Id.*, Andrew V. McLaglen, 1971), *Dispara, Billy, dispara* (*Dirty Little Billy*, Stan Dragoti, 1972), *Arma joven* (*Young Guns*, Christopher Cain, 1988) e *Intrépidos forajidos* (*Young Guns II*, Geoff Murphy, 1990).

Peckinpah tampoco esquivó en esta ocasión la censura de los productores, que manipularon a conciencia el sentido del relato al eliminar, por ejemplo, la escena de apertura, en la que mediante un montaje en paralelo se mostraba el asesinato en color sepia de Pat Garrett, acontecido en 1908, y a Billy y sus hombres disparando por diversión contra las cabezas de las gallinas en Fort Summer, casi treinta años antes. Muchos personajes, como el gobernador Wallace y el ganadero John T. Chisum (Jason Robards y Barry Sullivan), desaparecieron de la película. La versión que se estrenó en su momento duraba 106 minutos, pero en los años noventa se puso en circulación una nueva copia con el montaje original del director, de 121 minutos, en el que los cuantiosos saltos narrativos son menos evidentes y se respeta la estructura temporal del inicio.

Nada mejor para definir la postura de Peckinpah ante la historia que el plano en el que Garrett, tras matar a quien fuera su amigo, observa su propia imagen reflejada en un espejo y dispara hasta hacerlo añicos, que es lo mismo que disparar contra sí mismo. Peckinpah se cargaba en un solo plano, y sin ser escrupuloso con la historia, toda la mítica alimentada por la leyenda.

1976 Missouri

Arthur Penn

The Missouri Breaks. USA. **Dir.:** Arthur Penn. **Producción:** Devon/Persky-Bright, United Artists. **Prod.:** Elliott Kastner y Robert M. Sherman. **Guión:** Thomas McGuane. **Fot.:** Michael Butler (Color de Luxe). **Mús.:** John Williams. **Mont.:** Dede Allen. **Duración:** 126 minutos. **Int.:** Marlon Brando (Robert Lee Clayton), Jack Nicholson (Tom Logan), Randy Quaid (Little Tod), Kathleen Lloyd (Jane Braxton), Harry Dean Stanton (Calvin).

Dos estrellas de los setenta, Marlon Brando y Jack Nicholson, rivalizan en un relato sórdido, sádico y reducido a la mínima esencia.

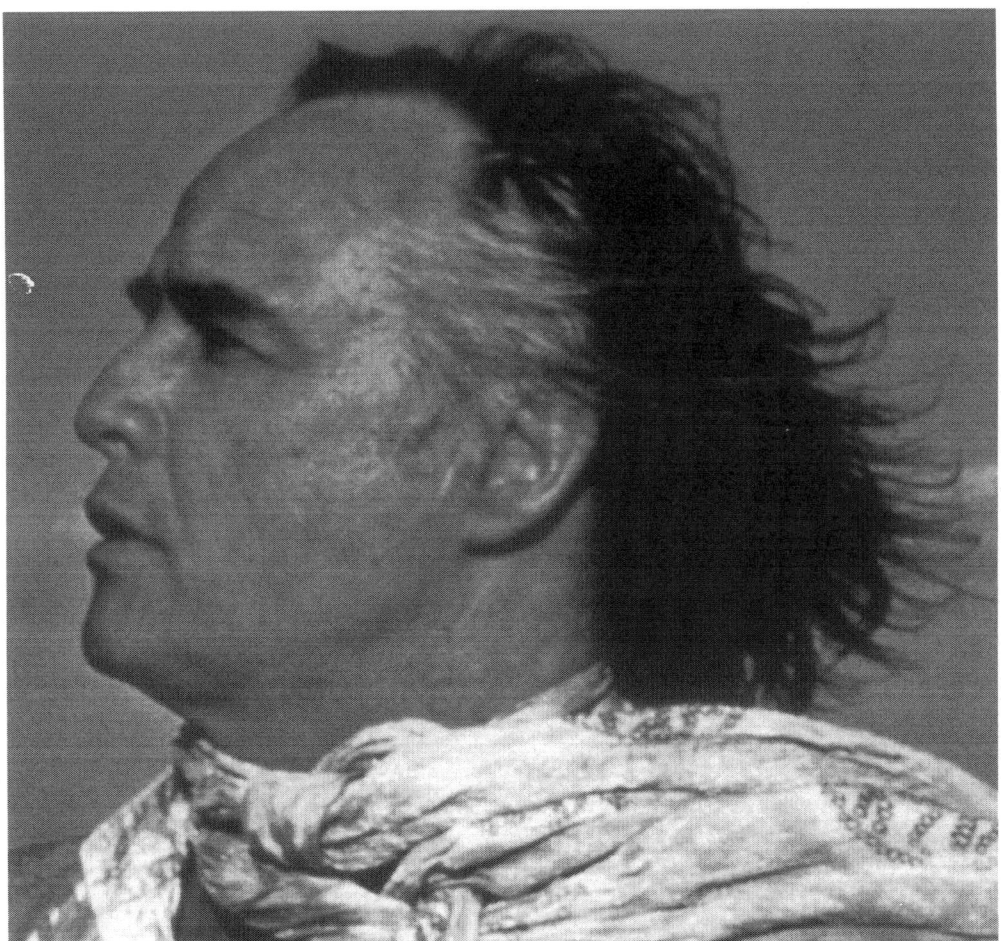

Un poderoso ranchero quiere acabar con un grupo de ladrones de caballos. Para ello contrata los servicios de Robert Lee Clayton, un asesino implacable y extremadamente violento que utiliza el hacha y luce una larga melena blanca. Clayton da caza a la banda de cuatreros y los elimina uno a uno con la excepción de su jefe, Tom Logan.

Persecución sin cuartel

Missouri tenía una inmejorable coartada comercial, la que brindaban Marlon Brando y Jack Nicholson, máximas estrellas del cine norteamericano a mediados de los setenta, en el papel de los dos rivales. Tanto los dos actores como el director de la película, Arthur Penn, se mostraron siempre interesados por las historias del Oeste, aunque no se dedicaran demasiado al género. Y el resultado de este encuentro resultó ser una película atípica no tanto en su planteamiento como en su resolución. Momentos como el de la muerte del asesino a sueldo encarnado por Brando a manos de Nicholson están planteados sin ningún gesto épico, heroico o vengativo: la víctima cierra los ojos para dormir, la pantalla se queda en negro y cuando aparece de nuevo el rostro de Brando es para abrir los ojos y mirar extrañado al hombre que acaba de rebanarle el cuello. *Missouri* es un *western* realizado a destiempo, disconforme (no es clásico, ni moderno, ni crepuscular, ni alegórico) y casi minimalista, ya que se construye a partir de oposiciones dramáticas sobre una trama de lo más escueto. El cineasta parece ponerse del lado de los cuatreros sin tener que imbuirlos de una aureola romántica, como en tantos otros films sobre forajidos desclasados o idealizados, y carga las tintas en la figura de los ambiciosos terratenientes y, sobre todo, en la presencia violenta y sádica del personaje que Marlon Brando compone con extremada contención.

1980 Forajidos de leyenda

Walter Hill

The Long Riders. USA. **Dir.:** Walter Hill. **Producción:** Huka Films, United Artists. **Prod.:** Tim Zinnemann. **Guión:** Bill Bryden, Steven Smith, James Keach y Stacy Keach. **Fot.:** Ric Waite (Technicolor). **Mús.:** Ry Cooder. **Mont.:** Freeman Davies y David Holden. **Duración:** 99 minutos. **Int.:** David Carradine (Cole Younger), Keith Carradine (Jim Younger), Robert Carradine (Bob Younger), James Keach (Jesse James), Stacy Keach (Frank James).

Otra mirada sobre los avatares del clan de los James y los Younger, que cuenta con la particularidad de estar interpretada por actores que son hermanos.

Después de la derrota de la confederación en la guerra civil, grupos de soldados sudistas deciden vivir fuera de la ley atracando trenes y asaltando bancos. Un detective de la agencia Pinkerton sigue la pista de la banda liderada por los hermanos James y Younger, hasta que logra desmantelarla cuando intentan robar en el banco de Northfield, Minnesota.

El ritual de la cámara lenta

Asumiendo rasgos estéticos (la imagen de los guardapolvos, las largas gabardinas que llevan los forajidos al perpetrar sus golpes, o el plano de los jinetes atravesando una vidriera) de las películas sobre Jesse James realizadas por Henry King y Nicholas Ray, utilizados también por Sergio Leone y Sam Peckinpah en *Hasta que llegó su hora* (*C'era una volta il West*, 1968) y *Grupo salvaje* (*The Wild Bunch*, 1969), respectivamente, Walter Hill compuso una suerte de *western* crepuscular, pero aún más violento y voluntariosamente estilizado que los de Peckinpah, a partir de la conocida historia de la banda formada por los James y los Younger. Destaca de nuevo el desastre estratégico del robo al banco de Northfield.

Forajidos de leyenda aporta mayor protagonismo de los hermanos Younger, relegados siempre a un papel secundario bajo la sombra omnipresente de los James. Incluso la figura de Cole está ungida de la imagen del forajido desencantado que asume mejor que nadie que el tiempo de los de su estirpe ha terminado. Hill traiciona muchos aspectos de la historia real, aunque busca siempre una noción de realismo que choca frontalmente con su manera explosiva de filmar las secuencias de violencia, en las que la cámara lenta y el sonido ralentizado convierten las muertes en un ritual que pasa por la angustia antes del impacto del proyectil y el dolor al ralentí cuando la bala agujerea la carne.

Otra de las peculiaridades de *Forajidos de leyenda*, la más destacada en su momento y la que contribuye a su realismo más allá de la propia historia real, es que su reparto está formado por familias de actores que interpretan a los distintos clanes de forajidos. Así, James y Stacy Keach, también coguionistas y productores del film, son los hermanos Jesse y Frank James. David, Robert y Keith, los tres hijos del actor John Carradine –quien había intervenido en las producciones de la Fox sobre el tema, *Tierra de audaces* (*Jesse James*, King, 1939) y *La verdadera historia de Jesse James* (*The True Story of Jesse James*, Ray, 1957)–, encarnan a los tres hermanos Younger. Randy y Dennis Quaid son otros dos miembros de la banda, Cleil y Ed Miller, mientras que Nicholas y Christopher Guest interpretan a Bob Ford, el asesino de Jesse, y su hermano Charlie.

Hill regresaría al cine del Oeste con otros dos personajes históricos: *Gerónimo* (*Geronimo*, 1993) y *Wild Bill* (*Id.*, 1995) fueron intentos de reverdecer viejos laureles con una estética más directa, pero ambos films sufrieron recortes y tuvieron escaso éxito. Hill realizaría después el episodio piloto de una serie del Oeste con mayor acento realista, primitivo y atávico, *Deadwood* (2004).

1980 La puerta del cielo
Michael Cimino

Heaven's Gate. USA. **Dir.:** Michael Cimino. **Producción:** United Artists. **Prod.:** Joann Carelli. **Guión:** Michael Cimino. **Fot.:** Vilmos Zsigmond (Technicolor). **Mús.:** David Mansfield. **Mont.:** Tom Rolf, William Reynolds. **Duración:** 219 minutos. **Int.:** Kris Kristofferson (James Averill), Christopher Walken (Nathan Champion), John Hurt (William Irvine), Sam Waterston (Frank Canton), Isabelle Huppert (Ella Watson).

Michael Cimino gastó más dinero que nadie en la puesta en escena realista de este 'western' histórico, pero la triste realidad es que su fracaso derrumbó a la poderosa United Artists.

James Averill, el *sheriff* de Johnson County, se opone a las intenciones del terrateniente Frank Canton, que ha contratado a un grupo de mercenarios para que eliminen a los 125 emigrantes granjeros que se han instalado en el condado. Averill mantiene relaciones con la prostituta Ella, a la vez que Nathan Champion, que trabaja para la asociación de ganaderos, pretende casarse con la mujer.

Realismo de izquierdas

Michael Cimino se encontraba en boca de todo el mundo tras el éxito, ratificado en los Oscar, de *El cazador* (*The Deer Hunter*, 1978). Situado pues en la privilegiada posición del niño contestatario pero mimado de Hollywood, Cimino aprovechó la coyuntura para dirigir un espectacular *western* de izquierdas, aunque siempre con matices, que tenía en mente desde 1971. El resultado es un producto tan exultante como intimista y reflexivo, cuyo recorrido desencantado por la denominada guerra del condado de Johnson –otro enfrentamiento violento entre ganaderos y granjeros– pretende ser una alegoría sobre la sociedad norteamericana del momento. *La puerta del cielo* es hoy más conocida por ser la película que descalabró la economía de United Artists, hasta el punto de que la compañía creada en 1919 por David Wark Griffith, Charles Chaplin, Douglas Fairbanks y Mary Pickford no remontaría jamás el vuelo: la película, de la que existen dos montajes, uno de 149 minutos y otro de 219, costó 44 millones de dólares y recaudó menos de cuatro millones. Pero *La puerta del cielo* es mucho más que un desastre comercial. Violento, carnal, romántico, operístico, realista –"Es necesario redifinir el realismo en las películas", comentaba Cimino, "porque muy a menudo, cuanto más te aproximas a la realidad encuentras un mayor rechazo"[18]–, se beneficia de una espléndida fotografía de Vilmos Zsigmond que otorga misterio a los interiores y extraña belleza a los exteriores. *La puerta del cielo* es puro cine de Hollywood y, al mismo tiempo, el reverso crítico de la moneda hollywoodiense.

1985 El jinete pálido
Clint Eastwood

Pale Rider. USA. **Dir.:** Clint Eastwood. **Producción:** Malpaso, Warner Bros. **Prod.:** Clint Eastwood. **Guión:** Michael Butler y Dennis Shryack. **Fot.:** Bruce Surtees (Technicolor). **Mús.:** Lennie Niehaus. **Mont.:** Joel Cox. **Duración:** 116 minutos. **Int.:** Clint Eastwood (El Predicador), Michael Moriarty (Hull Barret), Carrie Snodgress (Sarah Wheeler), Christopher Penn (Josh LaHood), Richard Dysart (Coy LaHood), Sydney Penny (Megan Wheeler).

Magistral indagación en los paisajes morales y físicos ya tratados en 'Raíces profundas'. Clint Eastwood alcanza la definitiva madurez como cineasta.

Un enigmático personaje llega a un poblado donde varias familias de buscadores de oro son explotadas por el cacique de la región, Coy LaHood, que comercia con el preciado metal y contrata a unos pistoleros para que les intimiden. La pequeña Megan, que estaba rezando en el bosque pidiendo ayuda, cree que el forastero es la respuesta a su plegaria. Enseguida intima con Sarah Wheeler, la madre de la niña, y el honesto minero que la pretende, Hull Barret. El forastero termina ayudándoles en su lucha contra LaHood.

Un predicador y una plegaria

El jinete pálido es una variación, o *remake* no confeso, de *Raíces profundas* (*Shane*, George Stevens, 1953). Hay en el relato muchos elementos coincidentes: idéntico punto de partida, el sentimiento amoroso de una de las mujeres hacia el pistolero, la fascinación que ejerce sobre la hija de ésta (en el film de Stevens era un niño, y esa modificación es importantísima) o la toma de partido del forastero en la guerra desigual que mantienen los buscadores de oro pobres con el terrateniente de métodos feudales. Incluso se repiten escenas, como la de los mercenarios contratados por el cacique disparando a sangre fría contra un solo e indefenso minero, que allí perecía en el fango a manos de Jack Palance y aquí lo hace en la calle nevada.

Pero las diferencias entre Shane, el personaje de Alan Ladd en aquel *western* psicológico, y El Predicador, el que incorpora Eastwood en *El jinete pálido*, son notables. El segundo no cabalga sin meta fija con la sola intención de colgar para siempre sus armas, sino que en ningún momento reniega del uso de la fuerza –sea con las pistolas, los puños o unos palos de madera– para ayudar a los oprimidos en su lucha con el opresor. Además, su aparición en el poblado, ataviado con un alzacuellos de predicador, coincide con una plegaria de la pequeña Megan, por lo que su entrada en escena, cabalgando desde las montañas hasta adentrarse en la luz filtrada por las copas de los árboles, tiene resonancias bíblicas. Megan leerá después unos pasajes de *La biblia*: "Y contemplé un caballo pálido, y el nombre del jinete era Muerte, y el infierno le seguía", y el film deviene entonces una parábola. El hecho de que sea una niña y no un niño convierte la fascinación en inconsciente deseo: la conducta de Megan no tiene nada que ver con la del pequeño Joey de *Raíces profundas*. Además, la propia configuración del personaje que encarna Eastwood, otro pistolero sin nombre que cabalga desde una lejanía abstracta hasta introducirse en el espacio físico y dramático de la historia, remite poderosamente tanto al primer *western* de su autor, *Infierno de cobardes* (*High Plains Drifter*, 1973), como al género en su acepción europea. Por todas estas razones, *El jinete pálido*, que fue presentada con éxito en el festival de Cannes, puerta europea para el replanteamiento crítico respecto a la obra de Eastwood, se erige en estimulante condensado de varias tendencias en el género.

1985 Silverado

Lawrence Kasdan

Silverado. USA. **Dir.:** Lawrence Kasdan. **Producción:** Delphi IV, Columbia. **Prod.:** Lawrence Kasdan. **Guión:** Lawrence y Mark Kasdan. **Fot.:** John Bailey (Technicolor). **Mús.:** Bruce Broughton. **Mont.:** Carol Littleton. **Duración:** 133 minutos. **Int.:** Kevin Kline (Paden), Scott Glenn (Emmett), Kevin Costner (Jake), Danny Glover (Mal), John Cleese (*sheriff* Langston), Rosanna Arquette (Hannah), Brian Dennehy (Cobb).

Primera aproximación de Lawrence Kasdan y Kevin Costner a una cierta concepción tradicionalista del cine del Oeste.

Cuatro individuos erráticos llegan por distintos motivos a la localidad de Silverado. Uno de ellos, Emmett, había formado parte de una banda de forajidos y descubre que su jefe, Cobb, es ahora el influyente *sheriff* de la ciudad. No tardarán en verse involucrados en las disputas que Cobb y los ganaderos mantienen con los colonos establecidos en el lugar.

Compilación de un género

Silverado es una propuesta curiosa, ya que siendo una película absolutamente mimética, en la que pueden rastrearse, articuladas con cierto criterio, influencias de Budd Boetticher, Delmer Daves, John Sturges y el *western* europeo, resulta también un film verosímil con los elementos que maneja. La idea de Lawrence Kasdan, hábil reciclador de los géneros clásicos tanto en calidad de director –*Fuego en el cuerpo* (*Body Heat*, 1981) y el cine negro a lo James M. Cain– como de guionista –*En busca del arca perdida* (*Raiders of the Lost Ark*, Steven Spielberg, 1979) y el serial de aventuras–, es la de condensar el mayor número de aspectos posibles del género en lo temático y en lo visual. Así, podemos contabilizar pistoleros erráticos, forajidos reconvertidos en *sheriffs*, caciques que expolian tierras por doquier, ganaderos megalómanos, los conflictos que estallan con los granjeros, amistades traicionadas, estampidas de ganado, caravanas de colonos, un duelo en las calles de la ciudad, la estética tumultuosa del *saloon* y movimientos de grúa inmensos destinados a demostrarnos que el film está rodado en formato Techniscope. Pero incorpora también elementos anómalos, como el alguacil que encarna un inusual John Cleese, miembro de los Monty Python, y la propietaria del *saloon* interpretada por Linda Hunt. Kasdan ejerce de algo así como compilador, contemplando el pasado con cierta nostalgia pero sin dejar de tener la vista puesta en el presente. ■

1990 Bailando con lobos

Kevin Costner

Dances with Wolves. USA. **Dir.:** Kevin Costner. **Producción:** Tig Productions, Orion Pictures. **Prod.:** Kevin Costner y Jim Wilson. **Guión:** Michael Blake, según su propia novela. **Fot.:** Dean Semler (Color de Luxe). **Mús.:** John Barry. **Mont.:** Neil Travis. **Duración:** 183 minutos. **Int.:** Kevin Costner (teniente Dunbar), Mary McDonnell (De pie con el puño en alto), Graham Greene (Kicking Bird), Rodney Grant (Viento en su cabello).

El oscarizado debut como director de Kevin Costner demostró su predilección por el género y su nostalgia por los grandes espacios perdidos o transformados.

La acción se desarrolla en 1860, en plena guerra civil. El oficial nordista John Dunbar realiza una carga suicida de la que sale victorioso. Sus superiores le recompensan enviándole a la frontera. Allí entabla relación con los indios sioux y con una mujer blanca que vive desde hace años en la tribu con el nombre de De pie con el puño en alto.

Hacia los viejos horizontes

Dos años antes de que el *western* de Clint Eastwood *Sin perdón* (*Unforgiven*, 1992) triunfara en la ceremonia de los Oscar, la primera película como director de otro actor célebre, Kevin Costner, obtenía aún más estatuillas y hacía albergar la algo vana esperanza de que

Hollywood iba a apostar de nuevo por el cine del Oeste. *Bailando con lobos* dibuja con cierta economía de medios, pese a tratarse de una producción cara, lujosa, de considerable metraje y con ribetes algo epatantes, cuando no narcisistas (Costner es el centro de atención en todo momento), una historia sobre la pureza tanto del género como de los personajes que lo poblaron en la edad de oro. Es un film elegíaco, y edénico, sobre el mito de la frontera, sobre la pureza de los espacios sin contaminar, coloreado con sentido ecologista y algún buen detalle de puesta en escena.

Costner se ha convertido en las dos últimas décadas en el recuperador moral del género junto a Eastwood. Lo ha hecho como actor, en los *westerns* de Lawrence Kasdan, y como director. Si su segunda película delante y detrás de la cámara, *El mensajero del futuro* (*The Postman*, 1997), es un relato de ciencia-ficción con estructura y definición de personajes totalmente *westernianos*, *Open Range* (*Id*., 2003), la tercera y última hasta la fecha –y la mejor de todas, aunque sin la repercusión de *Bailando con lobos*–, recupera con tacto las armoniosas señas de identidad del *western* primitivo. ■

1992 Sin perdón

Clint Eastwood

Unforgiven. USA. **Dir.:** Clint Eastwood. **Producción:** Malpaso, Warner Bros. **Prod.:** Clint Eastwood. **Guión:** David Webb Peoples. **Fot.:** Jack N. Green (Technicolor). **Mús.:** Lennie Niehaus. **Mont.:** Joel Cox. **Duración:** 131 minutos. **Int.:** Clint Eastwood (Bill Munny), Gene Hackman (Little Bill Daggett), Morgan Freeman (Ned Logan), Richard Harris (Bob El Inglés), Jaimz Woolvett (Schofield Kid), Saul Rubinek (W. W. Beauchamp).

Bendecido con cuatro Oscar, 'Sin perdón' supuso otro amago de renacimiento para el 'western' y convirtió a su director y actor principal en el último clásico del género.

Bill Munny se ha regenerado. Se casó, tiene dos hijos y está al cuidado de una granja de cerdos, pero se siente desorientado tras la muerte de su esposa. Por ello acepta la propuesta del joven Schofield Kid y, en compañía de un viejo amigo, Ned Logan, parte hacia la ciudad de Big Whiskey para ayudar a unas prostitutas que ofrecen una recompensa por vengar a una compañera humillada. Allí se enfrenta con Little Bill Daggett, el hombre que impone su ley y cuenta con un biógrafo personal.

La última aventura de Bill Munny

No cabe la menor duda de que *Sin perdón* es uno de los proyectos más queridos de Eastwood. El director compró el texto original de David Webb Peoples, coguionista de la influyente *Blade Runner* (*Id*., Ridley Scott, 1982), y lo guardó nueve años en su cajón hasta envejecer lo suficiente para poder dar vida al personaje central, el cansado Bill Munny, ex atracador de trenes y bancos. Peoples lo había escrito en 1976 con el título de *Los asesinos de la prostituta cortada*. Se trataba de un guión ambientado en 1880 en la localidad de Big Whiskey, último bastión de la frontera moral y física del país: a Big Whiskey no había llegado el orden ni el ferrocarril. Munny, que abandonó la vida delictiva para formar familia, vivía ahora en la penuria al cuidado de una granja de cerdos. Tenía dos hijos, pero su esposa había fallecido de viruela dos años antes. Atraído por el dinero ofrecido por unas prostitutas de la ciudad, Munny, un antiguo amigo y un jovenzuelo sin experiencia se desplazan hasta Big Whiskey. Un reclamo monetario para, en el fondo, recuperar la estima perdida.

Eastwood filmó el guión tal cual, respetando casi los puntos y las comas. Y en 1992 resultó de una vigencia extrema su estudio de la violencia armada: situaciones como el apaleamiento del joven negro Rodney King por parte de la policía de Los Ángeles parecían evocarse en las palizas que Little Bill Daggett infringe al pistolero apodado El Inglés y al propio Munny. Cinético como escasos *westerns*, con su memorable y fatalista cabalgada bajo una lluvia

torrencial, los duelos sin épica en la penumbra del *saloon*, la conversación sobre lo mucho que sufre un hombre con una bala en el vientre, la imagen de Munny tiritando de fiebre antes de ser golpeado o el hiperrealismo de sus escenarios reconstruidos y sus situaciones (Munny dispara al blanco con un rifle porque yerra el tiro con el revólver debido a la vista cansada; Schofield Kid también es miope), *Sin perdón* muestra sin tapujos el conflicto entre el derecho natural y las leyes civiles que empezaban a propagarse por el país, y que acabarían llegando por supuesto a núcleos primitivos como Big Whiskey, además de aportar su notable y crítico grano de arena sobre la diferencia entre realidad y leyenda a través del personaje de W. W. Beauchamp, el biógrafo que novela las gestas de Bob El Inglés. Se queda en la ciudad cuando éste es expulsado, escribe entonces sobre Little Bill y actúa de cronista en directo cuando el ambicioso *sheriff* es abatido a quemarropa por Munny.

1994 Wyatt Earp
Lawrence Kasdan

Wyatt Earp. USA. **Dir.:** Lawrence Kasdan. **Producción:** Tig Productions, Kasdan Pictures, Warner Bros. **Prod.:** Jim Wilson, Kevin Costner y Lawrence Kasdan. **Guión:** Dan Gordon y Lawrence Kasdan. **Fot.:** Owen Roizman (Technicolor). **Mús.:** James Newton Howard. **Mont.:** Carol Littleton. **Duración:** 189 minutos. **Int.:** Kevin Costner (Wyatt Earp), Dennis Quaid (Doc Holliday), Gene Hackman (Nicholas Earp), Jeff Fahey (Ike Clanton), Michael Madsen (Virgil Earp), Mark Harmon (Behan).

Wyatt Earp y Doc Holliday se resisten a morir en el cine. En su nueva asociación, Kasdan y Costner proponen otra vuelta de tuerca al tiroteo en el OK Corral.

Wyatt Earp crece en los campos de Iowa antes de estudiar Derecho. Superada la muerte de su esposa, se hace cazador de búfalos y cazarrecompensas para el ferrocarril. Se instala primero como *sheriff* en Wichita y Dodge City, y se traslada después con sus hermanos a Tombstone. Mantiene relaciones con una prostituta y una actriz de teatro, a la vez que estrecha su amistad con el dentista Doc Holliday, que ha contraído tuberculosis y no puede ejercer su profesión. Los Clanton asesinan al hermano de Wyatt, Morgan, y los desafía en el OK Corral. Después parte hacia Alaska, tierra de oro.

Biografía de un mito

La extraña casualidad que a veces parece imperar en Hollywood, una industria capaz de realizar al mismo tiempo dos películas sobre la misma historia (pueden ser relatos de fantasmas, films catastróficos con volcanes en erupción o melodramas sobre magos e ilusionistas), hizo que se estrenaran con escasa diferencia de tiempo otras dos películas centradas en las relaciones, cada vez más esquivas, entre Wyatt Earp y Doc Holliday, coronadas con la carnicería en el OK Corral de Tombstone. George Pan Cosmatos dirigió la en teoría menos interesante de las dos, *Tombstone*, un film finalmente febril y epidérmico, con escenas entre opio y prostitutas y el cometido de Val Kilmer como el tuberculoso y romántico Holliday y Kurt Russell en el papel de un obstinado y colérico Earp. Más empaque –de producción, de estrellas, de buenas prestaciones cara a la taquilla– aparentaba tener *Wyatt Earp*, para cuya realización unieron fuerzas Costner y Kasdan con sus respectivas compañías. Pero quizás porque *Tombstone* se estrenó seis meses antes que *Wyatt Earp*, los resultados beneficiaron en mucho a la primera: frente a los 25 millones de dólares que costó el film de Pan Cosmatos, los productores de *Wyatt Earp* invirtieron 63; la primera recaudó más del doble, 56 millones, y la segunda dejó tan sólo 25 millones en las arcas de la Warner, coproductora mayoritaria de la película.

La visión de Kasdan es la de un gran fresco que regresa hasta la infancia de Earp en los maizales de Iowa y sigue su evolución alcoholizada a causa de la muerte de su esposa por tifus y las andanzas varias hasta el ajusticiamiento en el OK Corral. No se detiene aquí el relato, como ocurre en todas las versiones cinematográficas de la misma historia, sino que se prolonga en su etapa como buscador de oro en Alaska. La idea original de Costner era la de producir una serie de televisión de ocho horas, pero Kasdan le convenció para condensarlo todo en un largometraje cuyas cuatro horas iniciales fueron recortadas hasta tres. Por ello es un film algo descompensado, con altibajos, muy iconográfico, momentos de fulgor e intermitentes lagunas, como todo lo que concierne a las relaciones de Earp con las mujeres: la primera esposa, la prostituta Mattie, la actriz de teatro Josie. *Biopic* en el sentido literal del término, deja un poco de lado la figura de Doc Holliday, a quien un ajustado Dennis Quaid, terriblemente enjuto y parapetado tras unos lentes oscuros, otorga una fantasmagórica dignidad.

1995 Dead Man

Jim Jarmusch

Dead Man. USA. **Dir.:** Jim Jarmusch. **Producción:** Pandora Film, JVC, Newmarket Capital Group, LP, 12-Gauge. **Prod.:** Demetra J. MacBride y Karen Koch. **Guión:** Jim Jarmusch. **Fot.:** Robby Müller (blanco y negro). **Mús.:** Neil Young. **Mont.:** Jay Rabinowitz. **Duración:** 135 minutos. **Int.:** Johnny Depp (William Blake), Gary Farmer ("Nadie"), Lance Henriksen (Cole Wilson), Michael Wincott (Conway Twill), Iggy Pop (Salvatore "Sally" Jenko), Robert Mitchum (John Dickinson).

El más representativo de los cineastas independientes norteamericanos da su visión del cine del Oeste en un film minimalista y nada ortodoxo, siempre muy plástico.

William Blake deja su trabajo de contable en Cleveland para viajar a una ciudad del Oeste, Machine, donde tiene una oferta de trabajo en una fábrica metalúrgica. Su propietario, John Dickinson, le comunica que la plaza ya ha sido otorgada a otra persona. William conoce entonces a una mujer y se acuesta con ella, sin sospechar que se trata de la esposa del hijo de Dickinson. El marido les descubre y William le mata en defensa propia y escapa. En su huida, acosado por tres cazarrecompensas, conoce a Nadie, un indio Pies Negros que le confunde con el escritor y pintor William Blake.

William Blake en el Oeste

Extraño y anacrónico, por su vestimenta propia de Buster Keaton y su semblante, William

Blake es, transmutado a los parajes del *western*, uno de los más perfectos héroes del cine de Jarmusch. Extraño en cualquier parte y disponible a causa de la ausencia de trabajo, como los protagonistas de *Extraños en el paraíso* (*Stranger Than Paradise*, 1984), William tiene además el mismo nombre y apellido que el febril escritor y pintor inglés en cuyos lienzos retorcidos del dragón rojo se inspiraba el psicópata de *Hunter* (*Manhunter*, Michael Mann, 1986), adaptación de la primera novela de Thomas Harris sobre Hannibal Lecter. Víctima de un destino fatalista que suscribiría Fritz Lang, aunque planteado con el distante y minimalista sentido del humor de Jarmusch, William se acuesta con una mujer sin saber que es la hija de uno de los caciques del lugar, papel que Jarmusch reservó a un mito entonces vivo del género, Robert Mitchum. Su huida es la de tantos héroes del género, sólo que sin rasgo alguno de épica ni valentía: Jarmusch filma los paisajes en un precioso blanco y negro como lo haría Howard Hawks, uno de sus directores de *westerns* predilectos, pero lo que cuenta y cómo lo cuenta se distancia tanto del género como la composición de los personajes o las características de los actores. En una película de raíz muy musical, con la banda sonora compuesta por Neil Young y presencia en el reparto de un travestido Iggy Pop, uno de los cazarrecompensas recibe el nombre de Lee Hazlewood, idéntico al del músico que escribió e interpretó tantas gemas pop de los sesenta con Nancy Sinatra.

Dead Man, cuyo final a las puertas de la muerte resulta tan bello y significativo como el de *Duelo en la alta sierra* (*Ride the High Country*, Sam Peckinpah, 1962), es un *western* donde se citan las influencias de Franz Kafka, Yasujiro Ozu y Robert Bresson. Un *western* anómalo, pues, a caballo de Occidente y Oriente, pero en cierto modo el más puro de los realizados en los últimos años, inventivo en la forma y emotivo en el contenido.

John Wayne

Grandes iconos

Budd Boetticher
(1916-2001)

No había cumplido los treinta años cuando Budd Boetticher, natural de Chicago, empezó a dirigir películas de serie B firmándolas con su nombre real, Oscar Boetticher Jr. Entre 1944 y 1950 realizó una docena de películas baratas para el departamento B de la Columbia y en las cuatro compañías de cine funcional y rápido con mayor peso: Monogram, Eagle Lion, PRC y Republic Pictures. Ahí adquirió Boetticher su proverbial sentido de la narración y su capacidad para desenvolverse igual de bien en películas de bajo coste o en producciones de mayor empaque. De 1951 es *The Bullfighter and the Lady*, que no es un *western*, pero sí una de sus películas más significativas y la primera incursión en los relatos con toreros como protagonistas. Algo más que aficionado a las corridas de toros, ya que él mismo llegó a torear, Boetticher volvió a esta modalidad genérica en dos ocasiones más, *Santos, el magnífico* (*The Magnificent Matador*, 1955) y *Arruza* (1960-1968), un documental en torno al torero mexicano Carlos Arruza.

Pero si hoy se reconoce un estilo Boetticher es por sus cuantiosas aportaciones al *western* y, también, sus dos *thrillers*: *El asesino anda suelto* (*The Killer is Loose*, 1955) y *La ley del hampa* (*The Rise and Fall of Legs Diamond*, 1960). La filmografía *westerniana* de Boetticher se divide en dos ciclos. El primero corresponde a los seis films del Oeste que entre 1951 y 1953 rueda en Universal. Si *Cimarron Kid* se resuelve como un relato parco en ideas al servicio de Audie Murphy –actor que encarnaría a Jesse James en la última película de Boetticher, *A Time For Dying* (1969)–, *Bronco Buster* (1952) es un aceptable film ambientado en el mundo del rodeo. *Horizontes del Oeste* (*Horizons West*, 1952), protagonizada por Robert Ryan y Rock Hudson en la piel de dos hermanos que regresan de la guerra de Secesión en las filas de los derrotados, es la más ambiciosa de las películas que hizo en Universal. *Traición en Fort King* (*Seminole*, 1953) tiene un escenario pantanoso muy cromático y un enorme dinamismo, y *El desertor de El Álamo* (*The Man from The Alamo*, 1953) plantea con cautela el tema del heroísmo y la cobardía. En *Wings of the Hawk* (1953), por último, hubo de plegarse a los designios del cine en tres dimensiones, el 3-D, pero transmitió un sentido lúdico de la aventura con la historia de un bandolero irlandés y una guerrillera mexicana (Julia Adams, la convincente estrella femenina de Universal) en plena revolución villista.

De 1956 a 1960 se prolonga el ciclo con el actor y productor Randolph Scott, pese a que el primer film de la serie, *Seven Men from Now* (1956), fue financiado por la compañía de John Wayne. Planteados por lo general como relatos itinerantes que acostumbran a iniciarse en un paraje de rocas lunares descubierto casualmente por Boetticher, Long Pine, y tienen casi siempre el poso de un trágico pasado y la incertidumbre de un futuro errático, *Seven Men from Now*, *The Tall T* (1957), *Decision at Sundown* (1957), *Buchanan Rides Alone* (1958), *Ride Lonesome* (1959), *Westbound* (1959) –la única nota disonante– y *Comanche Station*

(1960) conforman un ciclo homogéneo y lacónico tanto en lo estrictamente argumental, con sus variaciones sobre un mismo tema, como en la depurada puesta en escena, de un rigor formal que llevarían al especialista Jim Kitses a comparar a Boetticher con Yasujiro Ozu y al cineasta Paul Schrader a incluirlo en su ensayo sobre el estilo trascendental en el cine.

Walter Brennan
(1894-1974)

La historia no acabó de ser justa con él. Pudo haber incorporado más personajes principales como el de *El forastero* (*The Westerner*, William Wyler, 1940), en la que dio vida con un estilo reposado y solemne al peculiar juez Roy Bean, pero siempre se le recordará por sus composiciones de secundario, muchas veces aportando el contrapunto distendido tras varias escenas dramáticas y violentas. Su trabajo en *El forastero* fue recompensado con un Oscar, cierto, pero en la categoría de actor secundario, como si Gary Cooper fuera realmente más protagonista que él en la película de Wyler.

A Brennan se le recuerda por su cometido de viejo huraño y cascarrabias en *Río Bravo* (*Rio Bravo*, Howard Hawks, 1959), aunque para el mismo director realizó otra interpretación aún más meritoria, la del viejo y comprensivo amigo de John Wayne en *Río Rojo* (*Red River*, 1948). Muy hábil para la vertiente cómica, supo también ser grave y severo: la forma que tiene de contemplar a uno de sus hijos muerto en *Pasión de los fuertes* (*My Darling Clementine*, 1946), donde John Ford le hizo interpretar al patriarca de los Clanton, resulta conmovedora pese a la villanía casi atávica del personaje.

Se inició en el cine mudo y llegó a intervenir en más de 200 películas, en varias de ellas sin acreditar. Tuvo uno de sus primeros papeles importantes en *Tres desalmados* (*Three Godfathers*, Richard Boleslawski, 1936), un relato del Oeste de curiosa raíz bíblica llevado al cine en otras ocasiones, dos de ellas por John Ford: *La fuerza de las circunstancias* (*Marked Men*, 1919) y *Three Godfathers* (1948). Tras varios cometidos en *westerns* pequeños o grandes como *The Texans* (James P. Hogan, 1936), *El cowboy y la dama* (*The Cowboy and the Lady*, H. C. Potter, 1938) y *Paso al noroeste* (*Northwest Passage*, King Vidor, 1940), le llegaría la consagración con *El forastero*. Sus excelentes prestaciones en el género se encuentran igualmente en *Camino de la horca* (*Along the Great Divide*, Raoul Walsh, 1951), en el papel de un anciano acusado de asesinato que cruza un inhóspito desierto con su hija y el *sheriff* que le protege de los linchadores, y en *Tierras lejanas* (*The Far Country*, Anthony Mann, 1955), asumiendo una tarea similar a la de *Río Rojo*, la del maduro compañero de andanzas del protagonista, James Stewart. Trabajó en la televisión hasta el momento de su muerte. ■

Niven Bush
(1903-1991)

Niven Bush nació en Nueva York el mismo año en el que fallecía el juez Roy Bean, al que recrearía en su guión para *El forastero* (*The Westerner*, William Wyler, 1940), y en el que Edwin S. Porter rodaba el primer *western* oficial de la historia, *Asalto y robo de un tren* (*The Great Train Robbery*, 1903). Trabajó primero como periodista y cronista de deportes para *Time* y *The NewYorker*, y se convirtió después en guionista cinematográfico y, a partir de 1941, en novelista. Fue nominado al Oscar al mejor argumento por *Chicago* (*In Old Chicago*, Henry King, 1938), film ambientado durante el gran incendio que asoló esta ciudad en 1871, y es reconocido sobre todo por su trabajo en un clásico del cine negro, *El cartero siempre llama dos veces* (*The Postman Always Rings Twice*, Tay Garnett, 1946). Pero donde realmente sobresalió este escritor amante de las tragedias griegas fue en el campo del *western*. Como autor del argumento –ya sea a partir de una de sus novelas o escrito expresamente para el cine– y guionista, Bush está detrás de películas tan importantes como *El forastero*, *Duelo al sol* (*Duel in the Sun*, King Vidor, 1946) y *Pursued* (Raoul Walsh, 1947). Contribuyó con una mirada muy personal a intensificar los contornos dramáticos del género, sobre todo en los menos conocidos de los films en que participó, caso de *Las furias* (*The Furies*, Anthony Mann, 1950), *The Capture* (John Sturges, 1950) –que él mismo produjo– y *El desertor de El Álamo* (*The Man from The Alamo*, Budd Boetticher, 1953). Su último trabajo cinematográfico fue un *western* menor, *El tesoro de Pancho Villa* (*The Treasure of Pancho Villa*, George Sherman, 1955). Siguió en la práctica de la literatura hasta sus últimos días, escribiendo novelas e impartiendo clases en la Universidad de California. ■

Harry Carey
(1878-1947)

La vida de Harry Carey, uno de los *cowboys* cinematográficos más populares de la época muda, es de lo más singular. Procedente de una familia adinerada de Nueva York, estudió Derecho y montó su propio bufete de abogados. Abandonó las leyes para establecerse en una granja de Cleveland. Un día de 1908, mientras contemplaba el rodaje de un *western* cerca de sus tierras, fue reclamado para sustituir al protagonista en unas escenas a caballo. Se convirtió así en figurante de postín, después intervino en algunos films de David Wark Griffith y la Universal le contrató para que protagonizara varias de sus películas y seriales del Oeste. Junto a John Ford creó en 1917 el personaje de Cheyenne Harry (Cayena en nuestro país), protagonista de una veintena de *westerns*. Aunque en su dilatada carrera (entre 250 y 260 películas) intervino en films de otros géneros, caso de la comedia social *Caballero sin espada* (*Mr. Smith Goes to Washington*, Frank Capra, 1940), su forma de actuar y su presencia física eran especialmente idóneas para el género del Oeste. Lentificó su trayectoria con la llegada del cine sonoro, pero aun así contribuyó, en personajes secundarios, a títulos relevantes como *The Shepherd of the Hills* (Henry Hathaway, 1941), *Duelo al sol* (*Duel in the Sun*, King Vidor, 1946) y *Río Rojo* (*Red River*, Howard Hawks, 1948). Un año después de su muerte, su hijo Harry Carey Jr. debutó en el cine. Uno de sus primeros films, *Three Godfathers* (John Ford, 1948), rinde tributo precisamente a Carey Sr., la estrella más luminosa que hubo en el cielo de los primeros *westerns*, según reza la dedicatoria. ■

Borden Chase
(1900-1971)

Se tiende a pensar que la mayor contribución de Borden Chase a la evolución del *western* se registra exclusivamente en sus tres colaboraciones con Anthony Mann y James Stewart: *Winchester 73* (*Id.*, 1950), *Horizontes lejanos* (*Bend of the River*, 1952) y *Tierras lejanas*

(*The Far Country*, 1955). Pero aun siendo vitales estos films en la elaboración de un universo propio, sedimentado en una cierta inclinación paranoica por el odio, la venganza y las amistades fracturadas, no lo son menos algunos de los que Chase escribió para otros directores, al margen de que con ellos se entendiera menos que con Mann. Pese a sus discrepancias con Howard Hawks por la adaptación que éste hizo de uno de sus relatos en *Río Rojo* (*Red River*, 1948), esta película significó la consagración de Chase en Hollywood como escritor del Oeste. Tampoco fue muy fluida la relación con King Vidor en *La pradera sin ley* (*Man Without a Star*, 1955), pero se trata también de uno de los *westerns* más significantes de la época. Para la televisión, refugio de tantos guionistas, directores y actores a principios de los sesenta, escribió algunos episodios de las series *Bonanza*, *El virginiano* y *Daniel Boone*. Fuera del *western*, Chase encadenó uno detrás de otro tres excelentes guiones para películas de aventuras marinas: *El mundo en sus manos* (*The World in His Arms*, Raoul Walsh, 1952), *Los gavilanes del estrecho* (*Sea Devils*, Walsh, 1953) y *Su Majestad de los mares del Sur* (*His Majesty O'Keefe*, Byron Haskin, 1954). En los tres se alarga, de un modo u otro, la sombra de sus individualistas personajes *westernianos*.

Gary Cooper
(1901-1961)

Gary Cooper protagonizó en 1958 uno de los *westerns* más definitorios de Anthony Mann, *El hombre del Oeste* (*Man of the West*). El título de la película parecía realmente un homenaje al actor, porque Cooper fue antes que nadie, y que nada, un verdadero hombre del Oeste. Cuando su espigada y desgarbada figura empezó a aparecer en films de uno o dos rollos de duración, ya tenía a sus espaldas un amplio bagaje en el mundo del rodeo. Montar bien a caballo, algo sustancial, por evidente, en la dinámica propia del género, fue su primer triunfo. Entonces importaba más el gesto con las bridas, la naturalidad al desenfundar la pistola, la facilidad para ensillar el caballo y el porte natural con botas y sombrero que exponer los conflictos dramáticos de un *cowboy*, un *sheriff* o un forajido. Lo demás vino más o menos rodado, modulando y modelando poco a poco un tipo de personaje sintomático y clave para la evolución del *western*.

Empezó como figurante y debutó como actor cinematográfico en películas del Oeste, y aunque brilló en otros dos géneros, la comedia y el melodrama, y ganó un Oscar por su cometido en un film bélico –*El sargento York* (*Sergeant York*, Howard Hawks, 1941)–, fue en la piel de los vaqueros y hombres de la frontera donde dio lo mejor de sí mismo. De *The Virginian* (Victor Fleming, 1929) a *El árbol del ahorcado* (*The Hanging Tree*, Delmer Daves, 1959), incorporó personajes diversos, algunos reales, otros fruto de la ficción, a los que impuso un semblante casi siempre trágico, cuando no hosco y taciturno, grave, severo, apesadumbrado a veces, como en el militar acosado por el sentimiento de culpa de *They Came to Cordura*

(Robert Rossen, 1959) o, muy especialmente, el *sheriff* abandonado por sus conciudadanos de *Solo ante el peligro* (*High Noon*, Fred Zinnemann, 1952), una teórica alegoría contra la caza de brujas en forma de *western* urbano por el que Cooper fue recompensado con el segundo Oscar de su carrera; obsesivo como el protagonista de *El forastero* (*The Westerner*, William Wyler, 1940), en su diatriba con el singular juez Roy Bean, y tenaz como los héroes que encarnó a las órdenes de Cecil B. De Mille en *Buffalo Bill* (*The Plainsman*, 1936), *Policía Montada del Canadá* (*Northwest Mounted Police*, 1940) y *Los inconquistables* (*Unconquered*, 1947).

En su andadura por valles y llanuras, por ciudades y puebluchos, por planicies y cauces fluviales, hubo también un vibrante sentido de la aventura puramente física, ejemplificada en *Tambores lejanos* (1952), el *western* de Raoul Walsh ambientado entre la húmeda y pantanosa vegetación de Florida, y mucho de elegancia y caballerosidad, la caballerosidad sureña de su personaje de mercenario digno en *Veracruz* (*Id.*, Robert Aldrich, 1954). No es de extrañar que una de las pocas películas que produjo personalmente, *Along Came Jones* (Suart Heisler, 1945), recibiera entre nosotros el título de *El caballero del Oeste*, que le cuadra tanto a Cooper como el del tortuoso *western* de Mann citado al inicio de esta semblanza. El actor falleció en 1961, precisamente cuando el género iniciaba su reconversión crepuscular. ■

Delmer Daves
(1904-1977)

La práctica cinematográfica de Daves en el *western* podría dividirse en dos etapas, unidas ambas por un sentido muy documental de la imagen, una búsqueda etnológica de la verdad de una época mitificada por el propio cine. La primera atañe a sus films de marcada orientación progresista en cuanto al tratamiento de los pueblos indios. *Flecha rota* (*Broken Arrow*, 1950) inauguró de forma efectiva y honesta la modalidad de los *westerns* pro indios. *Drum Beat* (1954), su segunda tentativa en la misma línea, ofrecía como aquélla el retrato de un individuo blanco que actúa de conciliador pese a los intereses de los villanos de uno y otro bando, desde los guerreros más belicosos hasta los traficantes de armas o los corruptos agentes indios, para impedir que la paz sea un hecho. *La ley del talión* (*The Last Wagon*, 1956) ofrecía una lectura complementaria y más amarga a partir de la historia del hijo de un predicador, encarnado por Richard Widmark, que es adoptado por el jefe de una tribu comanche, se casa con una muchacha india, asimila su nueva forma de vida y la ve truncada años después cuando cuatro hermanos de raza blanca asesinan a su esposa e hijos, acogiéndose desde entonces a la ley del talión para darles caza y matarlos uno a uno.

La segunda etapa *westerniana* de Daves se ciñe a las tres películas que hizo en Columbia con el mismo protagonista, Glenn Ford, y director de fotografía, Charles Lawton Jr. En *Jubal* (*Id.*, 1956), *El tren de las 3,10* (*3:10 to Yuma*, 1957) y *Cowboy* (*Id.*, 1958), los tres films de esta no confesa trilogía, Daves presentó diferentes esquemas narrativos, siempre gobernados por ese sentimiento documental y lírico de la imagen, tanto en espacios abiertos como en decorados, a partir de oposiciones dialécticas masculinas: el capataz y el ranchero de la primera, el granjero y el pistolero al que debe custodiar de la segunda y el petimetre que escala posiciones y el ganadero noble de la tercera. Antes de embarcarse en la realización de una serie de melodramas que pueden verse hoy como el borrador de los culebrones televisivos de décadas posteriores –*Parrish* (*Id.*, 1961), *Susan Slade* (*Id.*, 1961), *Más allá del amor* (*Rome Adventure*, 1962)–, Daves ofreció sus últimos y brillantes coletazos en el cine del

Oeste con *Arizona, prisión federal* (*The Badlanders*, 1958), reactualización con tintes más críticos de la novela negra *La jungla de asfalto*, de W. R. Burnett, y *El árbol del ahorcado* (*The Hanging Tree*, 1959), un *western* colérico y secular.

Formado como guionista a partir de 1929, Daves pudo, como Richard Brooks, escribir muchas de sus películas. Pocos de los guiones que firmó para otros directores pertenecen al *western,* y el más conocido de ellos le define como un hábil constructor de melodramas sentimentales: *Tú y yo* en sus dos versiones (*Love Affair*, 1939, y *An Affair to Remember*, 1957), ambas de Leo McCarey. Trabajó regularmente con otro cineasta especializado en el género dramático, Frank Borzage. Muy buen dialoguista y excelente constructor de atmósferas, Daves brilló en el cine negro con el guión y la realización de *La senda tenebrosa* (*Dark Passage*, 1947), según la novela de David Goodis. Con todo, pese a su buen manejo de la palabra escrita y la plasmación de unas tesis sociales muy concretas, Daves se definió por su manera elegante y poética de filmar de forma casi aérea los espacios y la relación con los personajes que los habitan, y esa comunión entre la cámara y la palabra cristaliza en el *western* mejor que en ningún otro género.

Kirk Douglas
(1916)

Hijo de una familia de origen ruso, y de nombre real Issur Danielovitch Demsky, Douglas empezó como actor teatral en los escenarios neoyorquinos y debutó en el cine después de la Segunda Guerra Mundial. Su contribución al *western* define muy bien las bases de su estilo interpretativo, fogoso, visceral, a veces algo truculento, histriónico y narcisista, pese a que tiene muchos personajes de esta índole en diversos géneros, caso del furibundo y tuerto guerrero de *Los vikingos* (*The Vikings*, Richard Fleischer, 1958), o el torturado Vincent Van Gogh en *El loco de pelo rojo* (*Lust for Life*, Vincente Minnelli, 1956); con el mismo Minnelli, y siempre en el terreno del melodrama, compondría otros dos de sus más epidérmicos personajes, el megalómano productor cinematográfico de *Cautivos del mal* (*The Bad and the Beautiful*, 1953) y el cineasta en decadencia de *Dos semanas en otra ciudad* (*Two Weeks in Another Town*, 1962).

A Douglas le fueron como anillo al dedo los personajes que encarnó en los *westerns* de John Sturges: el tuberculoso y autodestructivo Doc Holliday de *Duelo de titanes* (*Gunfight at the OK Corral*, 1957) y el *sheriff* vengativo de *El último tren de Gun Hill* (*Last Train from Gun Hill*, 1959), que descubre que el hijo de un antiguo amigo es uno de los asesinos de su esposa. También encajó a la perfección en el *cowboy* que odia el alambre de espino de *La pradera sin ley* (*Man Without a Star*, King Vidor, 1955). Los personajes que interpretó en *Camino de la horca* (*Along the Great Divide*, Raoul Walsh, 1951), *Río de sangre* (*The Big Sky*, Howard Hawks, 1952) y *Pacto de honor* (*The Indian Fighter*, André De Toth, 1955) son

más frontales, sin tantos recovecos trágicos: un *sheriff* que cree en la justicia, un trampero en ruta comercial y un conductor de caravanas enamorado de una joven sioux, respectivamente. Encaró el ocaso de los héroes clásicos del género en dos películas, *El último atardecer* (*The Last Sunset*, Robert Aldrich, 1961) y *Los valientes andan solos* (*Lonely Are the Brave*, David Miller, 1962). En la primera tuvo campo abonado, ya que era además el productor de la película, para componer un personaje romántico y desclasado que se enamora de la hija de una antigua amante y descubre que en realidad él era el padre de la muchacha, por lo que concluía su vida en un duelo que era un suicidio. En la segunda encarnó a un *cowboy* arrollado en plena carretera por un camión, en señal inequívoca del cambio de los tiempos. La versión más cínica del actor apareció en la no menos corrosiva *El día de los tramposos* (*There Was a Crooked Man...*, Joseph L. Mankiewicz, 1970). Pese a esta inclinación hacia la comedia negra, nunca hubo en sus *westerns* el dinamismo que confirió al arponero Ned Land de *20.000 leguas de viaje submarino* (*20.000 Leagues Under the Sea*, Richard Fleischer, 1954), por ejemplo, aunque en algunos de los films del Oeste que interpretó bajo dirección de los discípulos de los clásicos, caso de *Camino de Oregón* (*The Way West*, Andrew V. McLaglen, 1967) y *Ataque al carro blindado* (*The War Wagon*, Burt Kennedy, 1967), suavizó bastante las formas.

Douglas sólo dirigió dos películas, y la segunda de ellas, *Los justicieros del Oeste* (*Posse*, 1975), es un *western* muy coherente con su línea de actuación en el que interpreta a un *sheriff* arribista que persigue desde hace años a un forajido, aunque su idea no es la de hacer cumplir la ley como buen profesional, sino la de acumular méritos para el puesto de gobernador.

Clint Eastwood
(1930)

La carrera del californiano Eastwood ha estado siempre marcada por el *western*. Tras varios trabajos como figurante, secundario o actor principal en films de serie B, obtuvo el reconocimiento en Estados Unidos gracias a la serie televisiva *Rawhide* (1959-1966), creada por Charles Marquis Warren. Eastwood interpretó durante ocho temporadas al protagonista de este *western* catódico e itinerante centrado en la conducción de ganado. Después, de la mano de Sergio Leone, se convirtió en la máxima estrella del *western* europeo, lo que de paso le abrió las puertas de par en par en los estudios de Hollywood, al que regresó cabalgando pletórico y con más convicción en sus posibilidades. Tras su experiencia italiana montó productora propia, Malpaso, se alió con Universal –después, en 1976, establecería un acuerdo aún más beneficioso con Warner que dura hasta la actualidad– y lo primero que hizo en el cine norteamericano fue producir e interpretar un *western* con los modos europeos importados, *Cometieron dos errores* (*Hang 'Em High*, Ted Post, 1968), crónica violenta y efectista de una venganza, la que lleva a cabo un hombre ahorcado injustamente que logra salvar la vida y se convierte en ayudante del alguacil para liquidar uno tras otro a sus agresores. Eastwood se dejó en Italia el poncho raído y el cigarrillo, pero no así las formas visuales y sonoras del *spaghetti-western*, ni el laconismo imperturbable, algo más temperado, de sus personajes.

Su aportación al género sólo como actor es a veces transversal y esquinada, lejos de la tradición. En *La jungla humana* (*Coogan's Bluff*, Don Siegel, 1968) encarna a un policía de Texas que viaja hasta Nueva York persiguiendo a un criminal: la acción transcurre a finales de los sesenta, pero el personaje parece un *cowboy* del siglo anterior que ha sustituido el caballo por el jeep. *La leyenda de la ciudad sin nombre* (*Paint Your Wagon*, Joshua Logan, 1969) transcurre en la fiebre del oro, pero es antes un musical que cualquier otra cosa. *Dos mulas y una mujer* (*Two Mules for Sister Sara*, Siegel, 1970) acontece en plena revolución mexicana, pero tiene como protagonistas a un pistolero que no se entera de nada, una monja y una mula. *El seductor* (*The Beguiled*, Siegel, 1971) está ambientada en plena guerra civil, pero es ante todo un estudio de la violencia latente y la represión sexual que enfrenta a un soldado nordista malherido con las muchachas de un colegio sudista. La única aportación *pura* al género es *Joe Kidd* (*Id.*, 1972), un funcional film realizado por John Sturges en el ocaso de su carrera.

Las cosas cambian radicalmente cuando Eastwood se pone también detrás de la cámara. *El jinete pálido* (*Pale Rider*, 1985), *Sin perdón* (*Unforgiven*, 1992) y en menor medida *Infierno de cobardes* (*High Plains Drifter*, 1973) y *El fuera de la ley* (*The Outlaw Josey Wales*, 1976), sus cuatro *westerns* como director, han aportado al género un trazado impecable que va del revisionismo al clasicismo pasando por la modernidad. Eastwood funde enseñanzas –de Siegel y Leone, a quien dedica *Sin perdón*, pero también de Jacques Tourneur y John Ford–, ha crecido como director hasta límites insospechados hace años, cuando medio mundo lo seguía viendo como el fascista Harry el Sucio, y logró esporádicamente, en los años ochenta y noventa, revertir la tendencia pesimista del género, demostrando su vigencia natural y su valor como reflejo de la realidad contemporánea, algo muy notable. ■

Henry Fonda
(1905-1982)

A diferencia de otros actores estadounidenses especializados en el *western* que por obligación o elección se encasillaron en un determinado tipo de personaje, Henry Fonda transitó todos los caracteres y profesiones, se puso a uno y otro lado de la ley, impuso casi siempre severidad a sus *sheriffs*, pistoleros, cazadores, militares megalómanos o bandidos de buen corazón, y se sintió tan cómodo con los relatos en ruta como con las historias urbanas y sedentarias. No compuso, pues, un personaje que iría repitiendo film tras film, como Randolph Scott o, en cierta medida, James Stewart, John Wayne y Gary Cooper, sino que tuvo una actitud más maleable y disponible.

Con John Ford –y siempre dentro de los estrictos márgenes del género, ya que actor y director colaboraron en varias e importantes películas más, como *Las uvas de la ira* (*The Grapes of Wrath*, 1940)–, Fonda compuso tres personajes bien distintos, el del colono idealista que se instala en una tierra salvaje a orillas del río Mohawk antes de la guerra de independencia, en *Corazones indomables* (*Drums Along the Mohawk*, 1939); el pensativo y contenido Wyatt Earp de *Pasión de los fuertes* (*My Darling Clementine*, 1946), y el militar megalómano y racista de *Fort Apache* (*Id.*, 1948). Con William A. Wellman protagonizó, y de hecho instigó, *The Ox-Bow Incident* (1943), en la que se reservó el papel más reflexivo y lúcido de la violenta historia. A las órdenes de Henry King y Fritz Lang interpretó en dos ocasiones a Frank James: en *Tierra de audaces* (*Jesse James*, 1939), de King, vivió a la sombra de su hermano en la ficción y el actor que lo interpretaba, Jesse James y Tyrone Power, pero en *La venganza de Frank James* (*The Return of Frank James*, 1941), la continuación firmada por Lang, se erigió en el motor de una historia de venganza, búsqueda y reintegración social.

Si en los cuarenta, a pesar de la calidad de los personajes que incorporó, no se prodigó mucho más en el género, en la recta final de los cincuenta estuvo presente en buena parte de los retratos psicológicos sobre pistoleros maduros, ambiguos, a las puertas del ocaso, proyectados generalmente contra la imagen de los jóvenes que deberían tomar su relevo. Así, Fonda protagonizó films como *Cazador de forajidos* (*The Tin Star*, Anthony Mann, 1957) y *El hombre de las pistolas de oro* (*Warlock*, Edward Dmytryk, 1959), y el estilo de personaje que aquí compone será el que le reclamará Sergio Leone, con un acento más perverso y poco escrupuloso, cuando le llame para interpretar al pistolero de *Hasta que llegó su hora* (*C'era una volta il West*, 1968).

En los sesenta y los setenta, lejos de aventurarse por los parajes crepusculares que por edad le tocarían, Fonda intervino en films funcionales y semiparódicos como *Los desbravadores* (*The Rounders*, Burt Kennedy, 1965) y en algunos *westerns* tan anómalos como *El día de los tramposos* (*There Was a Crooked Man*..., Joseph L. Mankiewicz, 1970) y *El club social de Cheyenne* (*The Cheyenne Social Club*, Gene Kelly, 1970). No faltó a la cita de *La conquista del Oeste* (*How the West Was Won*, H. Hathaway, J. Ford y G. Marshall, 1962), interpretando al cazador Jethro Stuart, el perfecto representante de la frontera sin conquistar, y tampoco desoyó los cantos del *western* europeo más inquieto, apareciendo en *Mi nombre es ninguno* (*Il mio nome è nessuno*, Tonino Valerii, 1973). Se despidió del género a las órdenes de su hijo, Peter Fonda, que le dirigió en el *pseudowestern Wanda Nevada* (1979).

John Ford
(1894-1973)

"Me llamó John Ford y hago películas del Oeste". Así se definió a sí mismo el director de *La diligencia* (*Stagecoach*, 1939). Y esa definición, siendo cierta, actuó durante años en su contra, ensombreciendo el papel capital de Ford en la historia del cine, más allá de tendencias y géneros concretos. Ford, que debutó como actor y ayudante de realización en películas dirigidas por su hermano Francis, llegando a intervenir también como figurante con capucha (uno de los miembros del Ku Klux Klan) en *El nacimiento de una nación* (*The Birth of a Nation*, David W. Griffith, 1914), recorre la historia del cine del Oeste desde casi su mismo nacimiento hasta la irrupción del *western* crespuscular. Son cincuenta años en los que el cineasta de origen irlandés evolucionó con el género (época muda), lo vio tambalearse (años treinta), cimentó las bases de su resurgir (con *La diligencia*), contribuyó sobremanera a su normalización (años cuarenta), le otorgó insospechados vuelcos (años cincuenta) y dio el primer paso hacia la meditación crepuscular al iniciarse los años sesenta, con el fin del sistema de los estudios.

Si creemos a Ford, su debut como director en *The Tornado* (1917) fue fruto de la casualidad: el realizador previsto se había emborrachado más de la cuenta el día del rodaje de unas pruebas, y Ford dijo a los productores que él se veía capaz de ordenar a los actores lo que debían hacer y filmarlo. Hasta 1924 dirigió multitud de *westerns* de dos o cinco bobinas de duración, muchos de ellos con Harry Carey: *Straight Shooting* (1917) y *Hell Bent* (1918) son de los pocos que pueden verse en la actualidad. Con *El caballo de hierro* (*The Iron Horse*, 1924) y *Tres hombres malos* (*Three Bad Men*, 1926), películas donde las historias individuales se incrustan en la épica colectiva, el *western* de Ford salió de la adolescencia, pero la irrupción del cine sonoro detuvo en seco la evolución del género. Con *La diligencia*, una producción pequeña realizada en una época en la que apenas nadie creía en el género, obtuvo la mayoría de edad.

Finalizada la contienda mundial, Ford se convirtió en uno de los directores más regulares del *western*. Hasta 1964, año del reflexivo *El último combate* (*Cheyenne Autumn*), su última aportación al género pese a que tenía otros proyectos en cartera, dirigió doce pelícu-

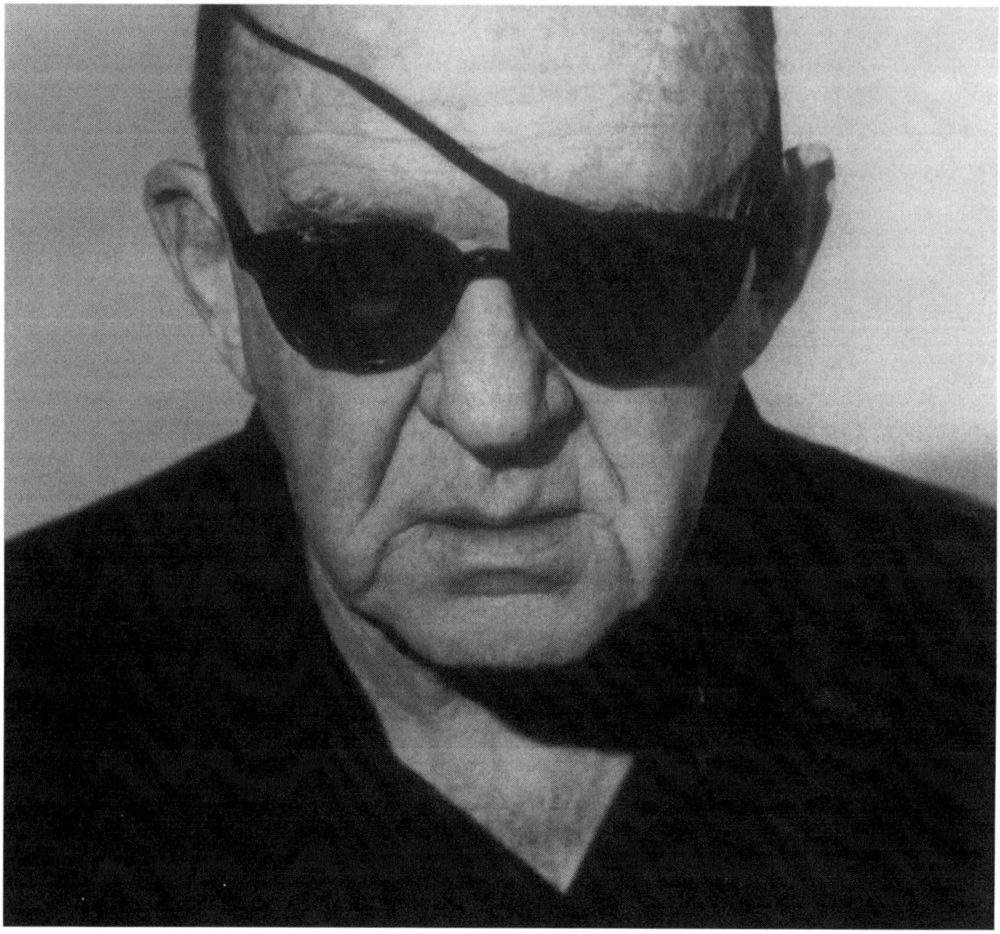

las más del Oeste, además de su episodio sobre la guerra civil en *La conquista del Oeste* (*How the West Was Won*, 1962). Son *Pasión de los fuertes* (*My Darling Clementine*, 1946), *Fort Apache* (*Id.*, 1948), *Three Godfathers* (1948), *La legión invencible* (*She Wore a Yellow Ribbon*, 1949), *Wagon Master* (1950), *Río Grande* (*Rio Grande*, 1950), *Centauros del desierto* (*The Searchers*, 1956), *Misión de audaces* (*The Horse Soldiers*, 1959), *El sargento negro* (*Sergeant Rutledge*, 1960), *Dos cabalgan juntos* (*Two Rode Together*, 1961), *El hombre que mató a Liberty Valance* (*The Man Who Shot Liberty Valance*, 1962) y *El gran combate*. Films intimistas algunos, retratos domésticos de la vida en un cuartel, búsquedas quiméricas, meditaciones sobre la ilógica de la contienda bélica, historias impregnadas de violencia racista, relatos de caravanas, de forajidos y de indios orgullosos que sólo desean volver a las tierras de sus antepasados. Un crisol amplio, progresivamente desencantado y crítico, siempre en los parajes solemnes y áridos de Monument Valley, casi siempre con John Wayne, que reflexiona sobre algunos de los motivos del género haciéndolos a la vez, y ése es el inmenso legado que nos dejó Ford, más verdaderos y emocionantes.

Zane Grey
(1872-1939)

Abanderado del *western-pulp*, Zane Grey abasteció de argumentos a más de un centenar de películas del Oeste, sobre todo en los tiempos del cine mudo y casi siempre en los márgenes del bajo presupuesto. Sus novelas rápidas y funcionales, de personajes esquemáticos y situaciones escuetas y románticas, escasamente apegadas a la cruda realidad, sentaron en cierto modo las bases de la narrativa del Oeste, por mucho que el *western* cinematográfico de mayor calado las despreciara u olvidara. La única película con entidad que se basa parcialmente en uno de sus libros es *Espíritu de conquista* (*Western Union*, Fritz Lang, 1941), adaptación de una novela escrita en 1939, el mismo año en que falleció. Nació en la localidad de Zanesville, en Ohio (fundada por uno de sus antepasados por vía materna), y publicó entre ochenta y noventa libros, cuyas ventas le reportaron una considerable cantidad de dinero: uno de los más conocidos, *Riders of the Purple Sage* (1912), sobre el enfrentamiento entre rancheros mormones, llegó a vender más de dos millones de ejemplares. Su narrativa fue también fuente de inspiración para un programa de radio, *The Zane Grey Show*, y uno televisivo, *The Zane Grey Theater*, realizados después de su muerte. El nombre de Grey queda asociado a directores tan funcionales como Phil Rosen, Lesley Selander, Lew Landers, George Waggner, Erle C. Kenton y Joseph Kane. Henry Hathaway lo adaptó en sus ocho primeras películas, *westerns* breves y baratos de Paramount protagonizados, menos uno, por Randolph Scott, entre ellos *Wild Horse Mesa* (1932), *La horda maldita* (*The Thundering Herd*, 1933) y *El último rodeo* (*The Last Round-Up*, 1934).

William S. Hart
(1864-1946)

En la historia de William Surrey Hart, el gran *cowboy* cinematográfico del cine mudo, se confunden la realidad y la ficción. Sus padres, ingleses de nacimiento, se instalaron en las tierras salvajes de Dakota y pasó su infancia rodeado de vaqueros y sioux. Nació en 1864, un año antes de que concluyera la guerra de Secesión. Cuando Hart tenía doce años, Wild Bill Hickok fue asesinado, la banda de Jesse James fracasó en su asalto al banco de Northfield y el general Custer sucumbió en Little Big Horn. Por aquel entonces aún vivían Doc Holliday, Kit Carson, Sitting Bull, Gerónimo, Cochise, Crazy Horse y Búfalo Bill. Hart salía de la adolescencia cuando Pat Garrett liquidó a Billy el Niño. Supo por los periódicos de la matanza de sioux Lakota a manos del Séptimo de caballería en Wounded Knee, un paraje situado precisamente en la Dakota de su infancia. Mientras Hart recorría los teatros del país interpretando a todos los clásicos, Butch Cassidy y Sundance Kid asaltaban trenes y bancos. Fue amigo de Wyatt Earp y adquirió uno de los revólveres de Billy el Niño. Hart no hizo otra cosa en el cine que representar la historia que conocía de pri-

mera mano: no interpretó a un *cowboy*, sino que él mismo fue *cowboy*; no aprendió a disparar, enlazar y montar a caballo, sino que recreó ante una cámara lo que había venido haciendo desde pequeño. Quizá por esto sus películas tienen ese sentimiento verdadero que no se evoca, sino que se posee. Thomas Harper Ince le hizo debutar en 1913, y ambos acabaron perfilando un personaje distintivo, denominado Rio Jim. Actor de semblante grave, un poco monolítico, Hart transpiraba una rara honestidad y sintió siempre un gran apego por las tradiciones del *Far West*. Acabó siendo productor de sus películas y, en muchas ocasiones, correalizador de las mismas. Se retiró en 1925, tras el rodaje de *El hijo de la pradera* (*Tumbleweeds*, King Baggott), dejando una filmografía cercana a los setenta títulos. Las muchas lesiones sufridas durante los rodajes, ya que nunca necesitó de dobles para filmar las escenas de caídas y galopadas, le obligaron a abandonar antes de lo que él hubiera deseado. Su rancho de 260 acres en el condado de Los Ángeles, comprado en 1921, es hoy un museo.

Henry Hathaway
(1898-1985)

Henry Hathaway es el prototipo de cineasta pionero, aunque no debutó como director hasta la instauración del sonoro, que pasó por diversos niveles (actor ocasional, asistente de dirección, director de segunda unidad), adquirió el suficiente conocimiento técnico y empezó a realizar películas baratas y rápidas, concretamente *westerns*, que le granjearon el reconocimiento de los productores. Hijo de una actriz y un mánager teatral, y de verdadero y más distinguido nombre Henry Leopold de Fienne, Hathaway tuvo buenos maestros durante su etapa como ayudante o responsable de la segunda unidad, ya que trabajó en películas de Josef von Sternberg, Victor Fleming y John Cromwell. Contratado por Paramount, dirigió entre 1932 y 1934 ocho *westerns* de una hora de duración basados en novelas de Zane Grey y protagonizados, menos uno, por Randolph Scott. Se da la circunstancia de que Hathaway había comenzado a trabajar como asistente en otra serie de *westerns*, esta vez mudos, basados también en historias de Zane Grey, y que algunos coinciden: Hathaway fue ayudante de Irving Willat en *The Heritage of the Desert* (1925) y la versión sonora de la misma historia supuso su debut como director, *El legado de la estepa* (*The Heritage of the Desert*, 1932).

Hathaway es conocido en los años treinta por sus films de aventuras coloniales, como *Tres lanceros bengalíes* (*The Lives of a Bengal Lancer*, 1935), y por su melodrama romántico que encandiló a los surrealistas, *Sueño de amor eterno* (*Peter Ibbetson*, 1935). En este período rodó tres *westerns* atípicos, costumbristas y tangenciales en los que afloran sus grandes temas: la educación, las comunidades cerradas, la venganza y el choque entre civilización y vida rural. Son *The Trail of the Lonesome Pine* (1936), la primera película en exteriores rodada en Technicolor, y *The Shepherd of the Hills* (1941), inicio de su colaboración con John Wayne, ambas centradas en comunidades muy cerradas situadas en parajes montañosos; y *Brigham Young-Frontiersman* (1940), sobre la creación de la ciudad mormona de Salt Lake City.

Hathaway entró en 1940 en 20th Century Fox, estudio que no abandonaría hasta 1960. Allí pudo desarrollar un estilo variado a partir de similares enfoques temáticos. Sus *westerns* serán siempre extremadamente violentos, cualidad que se acentuaría con el paso de los años. En los cincuenta y sesenta también realizó películas de otros géneros que tuvieron mayor resonancia, caso del drama criminal *Niágara* (*Niagara*, 1953), con Marilyn Monroe, pero los *westerns* también fueron de peso: *El correo del infierno* (*Rawhide*, 1951), relato claustrofóbico influenciado por el cine negro; *El jardín del diablo* (*Garden of Evil*, 1954), sobre aventureros sin escrúpulos; *Del infierno a Texas* (*From Hell to Texas*, 1958), en torno a un individuo de naturaleza inocente que se ve obligado a matar; *Alaska, tierra de oro* (*North to Alaska*, 1960), una peripecia diletante con la quimera del oro de fondo; sus pasajes tremendamente físicos de *La conquista del*

Oeste (*How the West Was Won*, 1962); el tema de la familia y la venganza en *Los cuatro hijos de Katie Elder* (*The Sons of Katie Elder*, 1965); el aprendizaje y la venganza, de nuevo, como única forma de vida planteada en *Nevada Smith* (*Id.*, 1966); otro cruce entre *western* y cine negro en *El póker de la muerte* (*Five Card Stud*, 1968), y el intento de pervivencia de un clasicismo ya perdido en *Valor de ley* (*True Grit*, 1969), por el que John Wayne logró su único Oscar.

Howard Hawks
(1896-1977)

El director nacido en Goshen, Indiana, y convertido en los años cincuenta en uno de los modelos de autor hollywoodiense que seguir según la política de los autores propugnada por *Cahiers du Cinéma*, se desenvolvió a la perfección en todos los géneros y cuenta con, al menos, una obra capital en cada uno de ellos: la comedia *La fiera de mi niña* (*Bringing Up Baby*, 1938), el *film noir El sueño eterno* (*The Big Sleep*, 1946), el musical *Los caballeros las prefieren rubias* (*Gentlemen Prefer Blondes*, 1953), el relato de aventuras *¡Hatari!*

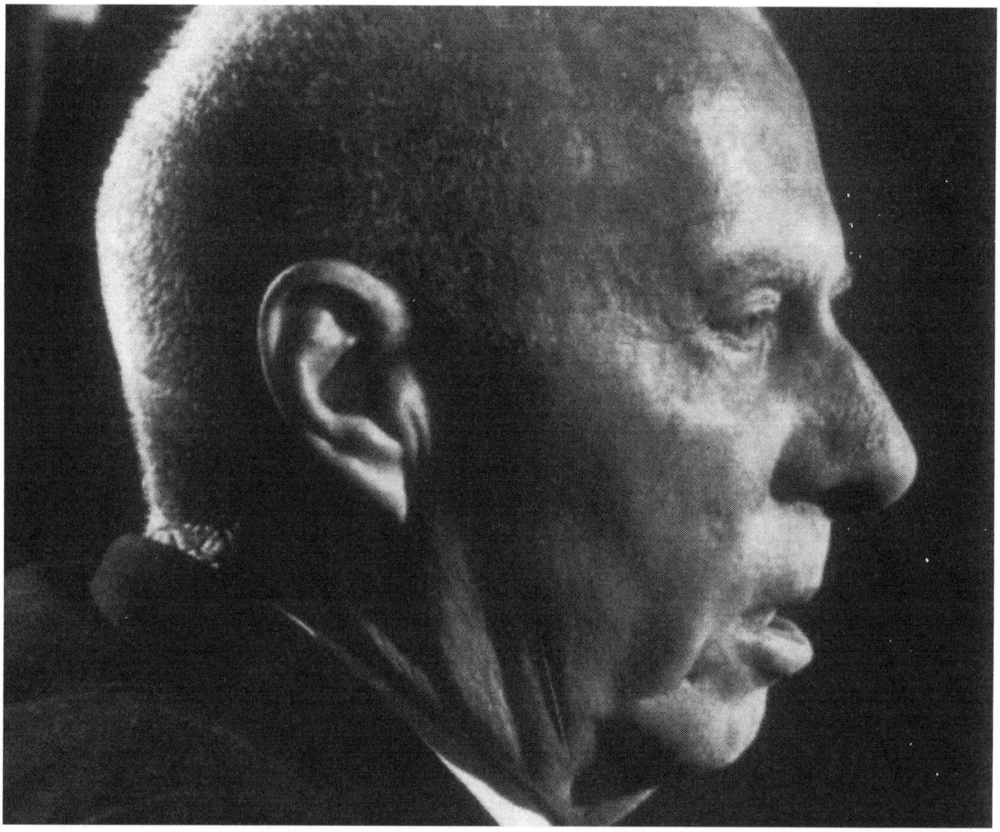

(*Hatari!*, 1961), el film de gángsters *Scarface, el terror del hampa* (*Scarface, Shame of a Nation*, 1932), el film de aviación *Sólo los ángeles tienen alas* (*Only Angels Have Wings*, 1939) y la película bélica *El sargento York* (*Sergeant York,* 1941). Al *western* se aproximó en cinco claras ocasiones, cuatro ríos y un complemento: *Río Rojo* (*Red River,* 1948), *Río de sangre* (*The Big Sky*, 1952), *Río Bravo* (*Rio Bravo*, 1959), *El Dorado* (*El Dorado*, 1967) y *Río Lobo* (*Rio Lobo*, 1970). También estuvo implicado en *The Outlaw* (1940), un delirante cruce de mitos *westernianos* (Pat Garrett, Billy the Kid y Doc Holliday) que dirigió hasta que Howard Hughes, productor de la película, decidió que Hawks no filmaba suficientes nubes y tomó las riendas del rodaje. Pese a que el primero de sus *westerns* es pura itinerancia, con la gesta central de la conducción del ganado, el segundo se resuelve como una aventura por parajes acuosos y frondosos en tiempo de colonizadores, y los otros tres constituyen variaciones sobre un mismo y sedentario tema, el enfrentamiento entre grupos antagónicos en una ciudad, hay en el *western* hawksiano una visible unidad estilística y temática: la solidaridad del grupo, el trabajo en equipo, la pujanza de los personajes femeninos, la relación de aprendizaje entre adolescentes y maduros hombres del Oeste. Con la excepción de *Río de sangre*, Hawks contó en sus otros films del Oeste con John Wayne, y para muchos críticos y cineastas (Jim Jarmusch, por ejemplo) el tipo de personaje que el actor compuso a las órdenes de Hawks es más verdadero y emotivo que el desarrollado con John Ford. Hawks falleció el 26 de diciembre de 1977, un día después del fallecimiento de Charles Chaplin.

Thomas H. Ince
(1882-1924)

Posiblemente lo inventó todo por lo que al *western* se refiere. Este modelo de pionero cinematográfico adquirió extensiones de terreno para rodar al aire libre sus *westerns* directos y funcionales, pero también muy líricos y dramáticos, de una belleza irrepetible. Nacido en la localidad de Newport, no sólo descubrió nuevos talentos para el género (William S. Hart), formó en 1915 con David W. Griffith y Mack Sennett una productora con sede en Culver City (Triangle Motion Pictures), se independizó tres años después con su propio estudio (Thomas H. Ince Studios), diseñó un tipo de personajes emblemáticos y sentó las bases narrativas y paisajísticas del género. Fue además un excelente productor en el sentido estricto de la palabra, el primero en elaborar minuciosos planes de rodaje para ajustarse al presupuesto establecido. Desde su llegada a California en 1912, para responsabilizarse de la 101 Bison –reconvertida después en Kay-Bee–, la división de *westerns* de la compañía New York Motion Picture Company, Ince estuvo implicado, en calidad de actor, productor, director, supervisor o guionista, en más de 600 películas, aunque muchas de ellas son hoy invisibles. Filmoteca Española organizó un revelador ciclo en 1986 con el poco material que se conserva, y ahí pudieron descubrirse los logros de Ince en otros géneros, caso de *La cruz de la humanidad* (*Civilization*, 1916), un alegato pacifista.

Ince falleció prematuramente en 1924, y su muerte alimentó la crónica negra de Hollywood. Aconteció oficialmente de un paro cardíaco a borde de un yate. Pero se especuló, y mucho, con que en realidad fue abatido a tiros por el celoso magnate de la prensa William Randolph Hearst, convencido de que Ince mantenía relaciones con su amante, la actriz Marion Davies. También pudo tratarse de un error en el tiro, ya que en el yate se encontraba Charles Chaplin, otro sospechoso con causa de tener relaciones con Davies y posible objetivo de la ira armada de Hearst. Peter Bogdanovich tuvo acceso a esta información a través de Orson Welles, el enemigo público número uno de Hearst –el protagonista de *Ciudadano Kane* (*Citizen Kane*, 1941) está inspirado en el magnate–, y en 2001 realizó una película sobre el tema, *The Cat's Meow*, con Kirsten Dunst en el papel de Davies, Cary Elwes en el de Ince, Eddie Izzard como Chaplin y Edward Herrmann como Hearst.

Burt Kennedy
(1922-2001)

Mucho más interesante como guionista que como realizador, Burt Kennedy fue junto a Andrew V. McLaglen (hijo del actor Victor McLaglen, ayudante de John Ford y amigo de John Wayne), el director que en los años sesenta, y hasta bien entrada la siguiente década, intentó perpetuar el modelo del *western* clásico con resultados tan sencillos como nostálgicos. Tras la cámara se limitó a reproducir unos esquemas reconocibles, feliz por trabajar con actores a los que sin duda admiraba (Glenn Ford, Robert Ryan, Henry Fonda, Kirk Douglas, John Wayne, Robert Mitchum) y por rodar a la manera de sus maestros. *The Canadians* (1961), *Los desbravadores* (*The Rounders*, 1965), *Ataque al carro blindado* (*The War Wagon*, 1967), *Un hombre impone la ley* (*The Good Guys and the Bad Guys*, 1969), *También un sheriff necesita ayuda* (*Support Your Local Sheriff!*, 1969), *Pistolero* (*Young Billy Young*, 1969), *La quebrada del diablo* (*La spina dosarle del diavolo*, 1970) y *Ladrones de trenes* (*The Train Robbers*, 1973) son los principales jalones de una obra entregada al *western* en cuerpo y alma.

Más resolutivo se mostró en su faceta previa como guionista. Escribió varias películas de su compañero de generación McLaglen, pero supo crear un universo *westerniano* tenso y reconocible en sus cuatro colaboraciones con Budd Boetticher: *Seven Men from Now* (1956), *The Tall T* (1957), *Ride Lonesome* (1959) y *Comanche Station* (1960). Ahí, en la configuración del hosco personaje de Randolph Scott y la acentuación trágica de los relatos, reside la importancia de Kennedy en el género, ratificada en sus sobrios guiones para otros dos secos *westerns* de Gordon Douglas, *Quince balas* (*Fort Dobbs*, 1957) y *Emboscada* (*Yellowstone Kelly*, 1959).

Sergio Leone
(1929-1989)

En la obra fílmica de Sergio Leone se condensan los dos grandes géneros populares del cine italiano, el *peplum*, o el mal llamado cine de romanos, y el *spaghetti-western*. Ayudante de realización o responsable de la segunda unidad en producciones realizadas por cineastas estadounidenses en Italia durante los años cincuenta, Leone colaboró en los guiones de varios *peplums* históricos *–Bajo el signo de Roma* (*Nel segno di Roma*, Guido Brignone, 1958), *Rómulo y Remo* (*Romolo e Remo*, Sergio Corbucci, 1961)– y debutó como director en el mismo género con *El coloso de Rodas* (*Il colosso di Rodi*, 1960). Adquirida la técnica y la confianza, provocó un auténtico cisma en el *western* italiano al inspirarse en una reciente película japonesa, *Mercenario* (*Yojimbo*, Akira Kurosawa, 1961), e importar a un actor estadounidense, Clint Eastwood, para *Por un puñado de dólares* (*Per un pugno di dollari*, 1964). El segundo paso estaba dado. Leone y Eastwood definieron un nuevo modelo (iconográfico, temático, estilístico) al que le sacaron enorme rendimiento en otras dos películas, mucho más ambiciosas en el plano formal: *La muerte tenía un precio* (*Per qualche dollaro in più*, 1965) y *El bueno, el feo y el malo* (*Il buono, il brutto, il cattivo*, 1966).

La coyuntura fue tan favorable que Leone acabó realizando el más ambicioso de sus *westerns*, *Hasta que llegó su hora* (*C'era una volta il West*, 1968). Si para su trilogía con Eastwood había contado con notables secundarios estadounidenses como Lee Van Cleef y Eli Wallach, ahora tenía a su disposición a Henry Fonda y Woody Strode, protagonistas de varios films de su admirado John Ford, además de Charles Bronson, Jason Robards, Jack Elam, Keenan Wynn y Claudia Cardinale. Visión soterrada del cambio de los tiempos, *Hasta que llegó su hora* es un magno fresco con formato de *western* en el que Leone, siempre con la colaboración de Ennio Morricone, realizó experimentos sonoros y musicales más propios del *cartoon* y llevó hasta el límite algunas de sus ideas de montaje y puesta en escena. Su siguiente y último *western*, *Agáchate, maldito* (*Giù la testa*, 1971), con Rod Steiger y James Coburn, no estaría a la misma altura. Dos años después escribió y produjo *Mi nombre es ninguno* (*Il mio nome è nessuno*, Tonino Valerii, 1973), en la que volvió a contar con Henry Fonda. Meticuloso con sus proyectos, sólo realizaría una película más, *Érase una vez en América* (*Once Upon a Time in America*, 1984), sobre la era del gangsterismo norteamericano. Falleció en 1989, cuando estaba preparando un film sobre el sitio de Stalingrado durante la Segunda Guerra Mundial.

Anthony Mann
(1906-1967)

Aunque empezó realizando melodramas y películas criminales de serie B en los años cuarenta, algunas tan notables como *La brigada suicida* (*T-Men*, 1947), durante años se consideró que el cine de Anthony Mann (de nombre real Emil Anton Bundsmann) empezaba realmente con su ciclo de *westerns*, sombríos en lo temático y exultantes en lo paisajístico, que realizó con James Stewart como protagonista. Pero en el mismo año del film fundacional de esta serie, *Winchester 73* (*Id.*, 1950), Mann había rodado previamente otras dos películas del Oeste tan atípicas como personales: *La puerta del diablo* (*Devil's Doorway*, 1950), un alegato pro indio que quedó algo ensombrecido por la aparición al mismo tiempo de *Flecha rota* (*Broken Arrow*, Delmer Daves, 1950), en el que Robert Taylor encarnó a un jefe de la tribu soshone que llega a sargento en las filas del ejército y es condecorado por su valor; y *Las furias* (*The Furies*, 1950), atrevida y densa transposición de la obra de Fedor Dostoyevski *El idiota,* filtrada por la mirada siempre trágica del novelista y guionista Niven Bush, que enfrenta a un ranchero y su hija por el control de las ricas tierras familiares.

Pese al interés de estas dos propuestas filmadas en un blanco y negro más propio del *film noir* y del melodrama criminal, Mann adquirió cartas de nobleza en el género del Oeste gracias a las cinco películas que rodó con Stewart: *Winchester 73*, *Horizontes lejanos* (*Bend of the River*, 1952), *Colorado Jim* (*The Naked Spur*, 1953), *Tierras lejanas* (*The Far Country*, 1955) y *El hombre de Laramie* (*The Man from Laramie*, 1955). Fue una asociación tan fructífera como la

de John Ford y John Wayne, o la de Budd Boetticher y Randolph Scott. Mann pudo desarrollar sus ideas sobre la propia evolución del género en la realidad (los contextos históricos tienen siempre en Mann un papel importante) y en la ficción, mientras que Stewart compuso un personaje en las antípodas de los individuos idealistas e ingenuos que había representado a las órdenes de Frank Capra.

Las restantes aportaciones de Mann al *western* partieron del mismo patrón para desarrollar otros conceptos más estilizados. La menos conocida, *The Last Frontier* (1956), es un relato montañés que tiende poco a poco hacia la claustrofobia y la abstracción. En *Cazador de forajidos* (*The Tin Star*, 1957) regresó al *western* de cámara en blanco y negro, mientras que en *Cimarrón* (*Cimarron*, 1960) quiso restituir, con resultados algo decepcionantes, la épica propia del género aplicada a la estructura de un film-río un poco como los de antes. En medio queda su propuesta más innovadora e influyente, *El hombre del Oeste* (*Man of the West*, 1958), espléndido retrato de un pistolero que no puede dejar atrás el pasado, cuyo planteamiento dramático y resolución física poco tiene que ver con el de los *westerns* psicológicos entonces en boga.

Tan arraigado estaba Mann al género que otras de sus películas están planteadas como *westerns* encubiertos y pueden verse según sus códigos. Es el caso de *Bahía negra* (*Thunder Bay*, 1953), historia de prospecciones petrolíferas ambientada en Louisiana en 1946, y de *El Cid* (*The Cid*, 1961), una de las dos películas que Mann, entonces casado con Sara Montiel, realizó en España para la compañía de Samuel Bronston.

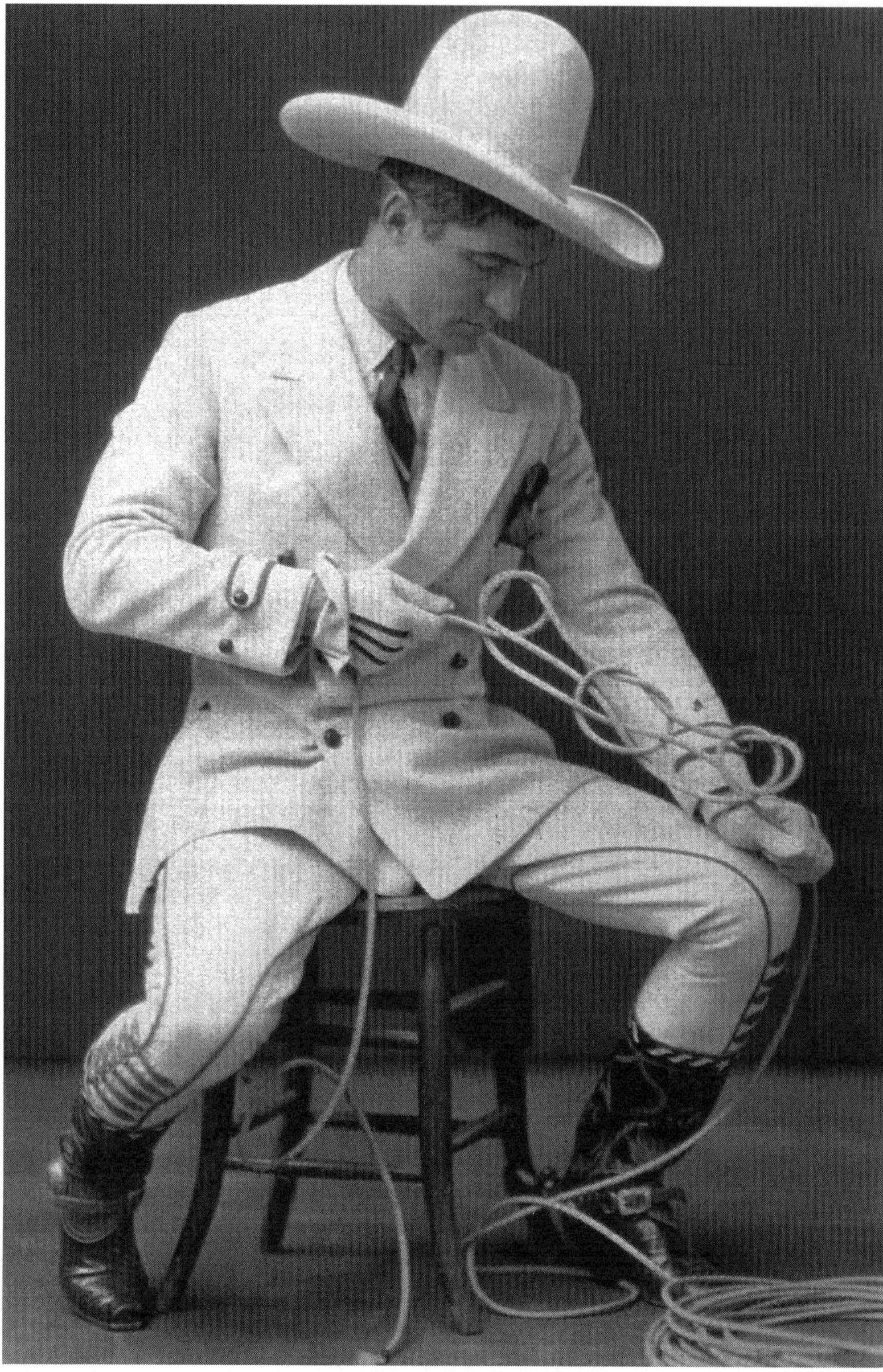

Tom Mix
(1880-1940)

Tom Mix fue el más emblemático de los actores del *western* mudo junto a William S. Hart y Gilbert M. Anderson, superándoles a los dos en popularidad desde principios de los años veinte hasta la irrupción del sonoro. Hart se había criado en escenarios similares a los que luego transitaría en sus películas y sabía cabalgar como el mejor, mientras que Anderson era, al parecer, absolutamente negado para las escenas de acción. Mix aportó al cine su experiencia previa como experto jinete y tirador y, también, como *ranger* de Texas; no le costó nada reproducir ante una cámara los gestos y acciones que había realizado tantas veces como defensor de la ley y el orden o en los espectáculos de rodeos. Aportó, pues, un sentido de verosimilitud que es marca distintiva de buena parte de los *westerns* silentes. Lo hizo sobre todo en sus primeros trabajos en la productora Selig, configurando un personaje similar a los de Hart y Anderson, Rio Jim y Broncho Billy, respectivamente. Pero cuando en 1917 fue contratado por la Fox, Mix empaquetó los aspectos más severos de su tipología cinematográfica, cambió de atuendo –antes lucía discreta indumentaria oscura, ahora saldría a escena con un reluciente traje de *cowboy* de rodeo–, bautizó a su caballo con el nombre de Tony y acumuló películas de dos y tres rollos de duración en las que la acción pura y dura suplía cualquier noción mínimamente dramática. Entre 1909 y 1935 protagonizó cerca de 350 películas. Retirado del cine, falleció en 1940 en un accidente automovilístico en una carretera de Arizona. Bruce Willis interpretó a Tom Mix en *Asesinato en Beverly Hills* (*Sunset*, Blake Edwards, 1988).

Dudley Nichols
(1895-1960)

Escribió pocos *westerns*, pero la mayoría resultaron significativos. Prototipo del guionista intelectual, amante del teatro y proclive a la tesis bien visible en sus planteamientos argumentales, Dudley Nichols es en buena medida responsable de la transformación que sufrió el *western* a raíz de *La diligencia* (*Stagecoach*, John Ford, 1939), ya que modeló personajes de características distintas, estableció una nueva psicología para el género y reinventó la coralidad para un modelo narrativo que se basaba hasta entonces en elegías individuales y antagonismos sin demasiados contrastes.

Pese a su considerable capacidad de trabajo (entre 1930 y 1959 hay 66 películas en las que trabajó como guionista, argumentista o dialoguista) y su permeabilidad genérica, ya que destacó por igual en la comedia –*La fiera de mi niña* (*Bringing Up Baby*, Howard Hawks, 1938)– como en la tragedia –*El fugitivo* (*The Fugitive*, John Ford, 1947)–, en el cine antinazi –*El hombre atrapado* (*Man Hunt*, Fritz Lang, 1941)– como en el de aventuras –*El príncipe*

Valiente (*Prince Valiant*, Henry Hathaway, 1954)–, Nichols no regresó al cine del Oeste hasta 1951 con *El correo del infierno* (*Rawhide*, Hathaway), un relato extremadamente tenso cuya acción acontece en una parada de diligencias. Similar tensión, aunque en un decorado algo más grande, se palpa en su cuarto guión del género, *Cazador de forajidos* (*The Tin Star*, Anthony Mann, 1957). En medio, Nichols escribió *Río de sangre* (*The Big Sky*, Howard Hawks, 1952), un *western* roussoniano. Su última contribución al género fue *El pistolero de Cheyenne* (*Heller in Pink Tights*, 1960), la inesperada incursión de George Cukor en el Oeste.

Gregory Peck
(1916-2003)

Puede que a veces no se le identifique plenamente con el género y se le recuerde más por sus trabajos con Alfred Hitchcock, los gozosos films de aventuras con Raoul Walsh o, sobre todo, por la comedia de William Wyler *Vacaciones en Roma* (*Roman Holiday*, 1953), por su colérica y obstinada composición del capitán Achab en la versión de *Moby Dick* (*Id.*, John Huston, 1956) y por su cometido en el film antirracista *Matar a un ruiseñor* (*To Kill a Mockingbird*, Robert Mulligan, 1962).

Pero Peck, pese a esa presencia a veces demasiado blanda que no casaba ni con los villanos ni con los héroes, fue un cualificado actor de *westerns*, género en el que se superó a sí mismo e hizo olvidar sus limitaciones. Y además acometió registros muy distintos con similares buenos resultados. Desde el bullicioso y primitivo personaje de *Duelo al sol* (*Duel in the Sun*, King Vidor, 1946) hasta el individuo obsesionado por la venganza de *El vengador sin piedad* (*The Bravados*, Henry King, 1958), pasando por las que son sus dos mejores aportaciones al género, los matizados fuera de la ley representados en *Cielo amarillo* (*Yellow Sky*, William A. Wellman, 1948) y *El pistolero* (*The Gunfighter*, H. King, 1950), Peck demostró una gama de posibilidades insospechada y aportó parsimonia, serenidad y severidad a un género tan físico y en movimiento; incluso su forma de montar a caballo resultaba distinta, entre la virilidad congénita al género y una cierta y estudiada teatralidad.

En 1968 protagonizó un estimable y olvidado cruce genérico entre *western* y cine de terror, *La noche de los gigantes* (*The Stalking Moon*, R. Mulligan). Peck encarna en el film a un explorador que debe proteger del acoso casi fantasmal de un guerrero apache a la mujer blanca que éste tomó como esposa. De todos los actores de su generación, fue el que más longevo se mostró en el género: en 1989, a los 73 años, protagonizó *Gringo viejo* (*Old Gringo*, Luis Puenzo), un relato ambientado durante la revolución mexicana.

Sam Peckinpah
(1925-1984)

El director y novelista español Gonzalo Suárez, a quien Sam Peckinpah consideraba su perro hermano indio, escribió en una ocasión que, mientras esperaban a que les sirvieran la comida en un restaurante de Madrid, el director de *Grupo salvaje* (*The Wild Bunch*, 1969) se entretuvo lanzando cuchillos contra la pared ante la reacción aterrorizada de los comensales. Aniquilado en tiempo récord por la bebida, quizás el mejor calmante que tuvo para sus constantes enfrentamientos con los productores, Peckinpah vivió rápido, rodó de manera arrolladora y dejó como legado un puñado de películas violentas y amargas, las mejores de ellas encuadradas en el género del Oeste, al que ofreció una lectura crepuscular mucho más beligerante e inconformista que la conferida por los cineastas veteranos en el ocaso de sus carreras. Con la excepción de su muy neoclásica *Duelo en la alta sierra* (*Ride the High Country*, 1962), Peckinpah no fue el relevo de los Ford, Hawks, Mann, Daves y compañía. Los únicos realizadores precedentes con los que realmente podría guardar relación eran Budd Boetticher y Sam Fuller.

La amistad traicionada, la fractura entre lo viejo y lo nuevo, la pasión por la forma de vida mexicana, el uso de la cámara lenta y el montaje sincopado fueron algunos de los elementos constituyentes de su visión del género y su técnica narrativa. Intentó siempre apoyarse en un

mismo equipo y en un grupo de actores, principales y secundarios, con los que se sintiera cómodo y protegido: James Coburn, Steve McQueen, Warren Oates, Ben Johnson, L. Q. Jones, Slim Pickens, David Warner, Kris Kristofferson, Strother Martin, Emilio "Indio" Fernández. Sus rodajes fueron caóticos y las películas nunca llegaron a estrenarse como él las había concebido, lo que fue provocando una sensación de desarraigo y una extremada voluntad de independencia que nunca llegó a adquirir.

En sus inicios televisivos, ya escribió y realizó varios episodios de series del Oeste: *The Westerner*, *Zane Grey Theater*, *The Rifleman*, *Broken Arrow* y *La ley del revólver*. Su frustrante debut cinematográfico con *Deadly Companions* (1961), un *western* que estuvo invisible durante años y del que Peckinpah guardaba un pésimo recuerdo, no impidió que el director se convirtiera en el mayor especialista del género durante los sesenta. Todos sus films de esta década convulsa pertenecen al *western* y se ubican en contextos tan distintos como la llegada de la civilización a los confines de la frontera –*Duelo en la alta sierra*–, la guerra civil –*Mayor Dundee* (*Major Dundee*, 1964)–, la revolución mexicana –*Grupo salvaje*– y, de nuevo, el asomo de la civilización y la economía capitalista en *La balada de*

Cable Hogue (*The Ballad of Cable Hogue*, 1970), cuyo protagonista, como el de *Los valientes andan solos* (*Lonely Are the Brave*, David Miller, 1962), muere atropellado por un vehículo con gasolina, el signo de los nuevos tiempos.

Peckinpah transitó por parajes más clásicos al relatar desde su perspectiva, lírica y salvaje, la historia de *Pat Garrett y Billy the Kid* (*Pat Garrett and Billy the Kid*, 1973), pero impregnó de las esencias del *western* casi todo el resto de su obra: el film de rodeos *Junior Bonner* (*Junior Bonner*, 1972), la aventura mexicana del hombre que viaja con una cabeza humana mordida por las moscas en *Quiero la cabeza de Alfredo García* (*Bring Me the Head of Alfredo Garcia*, 1974) e, incluso, *Convoy* (*Id.*, 1978), una película en la que los camioneros y sus vehículos mastodónticos suplen a los *cowboys* y sus monturas.

Randolph Scott
(1903-1987)

Este actor capaz de componer un personaje sólo con la expresión de su cara, a veces tan parca en emociones, en otros momentos tan dura e inflexible, debutó con un drama de Allan Dwan, *The Far Call* (1929), y se despidió del cine con un *western* otoñal de Sam Peckinpah, *Duelo en la alta sierra* (*Ride the High Country*, 1962). Después de su debut oficial tuvo una fugaz aparición como jinete en *The Virginian* (Victor Fleming, 1929). Dos años antes de ponerse en manos de Peckinpah, cerró con *Comanche Station* (1960) su celebrado ciclo de *westerns* con Budd Boetticher, algunos de ellos producidos por su compañía Ranow, nombre que respondía a la contracción entre las tres primeras letras del nombre de Scott y las dos últimas del apellido de su socio, el productor Harry Joe Brown. Tres años después de figurar en las andanzas del virginiano, ya tuvo su primer papel protagonista en la primera de las películas basadas en relatos de Zane Grey que interpretó a las órdenes de Henry Hathaway, *El legado de la estepa* (*Heritage of the Desert*, 1932). Al mismo tiempo que iniciaba su productiva asociación con Boetticher, protagonizó un par de excelentes películas de serie B, la división cinematográfica en la que Scott siempre se sintió más cómodo, realizadas por Joseph H. Lewis: *A Lawless Street* (1955) y *7th Cavalry* (1956). En 1936 intervino en la adaptación de *El último mohicano* (*The Last of the Mohicans*) realizada por George B. Seitz, y veinte años después dio por concluida también otra asociación no tan conocida como la de Boetticher pero de muy fructíferos resultados, la que mantuvo con el director de origen húngaro André De Toth, para quien interpretó pistoleros y *cowboys* igual de lacónicos en *Lucha a muerte* (*Man in the Saddle*, 1951), *Carson City* (1952), *The Stranger Wore a Gun* (1953), *Thunder Over The Plains* (1953), *Riding Shotgun* (1954) y *The Bounty Hunter* (1954). Scott rozó la categoría A en 1941 con *Espíritu de conquista* (*Western Union*, Fritz Lang) y en 1950 protagonizó la película que más dinero dio a la Warner ese año, *Colt 45* (*Colt 45*, Edwin L. Marin). Hizo películas de otros géneros, pero, como Gary Cooper, fue un hombre del Oeste.

James Stewart
(1908-1997)

Cursó estudios de Arquitectura, hizo teatro en Broadway y, al parecer, le gustaban mucho los espectáculos de ilusionismo, pero James Stewart terminó convirtiéndose en uno de los actores más versátiles de la edad de oro de Hollywood, estableciendo periódicas asociaciones con directores que extrajeron de él registros opuestos: la ingenuidad muy *new deal* de sus papeles para Frank Capra, con el colofón de *¡Qué bello es vivir!* (*It's a Wonderful Life*, 1946), o la inmersión por cauces desazonantes que le brindó Alfred Hitchcock en películas como *La soga* (*Rope*, 1948), *La ventana indiscreta* (*Rear Window*, 1954) y *Vértigo/De entre los muertos* (*Vertigo*, 1958). Por lo que se refiere al *western*, género en el que debutó en 1939 componiendo el curioso personaje del tirador pacifista de *Arizona* (*Destry Rides Again*, George Marshall), un film alborozado y semicómico con Marlene Dietrich, Stewart se entendió muy bien con Anthony Mann y John Ford. El ciclo formado por *Winchester 73* (*Id.*, 1950), *Horizontes lejanos* (*Bend of the River*, 1952), *Colorado Jim* (*The Naked Spur*, 1953), *Tierras lejanas* (*The Far Country*, 1955) y *El*

hombre de Laramie (*The Man from Laramie*, 1955), al que debe añadirse *La última bala* (*Night Passage*, 1957) –iniciado por Mann pero terminado por James Neilson–, empezó como una apuesta personal entre Mann y el guionista Borden Chase, convencidos de que podían reconvertir para el *western* las características interpretativas de Stewart en el melodrama y la comedia. Y lo lograron, revirtiendo la imagen bondadosa del actor sin transformarlo en su reverso; simplemente, sacaron a la luz las posibilidades de Stewart para acometer personajes atormentados y oscuros.

Con Ford se movió en las dos direcciones, las que van del *sheriff* sin escrúpulos de *Dos cabalgan juntos* (*Two Rode Together*, 1961), aunque al final sea el personaje que tome las decisiones más coherentes, al abogado idealista de *El hombre que mató a Liberty Valance* (*The Man Who Shot Liberty Valance*, 1962), que logra hacer carrera política gracias a la anónima ayuda de uno de los últimos *westerners*. Su otro hito en el género fue *Flecha rota* (*Broken Arrow*, Delmer Daves, 1950), donde la ingenuidad se metamorfoseó en sincero humanismo. Perpetuó su imagen, sin cansancio, en algunos *westerns* tardíos del devoto Andrew V. McLaglen –*El valle de la violencia* (*Shenandoah*, 1965), *¡Bandolero!* (*Bandolero!*, 1968)– y se retiró definitivamente del cine al despuntar la década de los noventa.

John Sturges
(1911-1992)

Considerado por regla general un artesano más o menos creativo, en la línea de Gordon Douglas o André De Toth, aunque con mayores rasgos autorales, Sturges perteneció a esa generación algo indeterminada de cineastas que debutaron a mediados-finales de los cuarenta pero no participaron de las señas de identidad de la denominada generación de la violencia (Nicholas Ray, Sam Fuller, Don Siegel, Richard Fleischer).

Su primera película del Oeste no dio demasiadas pistas sobre cuál iba a ser su actitud respecto al género: *The Capture* (1950) es otra de las tragedias con fondo *westerniano* escritas (y también producida en este caso) por Niven Bush, con la esposa del guionista, Teresa Wright, como protagonista. *Fort Bravo* (*Escape from Fort Bravo*, 1953), algo balbuciente incursión en dos conflictos bélicos al mismo tiempo, el de la guerra civil y el de las guerras indias, y *El sexto fugitivo* (*Backlash*, 1956), un guión de Borden Chase en torno a una matanza india y la búsqueda de un superviviente, fueron la antesala para el mejor período de Sturges en relación con el género.

Duelo de titanes (*Gunfight at the OK Corral*, 1957) y *El último tren de Gun Hill* (*Last Train from Gun Hill*, 1959), ambas con Kirk Douglas, constituyen dos variaciones simétricas sobre similares temas, aunque la primera parta de un hecho real y la segunda de una ficción. En medio de estos dos *westerns* urbanos y centrados en dos personajes masculinos antagónicos, Sturges realizó su obra maestra, *Desafío en la ciudad muerta* (*The Law and Jake Wade*, 1958), que enfrenta igualmente a dos viejos amigos que ahora están situados en los lados opuestos de la ley. Pero su *western* más popular es sin duda alguna *Los siete magníficos* (*The Magnificent Seven*, 1960), reciclaje a los escenarios del Oeste fronterizo de la prestigiosa historia de samuráis rodada por Akira Kurosawa. A Sturges le entraría después la vena paródica –*Tres sargentos* (*Sergeants Three*, 1962) y *La batalla de las colinas del whisky* (*The Hallelujah Trail*, 1965)– e intentaría recuperar la sobriedad perdida con otra vuelta de tuerca sobre el duelo en el OK Corral, *La hora de las pistolas* (*Hour of the Gun*, 1967). *Joe Kidd* (*Joe Kidd*, 1972), al servicio de Clint Eastwood, y *Caballos salvajes* (*Valdez il mezzosangue*, 1973), una película rodada en Almería con Charles Bronson, constituyeron su canto de cisne.

Raoul Walsh
(1887-1980)

La obra de este cineasta amante de la aventura y los espacios libres, que se sabía al dedillo las obras de William Shakespeare y Robert Louis Stevenson, conoció en su infancia al pintor Frederic Remington, al cazador Búfalo Bill y al escritor Mark Twain, frecuentó años después a Wyatt Earp y Jack London y se prodigó en todos los géneros con igual intensidad y desparpajo, transita como una exhalación toda la historia del cine norteamericano desde la época de los pioneros hasta el fin de la era de los estudios. Sus inicios están asociados a David Wark Griffith, y no son unos inicios cualquiera. Walsh interpretó en *El nacimiento de una nación* (*The Birth of a Nation*, 1914) a John Wilkes Booth, el asesino de Abraham Lincoln, y poco después se fue a México para rodar sobre el terreno las batallas y celebraciones de Pancho Villa y sus hombres con destino a una producción de Griffith. El film, *Life of Villa* (1915), que terminó William Christian Cabanne, es una extraña mezcla de ficción y documental muchos años antes de que esta relación *a priori* bastarda se pusiera de moda, ya que está formado por las imágenes reales de los villistas mezcladas con secuencias en las que el propio Walsh interpretaba al líder revolucionario en su juventud.

En el apogeo del sonido, Walsh recibió el encargo de realizar la primera película sonora en exteriores, *En el viejo Arizona* (*In Old Arizona*, 1929), en la que además interpretaba al personaje de Cisco Kid, una popular creación del escritor O. Henry. Tampoco pudo terminarla, ya que un accidente de coche se saldó con la pérdida de su ojo derecho; Irving Cummings le sustituyó como director y Warner Baxter como actor. Con su característico parche, signo distintivo de varios pioneros y cineastas de las siguientes generaciones –también lo lucían con cierto orgullo John Ford, Fritz Lang, André De Toth y Nicholas Ray–, Walsh emprendió el titánico rodaje de *La gran jornada* (*The Big Trail*, 1930), y tardó menos tiempo que otros cultivadores del género en regresar al mismo. En 1940 dirigió *Mando siniestro* (*Dark Command*), un film B para Republic, con John Wayne y Claire Trevor, la pareja de *La diligencia* (*Stagecoach*, John Ford, 1939), que se inspiraba en las correrías de los guerrilleros de Quantrill. Un año después retrató a un altanero, orgulloso, suicida y alcoholizado general Custer en *Murieron con las botas puestas* (*They Died With Their Boots On*, 1941), interpretada por su actor favorito, Errol Flynn, con el que compartía películas y más de una juerga etílica.

Después de la Segunda Guerra Mundial, los hermosos y trágicos *westerns* de Walsh se fueron sucediendo sin pausa: *Río de plata* (*Silver River*, 1948), *Juntos hasta la muerte* (*Colorado Territory*, 1949), *Camino de la horca* (*Along the Great Divide*, 1951), *Tambores lejanos* (*Distant Drums*, 1951), *Historia de un condenado* (*The Lawless Breed*, 1953) –sobre el pistolero real John Wesley Harding–, *Fiebre de venganza* (*Gun Fury*, 1953) –funcional film en sistema tridimensional–, *Rebelión en el fuerte* (*Saskatchewan*, 1954), *Los implacables* (*The Tall Men*, 1955) y las progresivamente más escépticas y ácidas *Un rey para cuatro reinas* (*The King and Four Queens*, 1956) y *Una trompeta lejana* (*A Distant Trumpet*, 1964), su testamento cinematográfico. Antes, sin embargo, aportó al género una comicidad algo espúrea con *La rubia y el sheriff* (*The Sheriff of Fractured Jaw*, 1958).

John Wayne
(1907-1979)

Marion Michael Morrison, o Marion Robert Morrison como aparecía en su partida de nacimiento, o simplemente John Wayne, como lo canonizó el cine, estuvo presente en casi todas las revoluciones del cine clásico del Oeste. Pocos actores podrían vanagloriarse de estar tantas veces en el sitio justo y en el momento exacto. Después de pasarse cuatro años, de 1926 a 1929, haciendo de figurante o secundario con breve papel en decenas de películas, Wayne fue escogido para protagonizar *La gran jornada* (*The Big Trail*, Raoul Walsh, 1930), uno de los *westerns* más espectaculares del primer sonoro. Tras una década de incerteza, tanto para el actor como para el cine del Oeste, en la que, eso sí, trabajo no le faltó en modestos y rudimentarios *westerns* seriados, Wayne volvió a gozar de otro inmenso golpe de fortuna: John Ford le dio la manija de *La diligencia* (*Stagecoach*, 1939), y ahí puede decirse que empezó todo… Y más, porque aunque volvió al redil de la serie B antes y después de la Segunda Guerra Mundial –*Él y su enemiga* (*Tall in the Saddle*, Edwin L. Marin, 1944), *Dakota* (Joseph Kane, 1945)–, Ford volvió a confiar en él para la trilogía de la caballería formada por *Fort Apache* (*Fort Apache*, 1948), *La legión invencible* (*She Wore a Yellow Ribbon*, 1949) –una de sus interpretaciones más matizadas– y *Río Grande* (*Rio Grande*, 1950). Y cuando Ford se replanteó por dos veces los límites del género, con *Centauros del desierto* (*The Searchers*, 1956) y la crepuscular *El hombre que mató a Liberty Valance* (*The Man Who Shot Liberty Valance*, 1962), Wayne fue siempre su primera y mejor opción.

Más dúctil de lo que muchas veces se ha escrito, aunque en los *westerns* de inferior categoría pareció peor actor de lo que realmente era, estableció también una espléndida relación con Henry Hathaway y Howard Hawks, y después con los directores que intentaron emular a éstos, Andrew V. McLaglen y Burt Kennedy. A Hathaway le debía el único Oscar de su carrera, por su papel de *sheriff* viejo y tuerto en *Valor de ley* (*True Grit*, 1969), además de cometidos entre lo severo y lo paródico en títulos como *Alaska, tierra de oro* (*North to Alaska*, 1960) y *Los cuatro hijos de Katie Elder* (*The Sons of Katie Elder*, 1965). Con Hawks forjó sus personajes más complejos, sobre todo el del ganadero traicionado por su hijo adoptivo en *Río Rojo* (*Red River*, 1948) y el pistolero de *El Dorado* (*El Dorado*, 1967): la secuencia de este film en la que Wayne hace cabalgar a su caballo de espaldas para no perder de vista a los pistoleros que tiene enfrente es uno de los momentos antológicos de su imagen *westerniana*.

En 1960 rodó la primera de sus dos películas como director, *El Álamo* (*The Alamo*), un *western* vigoroso, aunque de marcada exaltación nacionalista, que reconstruye desde una perspectiva heroica la famosa batalla entre tejanos y mexicanos. En la segunda, *Boinas verdes* (*The Green Berets*, 1968), codirigida con Ray Kellogg, apoyó la intervención estadounidense en Vietnam. Nunca escondió sus ideas políticas, aunque con algunos de sus personajes para Ford las pusiera en tela de juicio. Su impronta en el *western* era tan grande que uno de sus films de los setenta, *The Cowboys* (Mark Rydell, 1972), se estrenó en España con el título de *John Wayne y los cowboys*. Su última película fue un homenaje que le dedicó Don Siegel: en

El último pistolero (*The Shootist*, 1976), se cuenta la historia de un pistolero en el ocaso de sus días, y para recordar cosas del pasado del personaje, Siegel recurrió a un montaje de fragmentos de films anteriores del actor. La realidad se confundió con la leyenda. ■

Richard Widmark
(1914)

Aunque para muchos está encasillado en el papel del villano de perfil sádico, tanto en el cine negro –su excelente composición del paranoico gángster de *El beso de la muerte* (*Kiss of Death*, Henry Hathaway, 1947), capaz de arrojar a una mujer inválida en silla de ruedas por las escaleras– como en el *western* –los pistoleros ambiciosos y traicioneros de *Cielo amarillo* (*Yellow Sky*, William A. Wellman, 1948) y *Desafío en la ciudad muerta* (*The Law and Jake Wade*, John Sturges, 1958)–, la realidad cinematográfica de Richard Widmark fue muy otra. Cuando John Ford concibió sus altruistas militares que intentan ayudar a los indios y rebajar la tensión racial en *Dos cabalgan juntos* (*Two Rode Together*, 1961) y *El gran combate* (*Cheyenne Autumn*, 1964), pensó en Widmark y éste le devolvió el favor componiendo una honestidad nada impostada. Delmer Daves también lo escogió para encarnar al mestizo

vengativo de *La ley del talión* (*The Last Wagon*, 1956), una película perfecta para demostrar la ductilidad de un actor que rehuyó siempre el encasillamiento y aportó verdad tanto a los villanos como a los héroes que le tocó interpretar, estableciendo siempre una enriquecedora gama de grises en sus cometidos y aportando una notable ambigüedad: *El jardín del diablo* (*Garden of Evil*, Henry Hathaway, 1954), *El sexto fugitivo* (*Backlash*, John Sturges, 1956), *El hombre de las pistolas de oro* (*Warlock*, Edward Dmytryk, 1959) y *Álvarez Kelly* (*Alvarez Kelly*, E. Dmytryk, 1966), en cuanto al *western*, y *Manos peligrosas* (*Pickup on South Street*, Sam Fuller, 1952) y *Brigada homicida* (*Madigan*, Don Siegel, 1968), por lo que se refiere al *thriller*, son buena prueba de ello. No faltó tampoco a la cita de *La conquista del Oeste* (*How the West Was Won*, H. Hathaway, J. Ford y G. Marshall, 1962), interpretando el papel del encargado de la construcción del tendido ferroviario. Actor cultivado, encontró hueco en la televisión en los años setenta y en la pequeña pantalla realizó una de sus últimas intervenciones *westernianas*, en el telefilm de Burt Kennedy *Once Upon a Texas Train* (1988). Se retiró del cine tres años después.

Philip Yordan
(1914-2003)

Situado al ala izquierda de Hollywood, protegido y colaborador de diversos *blacklisted* –los integrantes de las infaustas listas negras durante la caza de brujas–, Philip Yordan aparece acreditado en varios y significativos films del Oeste, aunque parece ser que en algunos de ellos se limitó a realizar las funciones de tapadera de alguno de los escritores represaliados cuyos nombres no podían figurar. En aquella época, además, Yordan se había instalado en París, lejos del mundanal ruido fascista que imperaba en Estados Unidos. Aunque resulte difícil de esclarecer el cometido real de Yordan en las películas en las que está acreditado, lo cierto es que, al margen de los estilos e intereses distintos de cada director, hay una cierta coherencia de planteamientos entre todos sus trabajos. *Johnny Guitar* (*Johnny Guitar*, Nicholas Ray, 1954), el más célebre de ellos –y en el que intervino uno de los escritores represaliados, Ben Maddow–, es, además de una alegoría precisamente de la caza de brujas, un estudio de comportamientos violentos en una situación de reconversión social. Lo mismo ocurre en *El hombre de Laramie* (*The Man from Laramie*, 1955), esta vez firmada por Anthony Mann, realizador con el que repetiría en la más boscosa *The Last Frontier* (1956), o en *El vengador sin piedad* (*The Bravados*, Henry King, 1958), una dura historia de venganza. Yordan ganó el Oscar al mejor agumento por el *western* pro indio *Lanza rota* (*Broken Lance*, Edward Dmytryk, 1954). En los primeros sesenta se convirtió en guionista de las monumentales producciones de Samuel Bronston rodadas en España, reencontrándose con Mann en *El Cid* (*The Cid*, 1961), y con Ray en *Rey de reyes* (*King of Kings*, 1961) y *55 días en Pekín* (*55 Days at Peking*, 1963). Llegó a escribir un *western* europeo, *El hombre de Río Malo* (Eugenio Martín, 1972).

Apéndices

Notas

1. McGilligan, Pat: *Backstory. Interviews with Screenwriters of Hollywood's Golden Age*. The Regents of the University of California, 1986. Edición española: *Backstory. Conversaciones con guionistas de la edad de oro*. Plot, Madrid, 1993.

2. Tavernier, Bertrand: *Amis Américains. Entretiens avec les grands auteurs d'Hollywood*. Institute Lumière/Actes Sud, Lyon, 1993.

3. Tavernier, Bertrand: "Rencontre avec André De Toth", en *Cahiers du Cinéma*, nº 197, diciembre de 1967-enero de 1968.

4. Walsh, Raoul: *Each Man in his Time*. Raoul Walsh Enterprises Inc., 1974. Edición española: *Raoul Walsh. La vida de un hombre*. Grijalbo, Barcelona, 1982.

5. Rabourdin, Dominique: "Entretien avec Robert Aldrich", en *Cinéma*, nº 302, febrero de 1984. Traducida al castellano en el libro *La mirada oblicua. El cine de Robert Aldrich*, de José A. Hurtado y Carlos Losilla (eds.). Festival de Cine de Gijón-Filmoteca Generalitat Valenciana, 1996.

6. Erice, Víctor y Oliver, Jos. *Nicholas Ray y su tiempo*. Filmoteca Española-Instituto de la Cinematografía y las Artes Audiovisuales, Madrid, 1986. Declaraciones recogidas de la revista *Take One*, nº 5, enero de 1977.

7. Thompson, Frank T.: *William A. Wellman*. The Scarecrow Press, Metuchen, New Jersey, 1983. Edición española: *William A. Wellman*. Festival Internacional de Cine de San Sebastián-Filmoteca Española, 1993.

8. Op. cit. nota 4.

9. Vidor, King: *A Tree is a Tree. An Autobiography*. Harcourt Brace, Nueva York, 1953. Primera edición española: *Hollywood al desnudo*. AHR, Barcelona, 1954. Segunda edición española: *Un árbol es un árbol. Una autobiografía*. Paidós, Barcelona, 2003.

10. Henry Wilson, Michael: *Jacques Tourneur ou la magie de la suggestion*. Éditions du Centre Pompidou, París, 2003.

11. Latorre, José María: "La obra rota de Delmer Daves", en *Dirigido por*, nº 47, septiembre de 1977.

12. Brion, Patrick: *Le Western*. Éditions de La Martinière, París, 1992.

13. Op. cit. nota 2.

14. Latorre, José María, y Aller, Luis: "Richard Fleischer habla de su obra", en *Dirigido por*, nº 154, enero de 1988.

15. Brando, Marlon, y Lindsey, Robert: *Songs My Mother Taught Me*. Random House, Nueva York, 1994. Edición española: *Las canciones que mi madre me enseñó*. Anagrama, Barcelona, 1994.

16. Corman, Roger, y Jerome, Jim: *How I Made a Hundred Movies in Hollywood and Never Lost a Dime*. 1990. Edición española: *Cómo hice cien films en Hollywood y nunca perdí ni un céntimo*. Laertes, Barcelona, 1992.

17. Freixas, Ramon, y Bassa, Joan: "Sergio Leone. El espectáculo sin límites", en *Nosferatu*, nº 41-42, octubre de 2002.

18. Casas, Quim: "Entrevista con Michael Cimino", en *Dirigido por*, nº 185, noviembre de 1990.

Bibliografía básica

Astre, Georges-Albert y Hoarau, Albert-Patrick. *Univers du Western*, Seghers, París, 1973. [Trad. cast.: *El universo del Western*, Fundamentos, Madrid, 1976.]

Brion, Patrick. *Le Western*, Éditions de La Martinière, París, 1992.

Buscombe, Edward (ed.).*The BFI Companion to the Western*, Da Capo Press, Nueva York, 1988.

Casas, Quim. *El Western. El género americano*, Paidós, Barcelona, 1994.

Cohen, Clélia. *Le Western*, Cahiers du Cinéma, París, 2005. [Trad. cast.: *El Western*, Paidós, Barcelona, 2006.]

Coma, Javier. *Diccionario del Western clásico*, Plaza y Janés, Barcelona, 1992.

Coma, Javier. *La gran caravana del Western*, Alianza Editorial, Madrid, 1996.

Everson, William K. *The Hollywood Western*, Citadel Press, Nueva York, 1992. [Trad. cast.: *El Western de Hollywood*, Odín-Paidós, Barcelona, 1994.]

Fernández Santos, Ángel. *Más allá del Oeste*, El País, Madrid, 1988.

Fernández Santos, Ángel; Gubern, Román, y Llinás, Francisco. "El Western", enciclopedia *El Cine, enciclopedia del 7º arte*, Buru Lán, San Sebastián, 1972; tomo II.

Fernández Santos, Ángel; Gubern, Román; Llinás, Francisco; Ayesa, Carmen; Genover, Jaume, y Zozaya, Arántzazu. "El Western", enciclopedia *El Cine, enciclopedia Salvat del 7º arte*, Salvat, Barcelona, 1978; tomo VI.

Hardy, Phil (ed.). *The Western. The Aurum Film Encyclopedia*, Aurum Press, Londres, 1983.

Sennett, Ted. *The Great Hollywood Westerns*, Harry N. Abrahams, Nueva York, 1990.

VV.AA. *The End and the Myth. The Old West*, Time-Life Books, Alexandria, Virginia, 1979.

VV.AA. *Al Oeste*, Centro Cultural Campoamor, Oviedo, 1990.

VV.AA. *Le Western*, Gallimard, París, 1993.

VV.AA. "Especial Western", en *Dirigido por*, nº 71 (marzo de 1980), 72 (abril de 1980), 74 (junio-julio de 1980), 75 (agosto-septiembre de 1980) y 76 (octubre de 1980).

VV.AA. "Especial Western", en *Dirigido por*, nº 313 (junio de 2002), 314 (julio-agosto de 2002) y 315 (septiembre de 2002).

VV.AA. "Euro-Western", en *Nosferatu*, nº 41-42, octubre de 2002.

Páginas web

www.imdb.com/Sections/Genres/Western/
Cuenta con información sobre 9.976 películas del Oeste.

www.filmsite.org/westernfilms.html
Repaso pormenorizado y cronológico a toda la historia del género.

http://www.americanwest.com/films/films.htm
Incluye *links* dedicados a los actores, directores y películas más representativas.

http://western.movies.free.fr/
Web francesa con entradas de directores, actores, técnicos y todas las noticias de actualidad relacionadas con el género.

http://www.briansdriveintheater.com/westerns.html
Dedicada a los actores de los westerns de serie B.

http://www.todocine.com/mov/ing00226.htm
Contiene un índice de películas del Oeste.

www.filmsite.org/westernfilms.html
Centrada en la modalidad de los spaghetti-western.

Índice onomástico

C

D

E

I

J

K

N

O

P

Q

R

S

T

U

V

W

Y

Z

Otros títulos en **MA NON TROPPO** CINE

Películas clave del cine erótico

Pedro Calleja

Esta obra recoge los momentos más significativos en la historia del erotismo cinematográfico, desde la década de los locos años veinte hasta nuestros días. Las cien películas más relevantes del género, ordenadas cronológicamente, son analizadas con rigor cinéfago, pasión periodística y sentido del humor, destacando la labor de sus directores y protagonistas, las anécdotas de rodaje y las circunstancias sociopolíticas que marcaron sus respectivos estrenos. Como complemento imprescindible, treinta figuras especialmente destacables en el campo de la erotomanía cinemática reciben un tratamiento biofilmográfico aparte.

Películas clave del cine histórico

Enric Alberich

Los mitos de la Antigüedad, las leyendas artúricas, las batallas más impactantes, las intrigas palaciegas y el análisis histórico más riguroso tienen cabida en este libro, que da cuenta de la vistosidad y variedad de la que el cine ha hecho gala a la hora de enfrentarse con la Historia, así como de la inevitable tendencia a revisar el pasado desde una perspectiva contemporánea, de la mano de grandes actores, directores y productores que, como Cecil B. De Mille, Charlton Heston, Charles Laughton o Peter O'Toole, encontraron en este género un modo idóneo con el que garantizarse un lugar en la posteridad.

Películas clave del cine musical

Rafel Miret y Carles Balagué

Las cien películas claves del cine musical, los directores, los actores, los argumentos y las anécdotas más interesantes del cine musical. Pocas formas artísticas son capaces de expresar emociones con la intensidad que lo hace la música y la danza. El libro se complementa con un capítulo dedicado a las figuras claves del género, tanto desde la silla de dirección (Vincente Minnelli, Stanley Donen, Busby Berkeley, Bob Fosse) como en la pantalla (Fred Astaire, Gene Kelly, Judy Garland, Julie Andrews, Marilyn Monroe).

Películas clave del cine de aventuras

Ricardo Aldarondo

Las películas de aventuras transmiten de inmediato la fascinación por mundos reales pero alejados de lo cotidiano. Del Polo Norte al centro de la Tierra, desde la sabana de África a los mares del Sur, el género ofrece casi siempre un viaje cargado de conocimientos y descubrimientos.

Este libro ofrece un recorrido por el cine de aventuras a través de cien películas ordenadas cronológicamente, que incluyen fichas, comentarios y anécdotas. Una selección de treinta personajes incide además en las aportaciones de actores, directores, técnicos y literatos a un género que provoca desde la niñez adhesiones y pasiones imperecederas.

Películas clave del cine bélico

Edmon Roch

Este libro explora, a través de las cien películas clave del género, qué ha significado cada película en cada momento, y cómo ha influido en la percepción popular de la guerra. El lector encontrará un recorrido por las principales películas que nos han familiarizado con la Primera y la Segunda Guerra Mundial, con Corea y Vietnam, con los conflictos coloniales africanos y con las nuevas guerras en los Balcanes, Irlanda, El Salvador o Camboya. Siempre a través del cine, los espectadores hemos podido entender guerras que no hemos luchado y a soldados que no hemos conocido.

Películas clave del cine de animación

Jordi Costa

La animación no es un género cinematográfico, sino una de las más estimulantes vidas paralelas que puede vivir el séptimo arte. Acompaña al cine desde sus orígenes pero ha tenido que recorrer un largo y complejo camino antes de gozar del reconocimiento conquistado en las últimas décadas, cuando ya no resulta extraño que alguna producción animada compita en festivales o entregas de premios académicos con películas de imagen real.

Este libro ofrece un mapa posible para orientarse en ese territorio laberíntico que es el cine de animación, a través de cien películas ordenadas cronológicamente, que incluyen fichas, comentarios y anécdotas. Una selección de treinta personajes decisivos en la historia del medio completa este recorrido a través de estéticas sorprendentes, mágicas mitologías y sensibilidades visionarias.